# 摆脱巨婴

## 996时代的方与圆

潘启雯 著

海天出版社
HAITIAN PUBLISHING HOUSE
·深圳·

图书在版编目（CIP）数据

摆脱巨婴 ：996时代的方与圆 / 潘启雯著. — 深圳：
海天出版社，2021.8
ISBN 978-7-5507-3144-8

Ⅰ．①摆… Ⅱ．①潘… Ⅲ．①成功心理－通俗读物
Ⅳ．①B848.4-49

中国版本图书馆CIP数据核字(2021)第059384号

## 摆脱巨婴：996时代的方与圆
BAITUO JUYING：996 SHIDAI DE FANG YU YUAN

| | |
|---|---|
| 出 品 人 | 聂雄前 |
| 策划编辑 | 韩海彬 |
| 责任编辑 | 朱丽伟 |
| 责任校对 | 万妮霞 |
| 责任技编 | 郑　欢 |
| 装帧设计 | 知行格致 |

出版发行　海天出版社
地　　址　深圳市彩田南路海天综合大厦　（518033）
网　　址　www.htph.com.cn
订购电话　0755-83460239（邮购、团购）
设计制作　深圳市知行格致文化传播有限公司　Tel：0755-83464427
印　　刷　深圳市华信图文印务有限公司
开　　本　787mm×1092mm　1/16
印　　张　23.25
字　　数　290千
版　　次　2021年8月第1版
印　　次　2021年8月第1次
定　　价　58.00元

# 前　言

## "996" 时代的方与圆

### "996" 能提高工作效率和产出吗？

深夜 10 点，北京中关村的写字楼依然灯火通明，很多公司职员还在伏案忙碌，这样的场景在北上广深等大城市司空见惯。随着信息时代的来临，人们用科技提高了工作效率，却增加了工作强度和时间。尤其是互联网从业人员，"996" 工作制已成为行业的潜规则。在 2021 年元旦前夕，拼多多的员工猝死，再次把 "996" 工作制这一话题推上了舆论的风口浪尖。一场关于 "奋斗" 和 "生活"、"工作" 与 "健康"、"内卷" 与 "躺平" 的讨论，引发了不同程度的共鸣。

"工作 996，生病 ICU" ——这句话更是成了当下许多人的口头禅。

早在 2019 年 3 月 27 日，一则与编程技术无关的文档《996.ICU》在编程技术网站 GitHub 上一经发布，一周时间即获 15 余万 "加星"（类似 "点赞"），成为中外各大媒体的重磅新闻。帖子对部分互联网公司的 "996" 工作制表示抗议："工作 996，生病 ICU。" "996" 指每天上午 9 点上班，一直工作到晚上 9 点，一周工作 6 天；"ICU" 即重症监护治疗病房。

在被曝光的采用"996"工作制的国内互联网公司中，京东、有赞、阿里巴巴、字节跳动等占据着网民投票排名前位。《996.ICU》发起人还为被"996"的员工算了一笔经济账：按照劳动法规定，"996"工作制下只有拿到当前工资的 2.275 倍，才在经济账上不吃亏。除了"996"，还有更累的"997"（即上午 9 点上班，晚上 9 点下班，一周工作 7 天）、"007"（一周工作 7 天，每天 24 小时待命）。面对"996"，有人心存怨念，有人甘之如饴；有人口诛笔伐，也有人左右为难。这则帖子虽然无关编程，但与程序员的工作权益，与每一位劳动者的工作权益息息相关。这也启示劳动监察部门，对劳动者权益保护应有更积极的关注和介入。

随后，关于"996"工作制的话题也迅速扩散，不止程序员，也不止互联网公司，越来越多的行业、企业牵涉其中，越来越多的职场人士开始在社交网络上大吐苦水。面对"要不要接受'996'"这个灵魂拷问，很多人的答案都是：其实并没有选择，要么拼，要么滚。

有一个广为流传的笑话：一家中国互联网公司招聘了一位来自日本的研发主管。该日本主管上班第一天对部门同事说："我在日本是有名的工作狂，希望大家能跟上我的节奏。"一个月后，这位日本主管辞职了，临走时留下一句话："你们这样加班是不人道的！"

曾几何时，日韩企业的加班文化被国内高速发展的互联网企业追捧至极。一些人甚至将欧美经济衰退的原因归结为"下午 5 点准时收起桌板的工作文化"。但企业管理者是否想过，如果员工在工作时间"磨洋工"，即使加再多的班也于事无补，只有提升工作效率才是核心所在。换言之，一切不以提高工作效率为目的的加班行为都是无效行为，一切不能提高工作效率的员工管理都是低效管理。

一边是创业者崇尚的"拼搏与奋斗"，一边是员工对劳动权益的合理维护，"996"工作制这个话题在当下应有其更深远的影响。

现代工作制度的确立，肇始于泰罗制（TAYLORISM），其创立者弗雷德里克·温斯洛·泰勒（Frederick Winslow Taylor）的根本目的在于提高劳动生产率。他在《科学管理原理》一书中写道："科学管理如同节省劳动的机器一样，其目的在于提高每一单位劳动的产量。"

管理学追求效率优先。那么，一个核心问题就是："996"工作制真的能提高工作效率和产出吗？

早在多年以前，以福特汽车为代表的采用大规模流水线生产作业方式的公司，就对这一问题进行过思考和实践。按理说，流水线作业，作业时间长，一定会效率高。但实践结果发现也不尽然。劳动效率曲线虽然在一定阶段随着时间延长会上升，但有其临界点，过了这个点之后，由于工人对工作的厌恶感上升，疲劳度增加，反而会导致效率下降，差错率上升。国内有一家著名企业发生员工多次跳楼事件，其中一个重要原因就是员工长期超时加班，以致身心俱疲，心理出现偏差。

经济增长理论中有一个著名的经济增长核算方程：产出增长率 = 技术进步率 +（劳动收入份额 × 劳动投入增长率）+（资本收入份额 × 资本投入增长率）。这个方程式阐述了一个基本经济规律，那就是经济发展的动力主要来源于三个驱动力量：技术进步，劳动投入的增加，资本投入的增加。但其中由于加大劳动（包括劳动者数量和劳动时间）与资本投入驱动的产出增加，遵循的是边际报酬递减规律，因此只有技术进步才被认为是经济长期可持续发展的根本动力，"科学技术是第一生产力"就是这个规律的高度概括。

对此理念，应该说我国各界早已经达成高度共识，建设"创新型社会"得到贯彻与落实。但随着"996"工作制争议的发酵所体现出来的一些现象表明，虽然理念达成共识，但在具体操作和实现细节上其实尚存在很多问题，有时候甚至出现实践与理念背道而驰的情况。因此如何落实先进理念，对企业管理者是一个重大课题。

## 从"愚昧山峰"到"开悟之坡"

与"996"工作制引发的广泛热议相映成趣，时间往前推到 2018 年 11 月 20 日，下面这幅图和美团联合创始人王慧文的一句管理金句刷屏了："有担当的管理者一个重要的责任，就是把下属从愚昧之巅推到绝

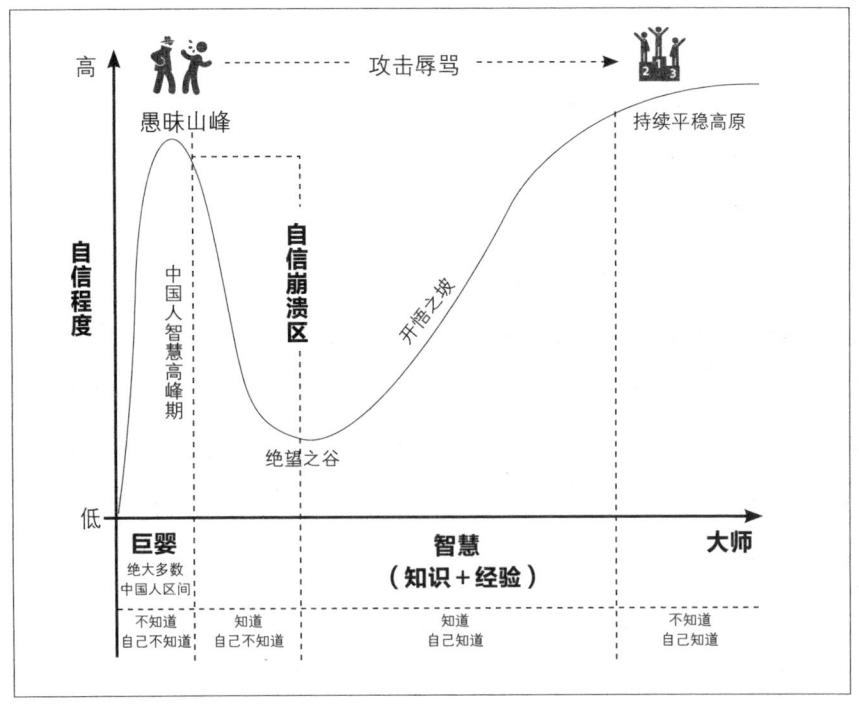

望之谷，至于他能否爬上开悟之坡，就看个人造化了。"

社会上每个人的成长规律都遵从邓宁－克鲁格心理效应（The Dunning-Kruger Effect，也称达克曲线），可分为这样几个阶段：绝大多数人的成长都是在"巨婴"期徘徊，往往无法正确认识自身的不足，从而导致认知偏差，容易沉浸在自我营造的虚幻优势之中，一直上升到第一阶段的顶峰——"愚昧山峰"。

在职场中，"门外汉""半瓶子选手"其实都是活在"不知道自己不知道"的境界之中。这里存在一个信息不对称问题：自己明明是站在"愚昧山峰"之上，为何浑然不知呢？那是因为每一个人在自己成长的过程中，没有得到有效的反馈。

当遇到现实困境时，容易陷入对自己的全面否定与消极情绪之中，这时就需要有人将其推至第二阶段——"绝望之谷"（"知道自己不知道"），此时才知道自己的愚昧无知，同时自信崩塌。接下来，困境迫使个人进入持续努力阶段，成为在第三阶段——"开悟之坡"（"知道自己知道"）上的攀登者。

最后，经受攻击和辱骂，积累知识和经验，达到人生的第四阶段——"持续平稳高原"（"不知道自己知道"），成为对社会有用的人。因此，能否早日登上自己的"开悟之坡"，将成为个人能否健康成长、可持续提高的重要环节。

从"愚昧山峰"到"开悟之坡"，也像极了国学大师王国维在《人间词话》一书中所描述的治学三境界。一是"昨夜西风凋碧树，独上高楼，望尽天涯路"；二是"衣带渐宽终不悔，为伊消得人憔悴"；三是"众里寻他千百度，蓦然回首，那人却在，灯火阑珊处"。

老子在《道德经》一书中说明："上士闻道，勤而行之；中士闻道，若存若亡；下士闻道，大笑之。不笑不足以为道。"

著名哲学家康德生前给自己写下这样一句碑文："重要的不是给予思想，而是给予思维。"打破惯性思维，学会逆思倒想，你定会摆脱平庸，创造奇迹！

## 衣帽钩的分配问题

2012 年，瑞典经济学家约纳斯·弗拉霍斯（Jonas Vlachos）的孩子在暑假过后回到学校，就在这时发生了一件有趣的事情。弗拉霍斯一家的住所离儿子的学校有 15 分钟步行的距离。上学第一天早上，为了赶上 9 点的上课时间，儿子 8 点 45 分从家出发。第二天，儿子稍微提前了一点出发，第三天又提早了几分钟出发。过了一两周，弗拉霍斯的儿子每天需要提前 1 个小时从家里出发去学校。

弗拉霍斯很想知道出了什么问题。结果他发现是因为教室后面的衣帽钩不够，后到的学生不得不把外套放在长凳上。（显然，对于爱好秩序的瑞典人来说，即使是小学生也会为此感到耻辱。）

弗拉霍斯一向不推崇自由企业和市场，因为他来自瑞典，而瑞典人对重税和大政府的热爱享誉世界。从个人层面来看，弗拉霍斯一直以来都公开批评瑞典用市场化的方式处理教育问题，这些市场化的方式都在某种程度上基于美国经济学家米尔顿·弗里德曼（Milton Friedman）提出的关于学校选择的愿景，而弗里德曼是自由放任主义的代表人物。弗拉霍斯的孩子上的是传统的公立学校，而不是私立学校。弗拉霍斯认为市场在很多方面都不适合瑞典学生的教育需求，他在斯德哥尔摩观察到私立学校过于热衷裁减成本以便提高利润，还会操纵考试成绩以吸引更多的学生，同时挣来更大的名望。这些私立学校还互相争夺富裕社区的优秀学生。

但是分配衣帽钩的问题，市场还是能够轻松解决的。弗拉霍斯受够了儿子每天为衣帽钩担忧，也不想让儿子不断提早上学时间，他在一天傍晚向妻子提出了这样一个观点：为什么不用拍卖的方式把衣帽钩拍卖给出价最高的人呢？不愿意让孩子提前 1 个小时去上学的家长肯定会出价最高，而那些不介意衣服团作一团的孩子则不会介意拍卖。所有的孩子都来自相当富裕的家庭，因此家长有能力参与竞拍，即使家长没有财力参与，低收入家长的竞价也可以得到补贴。而且，"外套税"可以给野外考察提供资金，也可以为课堂添加政府无法提供的东西，这是一种双赢。

弗拉霍斯的妻子非常明智地建议他保留这个想法，他的想法虽然是好意（即使只是半开玩笑的想法），其他家长可不一定会喜欢。拍卖教室里的衣帽钩不仅冒犯了瑞典人的感情——光听这个想法，大部分人（至少是非经济学家）会觉得弗拉霍斯听起来像是社交无能、烦人且愚蠢的人。很难说为什么人们会有这样的偏见，尽管弗拉霍斯只是建议用一种公平且有效的市场机制来解决衣帽钩的分配问题。

但是，大多数人宁愿让问题悬而不决，也不愿让市场介入。自由市场树立的形象一直存在问题，也注定如此。有人认为市场在某些事物中格格不入，比如瑞典的公立学校。但是市场非常擅长处理某些事情，比如分配学校里的衣帽钩。然而，人们很容易搞错市场适用的环境，比如在衣帽钩所处的环境中，使用市场很像是扭曲教育补贴项目，对市场持悲观看法的人尤其会这样认为。

## 把握认知尺度

战国时期的楚国人宋玉在《九辩》一文中提出了"方枘圆凿"这个成语，说的是方形的榫头根本没法钻进圆形的卯眼里。为什么榫头和卯眼不相容、不适宜、格格不入？就在于两者的形状不统一，一个方一个圆，自然没法做到严丝合缝。

如何让"方与圆"更好地严丝合缝？经济分析是讲究尺度的。在不同的尺度上观察经济现象、思考经济问题，会产生不尽相同的认识，得到不尽相同的结论，从而提出不尽相同的对策与建议。无论是"996"工作制，还是从"愚昧山峰"到"开悟之坡"的思维开拓，抑或是衣帽钩的分配问题，这里面都涉及"尺度"的把握问题。

经过一些人的话术包装，"996"工作制被美化成了奋斗，合法的8小时工作制反而成了不努力、不奋斗、没未来的代名词。甚至，有人把中国的经济奇迹称为"勤劳革命"，正是中国人的勤劳与奋斗，把不可能变成了可能，推动中国用几十年时间走完了发达国家几百年走过的工业化历程。奋斗与拼搏，仍将是我们这个快速前进社会的主题词，而"996"工作制的讨论则启示我们：未来中国的活力，将来自快乐地劳动，让一切创新的源泉充分涌流。

与"996"工作制的话题不同，本书将关注到国外企业、精英们是如何把握时间的？行为经济学家又是如何审视时间的？时间如何影响决策？不同的时间观如何塑造不同的个体？人习惯于线性思维、因果思维，这种千万年进化出来的大脑快捷方式，却让我们容易困于时间的限制。显然，要规避这种大脑漏洞，我们需要经常提醒自己变换时间尺度来思考问题。

一位教师开始上课前，拿着一张画有一个黑点的白纸问班上的学生看到了什么，学生们异口同声地回答："一个黑点。"老师反问道："难道你们没有看到这么大一张白纸吗？"全班寂然。斯坦福大学心理学教授卡罗尔·德韦克在阐释"成长型心智""固定型心智"时，把心智模式比喻成我们时刻戴着的一副眼镜，我们察觉不到它的存在，但它却决定着我们看到的世界。从"愚昧山峰"到"开悟之坡"是一个巨大的思维进步。然而，人的思维有局限性，不懂得从本质去剖析事物，不懂得理智地处理事情。这些盲点往往对人的进步有很大的阻碍。

一直以来，有两样事物或许颇值得人们为之流连："似是而非"的现象和"似非而是"的理论。所谓"似是而非"的现象，即那些与习惯或常理相悖的现象。当人们还在"想当然耳"（语出《后汉书·孔融传》）地认为从空中同时抛下的重铁球比轻铁球降落得快的时候，物理学家伽利略敏锐地捕捉到与之相悖的现象，并在斜塔上予以演示。此举推翻了亚里士多德"物体下落速度和重量成正比"的成说，但"似非而是"理论的出现还有待牛顿第二定律的提出。

物理学中如此，经济学中亦然。早前，北京大学国家发展研究院教授周其仁在课堂或公开演讲中评价一些解释反常的经济现象的理论时，常常喜欢用一个词叫"长了牙的鸡"。意思是那些理论大多稀奇古怪，颇有哗众取宠之意，而无洞悉问题之心，就像"长了牙的鸡"一样，不可一般化，也不能用于解释其他的经济现象，尤其是悖论和矛盾现象。

地域、行业、场景、年龄、学科背景、个人经历……人都会受到所在尺度的束缚，一旦将思考尺度抽象变形，无穷大或无穷小，往往会收获新的价值。

如果我们以光的速度和光一起旅行，会发生什么？要是你早知道自己不会失败，你会尝试做什么？正是这些极端化的问题，让我们一次次打破时空的藩篱，拓宽与外界的接口，进入更大的世界。事实上，一个人面对外面的世界时，需要的是窗户；一个人面对自我时，需要的是镜子。通过窗户才能看见世界的明亮，使用镜子才能看见自己的污点。其实，窗户或镜子并不重要，重要的是你的心，你的心明亮，世界就明亮了。

毋庸置疑，把握好各种认知的尺度，是具有巨大价值的思维方式。虽不是万能钥匙，但能时常带给我们惊喜，善用它的人，会在处处有异于常人的领悟。尤其是在这个高压、高竞争的时代，到处充斥着阶层固化的焦虑，而把握好各种认知的尺度或将成为这个时代个体崛起的最可靠武器。

当然，要把握好一个个"迷人"的认知尺度，是一个长期的、自觉的过程，愿借中外的两句哲语与读者共勉。

一句出自《孟子》："诚者，天之道也；思诚者，人之道也。"另一句出自德国思想家歌德："十全十美是上天的尺度，而要达到十全十美的这种愿望，则是人类的尺度。"

# 目　录

第一章

# 被时间控制的世界

时间正张牙舞爪悄然潜行：我们拿的是月薪日酬，电信公司按分钟收费，广告费照秒计算……想在最短的时间安排最多的活动，让我们成为当下的囚徒，我们活在时间饥荒中。几世纪之前的人不怎么在乎"分"，完全不在意"秒"。过去一千年来，我们和时间互动的方式变动剧烈。

——丹·福尔克（Dan Falk），加拿大知名科学专栏作家，
曾获美国物理学会的"物理学及天文学科学写作奖"

诗人眼里，时间顺流而下，生活逆水行舟。人的一切活动，都不可能脱离时间而存在。无尽永前的时间，同无界永在的空间一起，构成了人类文明的基本维度。现代女作家张爱玲曾写道："蛮荒的日夜，没有钟，只是悠悠地日以继夜，夜以继日，日子过得像钧窑的淡青底子上的紫晕，那倒也好。"张爱玲笔下的时间，不再是用钟表割裂的分分秒秒，而是回归到整体性的关照上，将它和生命放在共同洪流中体验。

　　那么，时间到底是什么呢？我们生活在由时间构成的世界里，时间深植在我们的意识中，但我们却看不到，听不到，闻不到，也摸不到，几乎对它一无所知。哲学家和科学家们好几百年间都在不断思索，仍旧无法掌握时间的概念，就连爱因斯坦也为之苦恼不已。时间留下了太多谜团，它真的会流动吗？行为经济学家、企业管理者如何把握时间？时间如何影响决策？如果失去记忆，我们还能感受时间的变化吗？我们有可能回到过去、改变历史吗？

# 行为经济学中的时间密码

## 过度自信和"规划的误区"

美国的一项研究发现，身高与年均收入有一定的正相关性，平均身高每增加 1 厘米，年均收入会增加约 150 美元。你知道这是为什么吗？因为高个子的人更有自信。研究还发现，一些仅仅在发育期拥有身高优势的人最终会和高个子的人获得差不多的收入。

可见，青春期不仅是身体的生长发育期，同样也是自信的茁壮成长期。

20 世纪 80 年代，瑞典心理学家欧拉·斯文森（Ola Svenson）调查研究发现，如果要评价自己的驾驶水平，93% 的美国司机认为自己的驾驶技术要在平均水平以上，很少有人认为自己比平均水平要差。但是事实上，根据平均水平的定义，有 50% 的人的驾驶技术高于平均水平，就一定有 50% 的人的驾驶技术低于平均水平。心理学家将此种认知错觉称为"虚幻的优越感"，人们对自己熟悉的领域或者关注的投资领域往往过度自信。过度自信导致人们只看到了对自己有利的信息，他们非常乐观地相信自己的判断，甚至越来越觉得自己的判断是对的。

那么过于自信是不是总是有助于我们的生活和发展呢？加拿大心理学家罗杰·布勒（Roger Buehler）等人曾经做过一个很有趣的实验，他们让心理系的学生尽可能准确地估计完成一篇论文需要多长时间，包括：

（1）平均时间是多少？

（2）在进展顺利的情况下，完成论文需要多长时间？

（3）如果遇到一切可能发生的困难，完成论文需要多长时间？

这些学生估计，一般情况下，完成一篇论文平均需要 34 天；如果在进展顺利的情况下，完成论文需要 28 天；如果进展不畅，完成论文需要 49 天。那么，学生实际完成论文需要的平均时间是多少天呢？

实验结果显示：学生们完成论文的平均时间是 56 天。实际用时大约是一般情况下计划用时的 1.6 倍。即便是和最不顺利情况下的计划时间相比，也多了 7 天。不得不说，学生们事前的回答都是过度自信。

论文写作的计划时间与现实时间之间的差别并非孤例。即使是一个经过仔细规划的大型项目，仍旧可能推迟完工。行为经济学家把这种现象称为"规划的误区"。悉尼歌剧院的规划和建设过程就是一个典型例子。

1957 年，澳大利亚相关人员对悉尼歌剧院的施工规划是 1963 年完工，预算是 700 万美元。但是，悉尼歌剧院的建设一直拖到 1973 年才完成，最终花费 1.02 亿美元。其中还有一件逸闻：有对夫妇本来打算在悉尼歌剧院完工的时候结婚，但是等到它真正完工的时候，这对夫妇已经离婚了。

## 偏好逆转和时间的关系

有这么一个例子。

北京某医院的皮肤科医生 A 一直在警告年轻女性，过度暴晒于紫外线之下会增加患皮肤癌的风险。然而，该建议很少被人重视。

"有没有办法能提高女性朋友对这个建议的关注度呢？"皮肤科医生 A 向作为行为经济学家的你咨询，你会如何建议？

与遥远的将来相比，人们往往会更重视眼前或者较近的将来。结合这一点可以提出什么建议吗？答案是：建议把"患皮肤癌"改成"会长雀斑和青春痘"。

对于年轻女性来说，患皮肤癌是遥远的未来可能发生的事。可能有些女性会觉得自己无论何时也不会和皮肤癌扯上关系。那么，换成一种在短时间内可能发生，又能让女性产生困扰的现象就比较容易受到关注了，这就是"雀斑和青春痘"。

像这样，比起将来，人们更重视现在。这一现象叫作短视或者即时偏误。从下面的例子也能看出，人们很容易受制于短视。

在北京国贸一家外企上班的琪琪非常喜欢吃甜食，今天她准备去公司附近的一家面包店吃水果蛋糕。琪琪刚进门，店主就对她说道："恭喜您，您是今天第 1000 名到店的客人。我们将送您一个水果蛋糕作为礼物。但是，如果您能等到明天，我们将送您两个水果蛋糕。请问您要选哪一种？"

琪琪想马上吃到水果蛋糕，回答道："一个就可以，我现在就想吃。"

"好的。我们还有一个礼物要送给您，您可以 50 天后得到一个水果蛋糕或者 51 天后得到两个水果蛋糕，您要选择哪一种？"

那么，问题来了。琪琪将如何选择呢？

在此刻，50 天后和 51 天后给人的感觉没什么差别，这是一般人的想法。琪琪的答案是：选择 51 天后得到两个水果蛋糕。

这个问题和短视有什么关系呢？店主的第一个问题是：选今天的一个水果蛋糕还是明天的两个水果蛋糕。第二个问题是：选 50 天后的一个水果蛋糕还是 51 天后的两个水果蛋糕。

值得注意的是，两个问题中一个水果蛋糕和两个水果蛋糕的价值发生了逆转。也就是说，在今天或明天的选择中，"价值（一个）> 价值（两个）"；而在 50 天后或 51 天后的选择中，"价值（一个）< 价值（两个）"。但是，今天和明天，50 天后和 51 天后，都只相差一天。

因此，如果在今天或明天的选择中判断"价值（一个）> 价值（两个）"，那么在 50 天后或 51 天后的选择中也应该是"价值（一个）> 价值（两个）"才对。可现实中后者却发生了不理性的逆转，"价值（一个）< 价值（两个）"。这种根据状况的不同而改变喜好的情况叫作偏好反转。而这个例子也可以说是时间偏好不一致的体现。因为随着时间的推移，人们的偏好是在改变的。比起将来，人们更重视眼前的事情。


## 短期无耐心和长期有耐心

那么，是什么原因导致了偏好的逆转呢？先公布一下结论吧：人们会根据时间的远近而采用不同的贴现率。

贴现率，即将某种财富的未来价值换算成现值的比率。贴现率高表示未来价值大幅折损，即贬值。也就是说，人们更看重财富现在的价值。相反，贴现率低，则表明其未来价值折损较少，未来的价值几乎没有被低估。

一般来说，我们可以用"现值 = 未来价值 ÷（1+ 利率）$^{时间}$"的公式把未来价值换算成现值。公式中的利率就是贴现率，所以这个公式可以写成"现值 = 未来价值 ÷（1+ 贴现率）$^{时间}$"。

对于现在可以立刻到手的一个蛋糕和明天到手的两个蛋糕，贴现率大于 1；对于 50 天后的一个蛋糕和 51 天后的两个蛋糕，贴现率小于 1。

据此我们可以得出结论，一方面，人们对于今天、明天这种近期事件会适用高贴现率，也就是说，人们会更看重今天的价值而使明天的价值大打折扣。另一方面，在未来的时间轴上，像 50 天后这种比较远的时间，人们会使用较低的贴现率。也就是说，对于短期事件，人们倾向于短视和缺乏耐心；而对于长期事件，人们则会有较强的忍耐力。也就是"贴现率 > 1"会向"贴现率 < 1"逆转。

按照"现值 = 未来价值 ÷（1+ 贴现率）$^{时间}$"公式，现在来计算一下现值。把今天的一个蛋糕和明天的两个蛋糕代入公式就是：

$$1 > 2 \div (1+r)^1$$

其中，$r$ 是贴现率。解这个公式，如下所示：

$$1+r > 2, \quad r > 1$$

也就是说，今天得到的一个蛋糕和明天得到的两个蛋糕，贴现率都大于 1。那么，50 天后的一个蛋糕和 51 天后的两个蛋糕呢？如下所示：

$$1 \div (1+r)^{50} < 2 \div (1+r)^{51}$$

在不等号两边都乘以"$(1+r)^{50}$"，得到：

$$1 < 2 \div (1+r).^1$$

解这个公式，就是：

$$r < 1$$

请仔细观察这个结果，不等号的方向变了。也就是说，50 天后得到的一个蛋糕和 51 天后得到的两个蛋糕，其贴现率小于 1。

如果将偏好反转用模拟图（如图 1.1）来表示，那么可能会更直观地理解这一问题。我们用柱状图来表示一个蛋糕和两个蛋糕的价值。A 是人们远距离观察其价值，也就是说，观察对象的时间距离很长，即考虑的是未来的事情。此时，两个蛋糕的价值看起来比一个蛋糕的价值高。

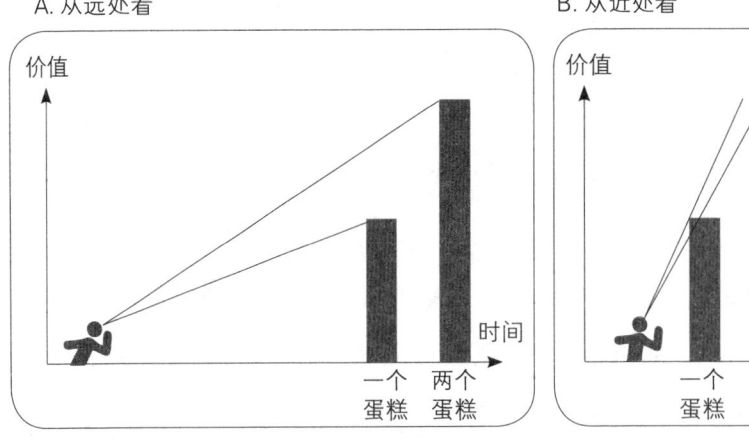

图 1.1　偏好反转模拟图

　　B 是人们近距离观察其价值，也就是说，观察对象的时间距离很短，即考虑的是眼下的事情。请仔细观察，此时眼前的柱子（一个蛋糕）把另一个柱子（两个蛋糕）遮住了。因此，眼前的柱子看起来更大。如此一来，和在绝对值上占优势的两个蛋糕相比，人们更倾向于选择一个蛋糕。

　　2017 年诺贝尔经济学奖得主、芝加哥大学经济学教授理查德·泰勒（Richard Thaler）在 1981 年进行了一项实验，请被试回答立刻领到 15 美元和分别在一个月后、一年后和十年后相比，领到多少钱才算合理？回答的平均结果是 20 美元、50 美元和 100 美元。

　　也就是说，被试认为一个月后的 20 美元、一年后的 50 美元、十年后的 100 美元和现在的 15 美元是无差别的。

　　这意味着一个月期限的贴现率是 345%，一年期限的贴现率是 120%，10 年期限的贴现率是 19%。被试明显表现出时间偏好的不一致，是典型的短期无耐心，长期相对有耐心的行为特征。

　　活跃在神经经济学领域的马丁·林斯特龙（Martin Lindstrom）在《买》一书中，针对人们对于眼下事情缺乏耐心以及短视的特点进行了介绍。此外，书中还介绍了一个非常有趣的实验。该实验在普林斯顿大学进行，他研究了在好处到手的时间长短不同的情况下，大脑的活动是如何变化的。

　　顺便说一下，神经经济学是经济学中的一个新兴领域，通过研究大脑的活动，来解释传统经济学无法解释的现象。神经经济学最大限度地使用了神经影像技术，也就是让人类大脑成像的技术，最具代表性的是功能性磁共振成像 ①（简称 fMRI）。通过 fMRI，可以了解在应对刺激时，大脑的哪个部位会更活跃。在印度，已经能够将 fMRI 所做的测谎图像用作法庭证据了，这是世界范围内具有划时代意义的首次尝试。

以 fMRI 为基础所做的实验其实非常简单。准备好两张 Amazon（亚马逊）礼券，面值分别为 15 美元和 20 美元。被试需要从中选出一张礼券：15 美元的礼券可以立刻领取，20 美元的礼券要两周后才能领取。

在上面的实验中，大脑的哪个区域会变得更活跃呢？答案是：无论哪个选项，被试的大脑前额叶皮层的活动都会变得活跃。对于 15 美元礼券，可以看到被试的大脑边缘系统异常活跃。

据相关书籍记载，大脑前额叶皮层负责控制人类的情感，而位于大脑中央深处区域的边缘系统则负责维持体温、血压、心跳等功能，它与食欲斗争、逃跑、性欲等行为有着密切的关系。

值得注意的是，大脑边缘系统对于 15 美元的礼券有很大的反应。根据林斯特龙的说法，大脑边缘系统的活动之所以变得如此活跃，是因为大脑更倾向于选择能够马上到手的好处，即便这一好处只有一点点。

在传统经济学中，无论时间长短，贴现率都是一样的，我们称之为指数型贴现。但现实中却存在贴现率随着时间的不同而变化的矛盾。上述的偏好反转就无法用指数型贴现来解释，而双曲贴现可以解决这个问题。

---

① 功能性磁共振成像是一种新兴的神经影像学技术，其原理是利用磁振造影来测量神经元活动所引发之血液动力的改变。目前主要是运用在研究人及动物的脑或脊髓。

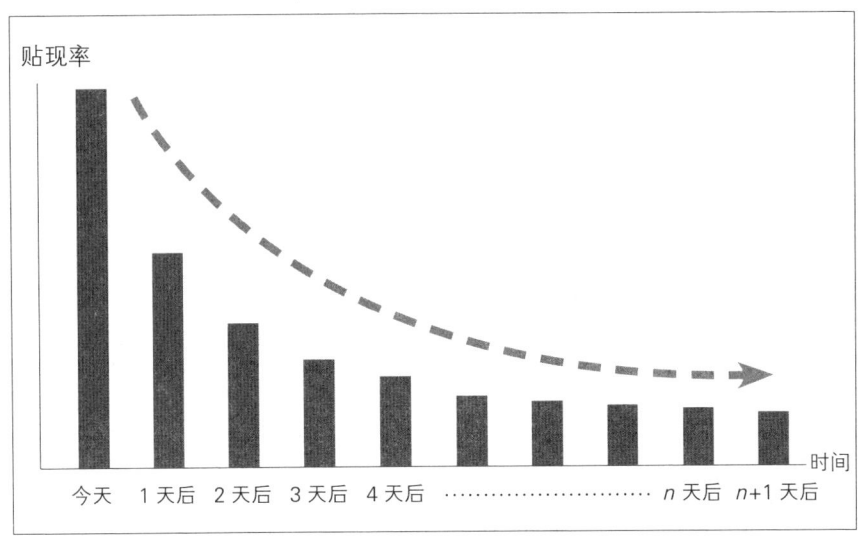

图 1.2　双曲贴现的概念图

　　双曲贴现也叫作双曲贴现模型（如图 1.2），这是一个表示人们倾向于对短期采用高贴现率、对长期采用低贴现率的模型。

　　当然，也有从其他角度对偏好反转进行解释的理论，时间解释理论就是其中之一。

　　明明是期待已久的旅行，临出发前却打退堂鼓了，有这种经历的人可能挺多的。换言之，以旅行为对象，从时间距离较远的位置看它，我们会很兴奋。然而，随着时间的临近，我们开始觉得麻烦，旅行的价值也随之降低。

　　究其原因，时间解释理论认为，即便是同一对象，根据与对象时间距离的远近，人们会有不同的态度。距离对象较远时，是"不见树木见森林"。换句话说，就是人们会将注意力集中在整体上。随着时间临近，则变为"见树木不见森林"，也就是注意力开始集中在类似着装和携带的物品等琐碎的细节上。

## 生效早晚和损失规避

今天得到一个蛋糕和明天得到两个蛋糕的例子是获利的情形，那么我们也试着从时间的维度来思考一下人们对损失的态度，这其中也表现出了人类非理性的特点。

这里要介绍的是一个以高中生为被试的实验。给他们一张价值 7 美元的当地音像店的代金券，代金券开始生效的时间分别是 1 周以后、4周以后和 8 周以后。一般人会认可越早生效的代金券越有价值吧，那么问题来了：

如果别人拿生效时间晚的代金券（比如 4 周后生效的代金券）来换你手中马上能用的代金券，那么你应该会要求对方支付一笔手续费给你，假设这个手续费的金额为 A。

相反，如果你想用手中生效时间较晚的代金券去交换马上能用的代金券，你必须支付对方一笔补偿金，假设这个补偿金的金额为 B。

在这个实验中，A 和 B 谁大谁小？

答案是 A > B。人们要求别人支付较高的手续费，自己却只愿支付较低的补偿金，这就是人类的本性。

这是美国行为经济学家乔治·卢文斯坦（George Loewenstein）做过的实验。表 1.1 列出了交换代金券最低费用的平均值。

表 1.1　交换代金券的平均最低费用

| 代金券交换 | 可以接受的最低手续费金额 A（单位：美元） | 愿意支付的最低补偿金金额 B（单位：美元） |
|---|---|---|
| 1 周与 4 周 | 1.09 | 0.25 |
| 4 周与 8 周 | 0.84 | 0.37 |
| 1 周与 8 周 | 1.76 | 0.52 |

"1 周与 4 周"指的是，当别人要用 4 周以后生效的代金券换你手中 1 周以后生效的代金券时，平均可以接受的最低手续费是 1.09 美元。

反过来，当你想用手中 4 周以后生效的代金券换别人手中 1 周以后生效的代金券时，平均愿意支付的最低补偿金是 0.25 美元。

请注意"可以接受的最低手续费"与"愿意支付的最低补偿金"的大小差别，无论哪种情况，前者都大于后者。

这个现象可以这么解释：人们用自己持有的高价值的代金券交换低价值的代金券时，意味着要放弃高价值的代金券，这代表"损失"。反之就是"获利"。无论在哪种情况下损失 A 的效用都是获利 B 的效用的两倍以上，这就是损失规避在起作用的结果。

## 上升偏好和峰终定律

急性子的我们有时也会突然变得很有忍耐力，"期待的事情可以再等等"就可以证明这一点。作为例子，先回答下面的问题。这是在之前提到的卢文斯坦做的实验的基础上提出的，该实验的被试对象是哈佛大学的学生。

你抽中了免费的晚餐券，但只能从两种晚餐券中选择一张，你会怎么选呢？

①在一流的法国餐厅吃晚餐；

②在差强人意的希腊餐厅吃晚餐。

实验的结果是 86% 的人选择了①，14% 的人选择了②。之后，请选择①的同学继续从以下选项中做出选择。

③一个月后在一流的法国餐厅吃晚餐；

④两个月后在差强人意的希腊餐厅吃晚餐。

对于这个问题，选择③的占 80%，选择④的占 20%。然后，再请选择③的同学在下列选项中做出选择。

⑤一个月后在一流的法国餐厅吃晚餐，两个月后在差强人意的希腊餐厅吃晚餐；

⑥一个月后在差强人意的希腊餐厅吃晚餐，两个月后在一流的法国餐厅吃晚餐。

那么，问题来了：在实验结果中，选择⑤和⑥的比率会是多少呢？

答案是：选择⑤的比率是 43%，选择⑥的比率是 57%。

这一连串的回答中有互相矛盾的地方。①和②的选项反映的是偏好问题；选择③的心情很好理解，就是希望早点实现期待的事情；那么，⑤和⑥的选择是怎么回事呢？

请注意，做出回答的人是在前面的问题中选了①和③的人。这其中的 57% 选择了⑥，已经超过了半数。

如果是"希望早点实现期待的事情"的话，那么就应该选择一个月后去法国餐厅，两个月后去希腊餐厅。可半数以上的人却不这么想。在"希望早点实现期待的事情"和"期待的事情可以再等等"这两个选项中，半数以上的人都选择了后者。

这和我们已经知道的，对于眼前的事情，人们表现出短视的急性子的特点是矛盾的。这一点该如何解释呢？

这可以利用损失规避来解释。在上面的实验中，法式大餐比希腊美食的效用高（因为在第一个问题中绝大多数选择了①），所以人们希望越早品尝越好。可一旦像后面那样，希腊美食和法国大餐接踵而来，情况就不同了。

如果是一个月后吃法式大餐、两个月后吃希腊美食，也就是先吃法式大餐的话，那么参照物就变成了在法式大餐中获得的满足感。

倘若以此为参照物，那吃完差强人意的希腊美食后会怎样呢？由于希腊美食的满意度低于法式大餐，所以人们就会有损失感。换句话说，这会使难得的用餐体验大打折扣。

相反，先体验希腊美食会怎样呢？这时，从希腊美食中获得的满足感就成了参照物。希腊美食的满意度比较低，所以接下来满意度更高的法式大餐就会让你有获利感。这样一来，就在无损总价值的情况下相继吃光了两种美食。

综上所述，人们会觉得"先吃法式大餐是损失"，所以，损失规避心理发挥了作用，结果就选择了一个月后吃希腊美食，两个月后吃法式大餐。期待的事情可以再等等，和损失规避有着密切的关系。

像这样，人们在面对一连串的事件时，损失规避的心理会发生巨大的作用。比起先甜后苦，人们更喜欢先苦后甜，这叫作上升偏好。你可能也有上升偏好呢，通过下面的问题确认一下吧。

对于今后 5 年的年收入，在入职时，公司财务负责人提出了以下两种方案供公司合伙人 S 选择。

表1.2　关于 S 今后 5 年的年收入选择方案

| 方案类型 | 第 1 年 | 第 2 年 | 第 3 年 | 第 4 年 | 第 5 年 |
|---|---|---|---|---|---|
| A 方案（万元） | 62 | 65 | 70 | 75 | 80 |
| B 方案（万元） | 80 | 75 | 70 | 65 | 62 |

合伙人 S 问公司财务负责人："一般情况下选哪一种方案的人比较多？"对此，公司财务负责人会如何回答呢？

A 方案的年收入不断上涨，B 方案的年收入逐年下降。你更喜欢哪个方案？一般情况下大家会更喜欢哪个方案？答案是：一般情况下，人们更偏爱 A 方案。

如表 1.2 所示，两个方案 5 年间的总收入是相同的。尽管如此，偏爱 A 方案的人更多，这可以用上升偏好来解释。因为在 B 方案中，以第一年的收入作为参照点，接下来的每一年都会觉得蒙受了损失。

然而，也有人会觉得先拿到较多的年收入，先使用起来会更划算。所以目光长远的人可能会选择 B 方案，不过，一般情况下人们还是有上升偏好的。

有一个和上升偏好有关的定律叫作峰终定律①，从某种意义上说，它类似于"结局好，一切都好"的心理。下面这个实验就很好地诠释了峰终定律的内涵。

某医院准备了以下两种结肠镜检查方案：

①普通的结肠镜检查；

②在完成普通结肠镜检查之后，将结肠镜留在直肠几分钟。

一个研究机构将682名患者分成两组接受以上两种检查，并在之后询问他们对痛苦的感受。那么，哪一组患者会觉得痛苦少一些呢？答案是：从综合评价上来看，选择方案②的患者感觉痛苦更少。

慎重起见，先说明一点，将结肠镜放在直肠里这一行为在医学上没有任何意义。当然，这将会导致检查时间更长，也给患者带来了更多不便。

了解了这一点之后，人们通常会觉得检查时间短的方案①痛苦相对更少，可结果却正好相反。那么，这个实验的重点在哪儿呢？方案①和方案②的检查过程中最痛苦的部分是一样的，要注意的是，方案②最后的不适感比方案①少一些。

峰终定律是高峰时与结束时的平均感觉。套用这个定律可以得出这

---

① 美国心理学家丹尼尔·卡尼曼（Daniel Kahneman）经过深入研究，发现对体验的记忆由两个因素决定：高峰（无论是正向的还是负向的）时与结束时的感觉，这就是峰终定律。这条定律基于潜意识总结体验的特点：在对一项事物进行体验之后，所能记住的就只是在峰与终时的体验，而在过程中好与不好体验的比重、好与不好体验的时间长短，对记忆基本没有影响。而这里的"峰"与"终"其实就是所谓的"关键时刻MOT"。MOT（Moment of Truth）是服务界最具震撼力与影响力的管理概念与行为模式。

样的结论：由于方案②结束时的不适感相对较小，所以方案②整体痛苦程度的平均值就下降了。

我们经常会看到人们把喜欢的菜肴留到最后吃，峰终定律可以解释这一现象，这是人们希望通过提升最后的满足感，来提升整体用餐的体验。

一个项目完成以后，人们通常会以聚餐或酒会的形式举办庆功宴。如果庆功宴是项目的最终阶段，那么即便这个项目在过程中充满了痛苦，也可以通过庆功宴来降低痛苦的感受。从峰终定律的角度来看，人们举办庆功宴的习惯是有道理的。

## 时间如何影响决策

不少行为经济学家研究发现，当我们在解决问题时，实际上受到了许多因素的影响。其中一个最不为人知的因素就是时间，尤其是决策的影响要在很久之后才能显现时，我们就更倾向于大胆冒险；但如果影响马上就会出现，我们就倾向于选择更保守的策略。

孕妇分娩就是一个很好的例子。在决定是否使用麻醉药物的时候，分娩妇女的选择会随着时间的变化而变化。在分娩的痛苦真正到来之前，许多妇女都不愿意使用麻醉药物，但是在分娩的过程中，她们则更倾向于使用。紧接着，在孩子降生一个月之后，她们再一次表现出不愿意使用麻醉药物的倾向。

有证据显示，时间这个限制变量会通过许多途径影响人们的决策。比如，在 2001 年"9·11"恐怖袭击事件发生之后，许多美国人心中决策的时间范围变短了，尤其是生活在纽约这样的大都市里的人们，他们越来越多地奉行一种"今朝有酒今朝醉"的态度。一些需要长期努力才能获得收益的活动，比如减肥、健身之类的活动，在人们心中的重要性都大大地下降了，更多的人要的是此时此刻对自己更好一些。结果之一就是，像减肥瘦身公司 Jenny Craig 在报道中所说的，出现了"大规模取消减肥计划的浪潮"。

时间因素甚至会影响我们对食物、服饰，以及电影的选择。在一项实验中，人们被分为两组，分别按照要求去租 3 部影片。其中一组人租的片子是为以后准备的（也就是将来再看），另外一组租的片子是马上要看的。结果怎么样呢？租片以后再看的那一组人，倾向于挑选体现人文素养的文艺片，如《钢琴课》；而租片马上要看的另一组人，倾向于选择看上去娱乐性更强的电影，如由哈里森·福特（Harrison Ford）主演的动作片《燃眉追击》。

研究人员发现，相同的效应也出现在办公室上班族选择零食的时候。如果有两种选择——水果和垃圾快餐，以及两个时间：1. 在下午他们可能很饿的时候送到；2. 在他们刚吃饱午饭不久之后送到。对此，人们的选择情况又是如何呢？研究人员发现，这些员工都会把自己当下的饥饿水平投射到将来的选择上。

在"饥饿"的一组中，有 78% 的人选择了不健康的垃圾快餐；而在"吃饱"的那一组中，只有 42% 的人做了同样的选择。也就是说，当需要马上有食物摆在桌上以供果腹的时候，他们更多地会选择垃圾快餐，这和租完片子马上要看的那一组人的选择是一个道理；但是在吃饱了可以安心等待时，这些上班族就会选择更为健康的食物，这和租完片子等以后再看的那一组人会挑选体现人文素养的文艺片是一个道理。

在人们购买衣服的时候，也会发生类似的情况。当气温下降的时候，冬季穿的厚衣服的订单会增加，不过就像大家可能想到的，退货率也会随之上升。为什么会这样呢？因为一听说有寒潮来袭，人们就会高估自己需要穿着厚衣服的情况。这样一来，最后的结果可能就是退货。正如美国密歇根州立大学教授迈克·柯林（Michael Corlin）所说的，买衣服时出现的这种情况其实就相当于一个人在饥肠辘辘的时候到餐馆里点菜——难免会眼大胃小，点得过多。

柯林及其同事曾对一家大型户外运动装备公司的订单进行仔细的研究，在连续 5 年内，订单涉及大约 1200 万个商品，不仅包括买主的邮政编码、订单的日期，而且包括所购物品是否出现过退货的情况。接下来，他们把这些订单信息和美国 4.1 万个邮政编码所代表的地区的天气记录进行比对。

他们发现，在下订单当天，如果气温从 4℃骤降到 −1℃，寒冷天气穿的衣服的退货率会增加将近 4%。并不是所有货物的退货率都一样，价格昂贵的东西，比如防寒服和外套的退货率是帽子和连指手套的两倍左右。但是就总体状况来说，退货率平均增加 4% 左右。

这个数字看上去并不是很大，但你要知道，服装销售在美国可是一笔很大的生意，年销售额超过 1250 亿美元，即使退货率有细微的变化，都会对商家的经济利益带来巨大冲击。

# 理想的时间观组合

就像生活在水里的鱼，可能意识不到水的存在一样，平日里，大部分人也没有意识到时间正在一刻不停地流逝。死亡就是一生的结束，否认死亡，就等于否认人生会有终结。

早在 1973 年，美国人类学家恩斯特·贝克尔（Ernest Becker）在其著作《拒斥死亡》中曾因提出"人类的心底都有着对死亡的恐惧"而赢得普利策奖。贝克尔宣称，人类的行为很大程度上是来自一种无意识的努力——拒绝和拒斥死亡。

快半个世纪过去了，人类在如何应对死亡的恐惧，或者更加技术化地来说，在如何科学地认识时间和利用时间，继而提升我们与时间成为友人的可能性上，并没有明显的提升和进步。低效率无意义的忙碌、超越界限的焦虑和难以调和的矛盾，构成了我们日常生活的主基调。

面对这些浮在表面的困境和焦虑，曾以"斯坦福监狱实验"和编写大学心理学教材而著称的美国斯坦福大学荣誉退休教授菲利普·津巴多（Philip Zimbardo）和他的首席学术助理约翰·博伊德（John Boyd）却深刻地洞察到：在生活中，我们所做的每一个重大选择都取决于内在的时间观。

由他们合著的《时间的悖论：关于时间观的科学》更是特别强调："对时间的态度形成了时间观，拥有平衡的时间观预示着我们也拥有健康的生活方式，而过于偏差的时间观则会导致不健康的生活方式。这些时间的悖论无所不在，我们要做的，就是洞察时间的本质，然后通过塑造全新的时间观，来重塑我们的人生。"很显然，有关时间的问题，本质上就是有关人生意义的问题。

## 六种时间观

众所周知，就时间而言，只有三天是重要的：昨天、今天和明天。昨天是今日之前所有日子的总和，明天是今天之后所有日子的总和。这三天无疑是我们所有人活着时所拥有的一切，也是我们度过一生的媒介。无论你喜欢与否，生活中的每一瞬间都在花费着时间，我们就是"时间自显于其上的钟表"（语出莎士比亚《查理二世》）。

津巴多和博伊德正是从"昨天、今天和明天"的三岔路口延伸出"过去、现在和未来"的三种时态。但两位作者援引以色列著名时间专家瑞秋·卡尔尼奥尔（Rachel Carniol）的相关研究指出，"过去可以成为人类的敌人，但大量证据证明，过去很多方面也是人类的朋友"。就个人而言，对往事的看法将在很大程度上影响我们的感受、幸福乃至人生成就。对许多人来说，童年的某种打击、阴影或创伤，成了他们一生难以抹去的隐痛，那些不美好的回忆永久性地植入了他们的脑海，不定时地刺痛他们。

然而，津巴多和博伊德却指出，我们脑海里的"过去"，记忆一再被重构，而记忆的重构会受到当下的态度、信念和可得到的信息的影响。记忆重构的本质意味着，我们"今天"的想法和感受影响了我们记忆中的"昨天"。哪怕只是稍稍改变我们关于"过去"的询问方式，也能戏剧性地改变我们对于"真实发生的事件"的回忆。

　　在 1996 年，伊丽莎白·洛夫特斯（Elizabeth Loftus）、詹姆斯·科恩（James Coan）和杰奎琳·皮克雷尔（Jacqueline Pickrell）等心理学家曾向世人展示了一个关于"小时候曾在商场里迷路"的虚假记忆研究。实验者把这一捏造的童年片段混入真实事件（从被试的亲友处收集得来），并向被试描述这些事情。经过几次访谈后，这一捏造的片段便被受试者当成了真实记忆，相信自己确实有过这样的经历。在后续的访问中，甚至有 25% 的受试者生动地描述出自己在商场里迷了路，痛哭起来，最后被一位老太太发现了的故事。

　　除此之外，洛夫特斯还曾做过另一个著名的实验，来揭示记忆的重构本质。两组受试者被要求观看一个涉及两车的交通事故的录像。事后，研究者仅改动了一个词来询问两组受试者，要求他们回答两车相撞时各自的速度。第一组被问道："当两车'撞到'一起的时候，两辆车的速度大概是多少？"这组受试者答案的平均数约为每小时 41 英里。第二组被问道："两车'接触'到对方的时候，它们的速度大概是多少？"第二组受试者看的是同一个录像，但他们答案的平均数只有每小时 32 英里。受试者又被问道，他们是否看到碰撞之后玻璃碎裂的场面。尽管事实上在视频里玻璃并没有被撞碎，但在"撞击"组的受试者中，回答"看到了"的人数是"接触"组的三倍。

　　显然，参与该实验的受试者并不会像录像带一样记录这次事故。他们保存了事故的大概印象，然后在被问到具体细节之时，再根据当下可用的信息对细节进行补充。例如，"撞击"组为了与问题中暗示的更为严重的碰撞相一致，在重构记忆的过程中加入了更快的车速和严重车祸中常常出现的破碎车窗的场面。相反，"接触"组则记得行车速度相对较慢，而与较慢的速度相一致的情况则是一般不会撞碎车窗。

与这个实验相类似的现实行为中，最具特点的是诉讼律师。经验丰富的律师每天都在他们的工作中使用这种引导性提问的方法。

洛夫特斯和她的同事们在另一项研究中要求被试阅读一份有关迪士尼乐园的广告，并让他们回忆此前在迪士尼乐园的快乐经历，比如那首欢乐的《小小世界》主题曲，从一个游乐项目到另一个项目，还有和兔八哥握手。广告里的描述温馨、迷人，很多被试在研究结束之后又去了一趟迪士尼乐园。但广告里有一个错误是研究人员故意植入影响被试的：兔八哥的版权其实是华纳兄弟所有，并非迪士尼公司所有。因此，迪士尼乐园里面从来没有出现过兔八哥。当受试者在参观了迪士尼乐园之后，他们被问到自己对此次游玩的记忆，16% 的受试者记得自己曾经在乐园里和兔八哥握手，虽然这根本不可能发生。

或许有人会说，自己的童年的确遭遇了重大的创伤，或曾目睹父母的冷战，或曾被高年级的学生欺负，这些记忆千真万确，没有一丝虚构。对此，津巴多和博伊德认为，这其中依然存在我们选择性记忆的问题。即因为我们每个人都不能确定过去发生了什么，而我们对过去的态度，则可以左右我们对过去的看法。

过去发生了什么，和我们如何看待过去，这的确是一个因人而异的问题。同样的苦难，发生在不同人身上，产生的效果也许是完全不同的，其中至关重要的一点就是个体对苦难的态度。

基于此，津巴多和博伊德将人对待过去、现在和未来的时间观再细分为六种情形（如图 1.3 所示）：消极的过去时间观、积极的过去时间观、宿命主义的现在时间观、享乐主义的现在时间观、超未来的时间观和未来时间观。

图 1.3 时间观平衡轮

过去是隐含着"敌人"和"朋友"的双重结合体，即过去既是人类的"敌人"也是人类的"朋友"。面对过去，我们该以怎样的态度进行怀旧，这显然是一个哈姆雷特式的问题。我们每个人都不能改变自己的过去，但我们可以改变自己看待过去的态度。有的人常常回想起过去快乐的时光，尽管可能经历过极大的痛苦，但他们对过去经历的理解仍然是积极的，例如津巴多和博伊德提到的一位容光焕发的老奶奶伊迪·埃格尔（Edie Eger），虽然在 16 岁（1944 年）时就被关进了奥斯维辛集中营，但她却认为那段经历给了自己坚强的意志——"我的一切都在于生命与生活，而不是死亡和垂死挣扎，虽然死亡也是生命的一部分"。这无疑是抱有积极怀旧时间观的一个明显的例子。这种人往往更健康、更快乐，也更有感恩之心，容易欣赏当下的生活。

## 不同时间观如何塑造不同的个体

不同的时间观塑造了不同的个体，也对这个世界里的爱情、身心健康、教育、财富、政治、商业乃至战争，产生了或大或小的影响。津巴多和博伊德提出的"六种时间观"颇富前瞻性、科学性和趣味性，用这一认知方式去重新理解世界，能发现不少新意。

譬如，坠入热恋期的男女，他们之间往往没有共同的过去，而且他们的未来尚未发生，他们由此只是停留在当下。紧张感等各种情绪，还有荷尔蒙的变化，加剧了他们以当下为中心的时间导向。在极端的情况之下，爱情的确非常像一种成瘾行为，它让人们无视所有关于未来成本的考量和行动可能带来的负面结果，并让当下的愉悦感主导了一切。诚如精神分析学派创始人西格蒙德·弗洛伊德（Sigmund Freud）曾指出的那样，"当我们坠入爱河的时候，我们其实得了一种特殊的精神疾病：我们都变成了以当下为中心的笨蛋，对于未来的劝告充耳不闻。说得含蓄一点就是，我们在做一些无益于长远目标的事情。爱情把我们都变成了幸福的傻瓜"。

时间飞逝，最终的激情褪去之后，需要他们以新的态度去面对时间。但有些时候，情侣们向未来导向转型的时候往往会遇到很大的困难，比如，当一个人是以当下为导向的享乐主义者，而另一个人是以未来为导向的时候，这种情况在情侣中极为常见。如果一个人的关注点是未来而另一个人的关注点是当下，那么有时候连一些简单的共同决定都很难顺利地完成。比如，晚饭吃什么（牛排还是炖菜）？怎么消费（买一辆新车还是用来投资）？空余时间用来干什么（继续工作还是出去玩）？这些都是关系里的雷区。更重要的决定（比如是否要孩子）可能会更加困难。那些自毁的、以当下为中心的享乐主义行为（比如把存款拿去赌博或者寻找外遇），更不可能帮助男女伴侣长期维持关系。

津巴多和博伊德深入对比研究发现，在个人层面上，无论男女，每个人的时间观都非常不一样，但平均而言，男人更倾向于以当下为中心的享乐主义，而女人更倾向于以未来为导向。在多年之前，这种不同无疑是有着生存优势的，因为男人和女人可以平衡对方的时间观。这些不同也许在今天还保留着，但男人和女人之间不同的时间观会让他们走向冲突。

人们希望从情感关系中得到的东西也取决于他们的时间观，这一点在津巴多和博伊德对情侣的研究中多次得到证实。以未来为导向的人希望伴侣的行动是可预测的，而且更注重他们从关系中能得到哪些好处，但是他们对于强烈的、让人兴奋的浪漫关系并不向往。以当下为导向的人向往激情、随心所欲的关系，当然这种关系也会冲突不断。他们理想的另一半是那种能让人兴奋同时又率性天真的人。这样的伴侣通常很少在关系里做出承诺，因为他们不会花很多时间在思考共同的未来上。积极怀旧的人，把他们过去的恋爱关系描述得像完美情侣一般；那些消极怀旧的人，可能还会花时间想他们曾经错过的爱人。和以未来为导向的人一样，以过去为中心的人更少地看重情感关系中的随心所欲和肉体上的吸引力。

由彭浩翔执导的电影《志明与春娇》，就生动地演绎了"时间观"差异对一段感情产生的诸多阻碍：余春娇是一个关注未来的人，而张志明更喜欢享受当下。余春娇从与张志明恋爱的第一天起就想着安定下来、想着结婚、想着张志明给她一个未来；但张志明却认为享受此刻的关系比考虑结婚更重要。张志明无法攒钱，喜欢刷卡买很多杂七杂八的玩乐东西，而余春娇只能抱怨对方不够成熟，非常无奈。他们因为相爱而不肯分离，但却因为时间观不同，用了 7 年时间经历了分手、异地、复合、同居……情路可谓坎坷重重。

不同时间观的人，就像是生活在一个平行但相反的时空。津巴多和博伊德由此认定：决定生活（婚姻）质量的，除了"三观"，其实还有"第四观"——时间观，即我们对待时间的态度。他们为此特别给年轻人提出了一条理性的建议：在结识新异性或发展一段恋情之前，特别是在做出承诺之前，请尝试先了解一下彼此时间观的配合度。

时间观除了与婚姻爱情相关，还与身心健康、教育等紧密相连。津巴多和博伊德引用了人类行为问题专家菲利普·C. 麦格劳（Phillip C. McGraw）博士的一个有趣经历：有一天著名脱口秀主持人奥普拉·温弗瑞（Oprah Winfrey）紧急召唤麦格劳博士，因为她的闺蜜团急需他解答一个问题："为什么我们这么胖？"结果，麦格劳博士的回答非常简单："你们胖，是因为你们想胖。"

这个回答让这些女士十分不满，哪个女人想胖呢？从她们的角度来看，她们从来没有选择变胖。但从麦格劳博士的角度来看，她们在过去所做出的选择清晰地表明了肥胖其实是自行选择的结果。当这些女士选择了自己的行为时，已经选择了相应的后果。她们希望能变瘦，但却做出了希望变胖的选择。

在津巴多和博伊德看来，这些女士和麦格劳博士都没有错。这些女士从来没有有意识地选择变胖，但她们在对待吃这件事情上却选择了完全以当下为导向的时间观，没有考虑这样做的后果。从这些女士的角度来看，她们的选择不是变瘦或者变胖，而是享受所吃的食物，因此这个选择完全是基于她们当下的欲望，而不是未来的结果。

纪录片《人生七年》的导演组挑选了来自不同阶层的 14 个孩子，从 7 岁一直追踪到他们 56 岁，那些来自中产阶层家庭的孩子长大成人后，按部就班地履行社会角色；而那些来自底层家庭的孩子，由于父母受教育的程度低，更有可能活在当下。

这说明，教育可以使人通过学习历史而感知过去，通过测试和评分来明确成功或失败，通过需要来延迟满足。

但处在社会底层的人意识不到这些。当下导向的人更少关注工作，更不相信当下努力会在未来有回报的观念，不会使用简单的"如果……那么……"的思维方法。活在当下的态度意味着活在相对较低的社会阶层里。因此，这会让他们在讨价还价、谈判、冲突解决、学术或职业情景下处于不利的地位。简而言之，他们无法在复杂的后现代世界里占到优势。

## 正确无比却违背人性的道理

与纪录片《人生七年》所揭示的现实"殊途同归"：以未来为导向的人最显著的特点就是能够"推迟满足感"，为了更大的收益而延迟满足。以未来为导向的人通常更健康，因为他们知道为了保持健康应当少吃美味的垃圾食品、按时体检、多运动，也总是把目光放在未来而不是过去不开心的经历上；以未来为导向的人也更富有，因为这些人通常接受了更多、更好的教育，进而拥有更好的工作机会，更能努力赚钱，也能存更多的钱。相比之下，关注当下的享乐主义者就更倾向于随意花钱买开心。

津巴多和博伊德在对上百名高中学生的研究调查结果中，也发现了以未来为导向的人相对于当下的享乐主义者活得更好的内在原因，其中一个就是享乐主义者在日常生活中更容易处于危险之中，而很多危险都是他们自己造成的。以未来为导向的高中生在骑车、滑板和开车时都更少冒险，他们更少开跑车、更少醉驾、更少喝酒，也更少在没有安全措施的情况下发生性行为或者卷入打斗当中。

以未来为导向的人长寿的另一个关键原因是他们总是三思而后行。而且，因为觉得质量要比款式重要得多，以未来为导向的人会花时间定期检查和保养他们的车，而不是在洗车、打蜡、保持光鲜上花钱。因此，他们更少因为老化的车胎、出问题的变速箱或者磨损的刹车片而出事故。很少或者不以未来为导向的人容易染上成瘾行为，而以未来为导向的人基本上都不会受此影响，因此他们也更少因为吸烟而得肺癌。以未来为导向的人更有可能平安度过危险的青少年阶段，成年之后也更有可能活得更久。

在斯坦福大学心理学入门课程中，能得到最高分的学生都是那些极端以未来为导向的人，当下享乐主义者和当下宿命主义者排名则相对靠后。这有可能是因为以未来为导向的学生本来就比较聪明，但津巴多和博伊德并不相信这个说法。在他们看来，成为一个以未来为导向的人同时也意味着能够做好合理的规划、理智地安排好自己的时间，以及为走向成功的路上可能出现的意外和陷阱做好准备。以未来为导向的人几乎从来不会中途放弃所修课程，或者要求延期以完成作业，这也意味着他们不需要为了同时完成旧的和新的作业而使工作量加倍。

英国 18 世纪建造的霍华德城堡里，有一个日晷上刻了这样一句诗："白驹过隙光阴逝，良辰将尽日如梭。死之荫，附于人之眉目。"早期的时钟和手表通常都刻有头骨和交叉的人骨，向佩戴者提醒人总有一死。因为意识到死亡总会无可避免地在无法预计的某一天来临，所以以未来为导向的人会不断做出明智的选择，来推迟这一天的到来——他们在年轻的时候就为退休做好准备，建立信托基金，写好遗嘱，把辛苦赚来的钱花在买人身保险上。

一项最近的研究也展示了以未来为导向的人对储蓄的重视。这项研究比较了荷兰家庭中 16 至 21 岁的成员和他们的父母对待经济行为的态度。结果显示，那些和孩子们经常讨论经济问题的父母，影响了他们孩子的经济行为，也成功地教会了他们的孩子懂得储蓄的重要性。这种早期的社会化过程也延伸到了成人期，而孩子在经济上的成功主要受他们父母的自律性和他们父母的未来导向时间观影响。孩子们能观察到他们父母的各种以未来为导向的行为，因此他们有大量模仿学习的机会。

津巴多和博伊德深入调查和研究还发现，以未来为导向的父母，会用尽各种机会把行事谨慎、凡事三思而行的心态灌输给他们的孩子。比如，一直向他们的孩子强调不刷牙、不为考试而准备、太快把零花钱花完，或者把作业留到最后一刻再做等事情的后果。

作为对比，津巴多和博伊德对近 50 位流浪人员的研究和访问却惊奇地发现，越是以当下为导向的流浪汉，越是会花更多的时间看电视、吃东西或者无所事事，他们很少出去工作。而那些生活在同一个收容所里的以未来为导向的人则恰恰相反：他们更少浪费时间，更少会抑郁，并且会花更多的时间在工作上。当然，这些以未来为导向的人留在收容所里的时间也更短。

同样，以未来为导向的人在困难面前表现得更加坚毅。"教育为先"是英国的一个新的教育项目，在这个项目中，来自哥伦比亚大学的精英毕业生会在充满挑战性的贫困学校中教课两年。这项工作充满了压力：可用的资源非常匮乏，学生对学习提不起兴趣，种族和语言方面差异很大，很多年轻的老师因此而放弃了教学工作。那些在压力面前坚持完成了自己工作的新老师们大部分都是以未来为导向的人。研究发现，那些申请参加"教育为先"项目并坚持到底的老师们的动机都与未来有关。他们大都为了在简历中增加有价值的经历，积累一些人脉、经验和技能，以便今后能在职场上爬得更高。事实上，所有的动机和考虑，都和我们"以未来为导向"的概念相一致。

财务自由一直是人们追寻的目标，实现了财务自由，代表着人们可以自由支配资金，提升生活品质。作者在《时间的悖论》中专门用了一个小节来讨论"如何轻松迈向财务自由"。津巴多和博伊德并没有提供"一夜暴富"的捷径，而是始终围绕时间观在展开论述。例如，"今天是开始投资最好的时间""时间比时机更重要""明白你的时间总有用完的那一天""你不能估计市场的时机""当下的享乐主义时间观是昂贵的"，等等，都在告诉人们那些正确无比却违背人性的道理。

当然，津巴多和博伊德还是给了普通人不少信心，那就是"聪明与富有无关"的结论。因为聪明人会过于自信自己选择的投资领域和投资时机，更可能因为高估自己的赚钱能力而刷爆信用卡，而一般人只要能够坚守指数型的共同基金这一低门槛投资领地，同时避免超额消费，就有很大可能成为富人。"从容不迫的时间感本身就是一种财富的表现"，在财务自由方面，以未来为导向是颇为重要的一点。

## 易洛魁族人的时间观

对于很多人来说，生前和死后的时间将心理上的未来分成了两个部分。传统的或者现世的未来从当下开始，一直延伸到想象中的死亡，同时也伴随着现世的目标和希望，比如大学毕业、为人父母、买房子、结婚等，这是传统意义上心理学家研究的未来。"超未来时间观"从肉体的死亡开始，一直延伸到永恒。超越现世的未来包括了不同的事件，比如神圣的审判、与死去家人团圆、永恒的生命、天人合一、重生复活，以及贫困、痛苦和苦难的终结。这种无法被记录下来的"未来"，一直以来都被大部分心理学家忽视或贬低。正如大多数人预期的那样，"超未来时间观"与一个人自陈的某种宗教信仰、灵性生活以及对于往生世界的信念有关。

毁灭一个人对未来的期待就能显著地减弱他的动力。如果一个想要进入职业篮球联赛的青少年在一场车祸中失去了一条腿的话，他的"篮球梦"也就被摧毁了。毁灭未来的目标在减少国家的整体动力上和个人层面上一样有效，比如，在二战期间，德国和日本都有详细的统治世界的目标，这个目标存在于现世和未来。日本佛教信徒众多，而佛教在各宗教超越现世的未来时间观上得分低于平均线。而当时的德国是一个法西斯国家，官方反对所有宗教。德国和日本对于现世的未来都有着类似的目标，但他们对于超越现世的未来几乎没有任何期待。当这两个国家对未来成功的期待都被打破之后，德国和日本就失去了继续战斗的动力，最终同意投降。从某种角度上来说，同盟国并不是通过打败对手国的国民，而是通过毁灭对手国国民对未来成功的期待赢得了二战。

在津巴多和博伊德看来，这种方法对于今天的反恐战争并不适用。

因为新型恐怖主义的袭击方式正是"超未来时间观"，那些"人肉炸弹"与他们的亲人，都相信自己的生死并不重要。他们都不会认为肉体的消失就意味着一切都结束了，相反，他们虔信这只是一种暂时的分离。"从超越未来时间观的角度来看，一个自杀式恐怖分子的行动并不疯狂，也不是被仇恨、绝望所驱动的，而只是一个由有信仰的、可能对自己在现世中的未来没有多少希望，却对于超越现世的未来有着很高期待的人所做出来的自然行为。"

换言之，"死亡只是新的开始"，此种"超未来时间观"的存在，大大减轻了袭击者和他们家人之间的痛苦，也让按照未来时间观来准备战争的欧美国家，变得措手不及、无法应对。

深入研究，津巴多和博伊德还发现，并不是所有的超越现世的未来信念都与宗教或者往生之后的世界有关。有一些超越现世的未来信念考虑的是未来的几代人。比如，易洛魁族人（一个生活在安大略湖边上的印第安人联邦部落）的《和平法》中写道："每一次需要做出重大决定的时候，我们都要考虑此决定对于未来七代人的影响……哪怕这需要我们付出相应的代价，承受些当下的困难。"根据这条法律，他们做决定的时候必须把未来的七代人都考虑进去，这不是因为他们的灵魂是否会永生，而是因为他们的后代需要这样的计划。要求他们在做重大决定的时候，把注意力放在想象中的未来七代人上并不容易，这也是为什么易洛魁族人把这一点写进了法律。他们需要有排除和承受当下困难的能力，这样才能为未来七代人的福祉考虑，才能保护他们的利益不被那些不重视未来的同辈人或者当权的决策者为了当下的利益而牺牲掉。

易洛魁族人把当下和超未来时间观同等看待。超未来时间观是以当下为导向的时间观的伴侣，当他们为当下的事情做决定时，他们未来的七代人的利益也会得到同等程度的重视。这种视角创造了一种由当代人和未来七代人共同组成的民意代表。当代人为那些在未来生活的后代而投票，为那些生活在未来的七代人而谋求利益，同时也为那些活在当代的人谋求利益。如此广泛的权力分配，几乎没有给个人的利益留下什么空间。

理解时间的悖论才能更高效地利用时间，新知常常不具有针对焦虑的神奇疗效，但至少能让我们意识到各种时间观的利弊和局限：以过去为导向的人倾向于过度小心或过分随意，以当下为导向的人不懂节省，以未来为导向的人则基本上不会享受当下。尽管津巴多和博伊德分析了每一种时间观的利弊，但他们最想传递的信息却是："塑造一个平衡的时间观会使你的生活变得更好。适度水平的将来与当下享乐主义，较弱的消极怀旧和当下宿命主义时间观，再加之固定剂量的积极怀旧时间观，就是我们所倡导的最理想的时间观组合模式。"

# 老总，请把会议安排在上午十点前

美国杜克大学医学中心研究了大约 9 万例手术后，发现下午三四点钟发生医疗事故的情况明显"更频繁"，上午 9 点出现问题的概率约为 1%，下午 4 点出现问题的概率则是 4.2%。换句话说，医务人员在下午出错的概率是上午的 4 倍多。

对此，研究人员总结说，下午的昼夜节律降低了医生的警觉性，影响了他们在医疗等复杂任务中的能力发挥。

不仅是在医院，其他领域也有类似现象。三位美国商学院教授分析了 2100 多家上市公司在 6 年半的时间里召开的 2.6 万多次业绩电话会议。他们也惊奇地发现，进行会议的时间和大家当时的情绪会影响公司的股价，如果下午召开业绩电话会议，企业股价会发生暂时性扭曲。

早上召开的电话会议，往往伴随着乐观和积极的氛围；但随着时间的推移，与会者的"语调越来越消极，越来越犹豫不决"；午餐时间，情绪稍微反弹。研究者推测可能是因为与会者重新为大脑和心情充足了"电"。但在午后，消极情绪再次加重，只有在股市收盘后才有所回调。此外，即使在剔除了行业标准、金融危机、增长机会以及公司新闻等因素之后，这种模式仍然存在。换言之，即使研究人员考虑到经济新闻，比如经济增长放缓影响到企业出口，或是企业的基本面情况，比如季度业绩非常糟糕，与会者在下午的电话会议上仍然表现得比早上"更消极、更易怒、更好斗"。

在美国前副总统戈尔及白宫行政部门演讲稿撰写人、未来趋势专家丹尼尔·平克（Daniel H. Pink）看来，大多数人在非睡眠时间里的情绪表现往往会遵循一种相对稳定的"高峰—低谷—反弹"模式。即人的积极情绪通常在清晨最为活跃，此时会感到活力四射、积极充实又满怀希望，这种情绪在下午直线下降，傍晚时又再次回升。情绪可以让时间变成无用的"垃圾"，也可以让时间变成"宝藏"。重要的是，要懂得通过感受情绪波动来抓住做事的时机。为此，平克在其著作《时机管理：完美时机的隐秘模式》中提供了一个崭新的思维视角：时间不是用来规划的，是用来选择的，相对于针对任务的时间管理，时机管理更重视对人的分析，强调将人与任务完美地结合起来，进而提升效率。

## 试试"恢复性休息"并改变时间表

毋庸置疑，人人都知道恰当的时机是制胜法宝，但对时机本身，人们就不一定很了解了。人生中充满了有关"何时"的决策：何时创业，何时对课程做出安排，何时确定自己和女友的关系……人们往往只能根据直觉或推测来做决策，把握时机是一门高明的艺术，更是一门科学，但这却往往不被人们所理解。例如，丹麦的学生和其他地方的学生一样，每年都要接受一系列的标准化考试，以评估他们的学习效果和学校的教学情况。学生要在电脑上完成这些考试，但由于学校的电脑数量比学生人数少，学生不可能同时参加考试。因此，考试时间取决于每个班级的课表和电脑够不够用。一部分学生在上午考试，一部分则要在下午考试。

哈佛大学的副教授西丝卡·吉诺（Siska Gino）和两位丹麦研究人员

对丹麦学生的 4 年考试结果进行分析，并将分数与学生参加考试的时间比对后，发现了一种既有趣又令人不安的相关性。早上参加考试的学生取得的成绩要高于下午参加考试的学生取得的成绩。事实上，每过一个小时，考试成绩都比前一个小时下降一点点。考试时间对学生成绩的影响，与其父母的收入和文化水平对成绩的影响相当。尽管时间不能说明一切，但时间确实非常重要。

对于校长或教育决策者来说，应对方法似乎显而易见，那就是无论如何把所有的考试都移到早上。然而，研究人员还发现了另一种补救措施，该措施非常容易解释和实施，并且可以推而广之。丹麦学生在考试前休息二三十分钟，来"吃喝闲聊"，他们的分数并没有下降，反而提高了。正如研究人员所指出的："休息带来的改善要超过每小时脑力的下降。"也就是说，中午之后参加考试分数会下降，但休息过后，成绩提升的幅度会更大。

这也是平克提出的"恢复性休息"的内在重要性。所谓的"恢复性休息"，即帮助我们轻松绕开低谷危险的休息。在平克看来，"如果低谷是毒药，恢复性休息就是解药"。

除了"恢复性休息"外，平克研究还发现，"改变时间表"也是提高效率或带来好结果的一个关键决策。一位时间生物学家在德国一家工厂进行了一个试验：让员工们根据自己的时间类型来安排一天的工作。果然，这些员工的满意度和效率都提高了。

鉴于强有力的证据，美国儿科学会在 2014 年发布了一项声明，呼吁初中和高中不要早于上午 8 点 30 分开始第一节课。几年之后，美国疾病防控中心也得出结论称，推迟上课时间在促进青少年的学习和健康方面"可能帮助最大"。

从纽约州的多布斯费里到得克萨斯州的休斯敦，再到澳大利亚的墨尔本，很多学校都接受了这些研究结果并进行了调整，取得了令人瞩目的成果。例如，一项研究对明尼苏达州、科罗拉多州和怀俄明州 8 所高中的 9000 名学生跟踪了 3 年。这些学校将上午的课程推迟到 8 点 35 分，结果出勤率上升，迟到人数下降；学生在数学、英语、科学和社会研究等主要学科上获得了较高的分数，并且在州级和国家级标准化考试中取得了很大的进步。其中一所学校将上课时间从早上 7 点 35 分调到 8 点 55 分，学生驾车导致的事故数量少了 70%。

另一项针对美国 7 个州 3 万名学生进行的研究也发现，对上课时间进行调整两年后，高中毕业率提高了 11% 以上。一篇文章对有关上课时间的研究文献进行归纳后得出结论，较晚的上课时间对应了"较高的出勤率、较低的迟到率……更好的成绩"。而且，学生们不仅在课堂上，在生活中的许多方面都表现得更好了。大量研究发现，推迟学校上课时间可以强化学习动力，改善心理健康，减少抑郁和冲动行为。

即便从性价比来看，推迟上课时间也是合理的。经济学家芬利·爱德华兹（Finley Edwards）研究北卡罗来纳州韦克县的学校教育时，发现"开始上课时间推后 1 小时，学生的数学和阅读成绩提高了 3%"，对成绩最差的学生影响最大。作为经济学家，爱德华兹还计算了改变时间表的成本收益比，结果发现，较晚的上课时间比起教育决策者所做的任何其他举措，带来的教育收益都更高。布鲁金斯学会的一项研究分析也印证了这一观点。

然而，儿科医生和公共卫生官员的呼吁，以及学校的优良经验，基本上都被忽视了。今天，只有不到 20% 的美国初中和高中遵循儿科学会的建议，将上课时间放在早上 8 点 30 分以后。美国青少年平均上课时间仍然是早上 8 点 30 分，这意味着大部分学校在早上 7 点就已经开始上课了。

为什么推行不了？平克经过调查和对比研究发现，一个关键原因是推迟上课时间会给成年人造成不便：政府必须重新设计公交时刻表，父母可能无法在上下班途中接送孩子，老师的下班时间会更晚，教练的训练时间会被影响。

## 用"事前验尸"摆脱错误起点

时机管理不同于时间管理。时间是一条长河，时机是一个断点或一种节奏。时间管理要解决的问题是，人们希望自己在何时做何事；而时机管理要解决的问题是，在"何时"做何事更科学。前者强调时间规划的主观性；后者则强调做事情有正确的时机，需要科学把握。在讨论了生物钟机制与做事的时机之后，平克探讨了"时机管理"的三个关键节点：起点效应、半途效应和峰终效应。

戴恒琛、凯瑟琳·米尔克曼和杰森·里斯这三位学者在分析了时间跨度长达八年半的谷歌搜索数据后发现，"节食"这个关键词的搜索量总是在 1 月 1 日这天飙升，比平常日子多出 80% 左右。这也许没什么奇怪的，然而，在每个月和每周的第一天，对该词的搜索也呈激增状态。在每个法定假日后的第一天，"节食"的搜索量甚至也攀升了10%。这意味着，在那些代表着某个周期"第一天"的日子，人们的动力开关会被重新开启。这反映了一个事实：人们实际上非常在意"起点效应"，也即是说，希望借助一个关键的起始点，让自己具备做好某事的动力。

在平克看来，"起点效应"又深又远，往往会伴随我们一直到终点。他认为，摆脱错误起点（"开始"）的后果的最好方法，是一开始就避免错误起点，而最佳手段就是"事前验尸"。所谓"验尸"，就是法医检查尸体以确定死因。美国心理学家加里·克莱因（Gary Klein）对其进行了创造性的应用，将这种检查从事后移到了事前。假设你和团队即将开始一个新项目，在启动之前，可以召集所有人进行一次"事前验尸"。"假设18个月后，我们的项目彻底失败了，"你对团队成员说，"问题出在哪儿？"利用后见之明，整个团队会给出一些答案：也许任务没有定义清楚，也许人员太少、太多或人员不合适，也许没有一个头脑清醒的领导者或实际的目标。通过预先想象失败，思考可能导致错误起点的原因，你可以预见一些潜在的问题，并在项目实际开始后规避它们。

平克告诉人们，如果"开始"无法控制，那就让更多人加进来，一定要始终铭记成功的"开始"的3个原则：正确开始，重新开始，一起开始。

## 记住那些未完成的任务

与起点或"开始"给人充满力量和希望相比，中间点或"半途"，从情感上和存在意义上则往往给人一种泄气和低潮之感。

早在1965年，一位名不见经传的加拿大心理学家埃利奥特·贾克斯（Elliott Jaques）在一份不起眼的刊物《国际精神分析杂志》上发表了一篇论文。贾克斯一直在研究莫扎特、拉斐尔、但丁和高更等著名艺术家的传记，他注意到，有不少艺术家在 37 岁左右去世。基于这个简单的事实，加上一点弗洛伊德理论和几个似是而非的临床逸事作支撑，他创立了一套全新的理论——"中年危机"。

不管是在实验室还是在现实生活中，发展心理学家基本上没有找到支持"中年危机"这一理论的证据。民意测验专家在公众民意调查中也没有发现这种所谓的心理危机。但平克在研究时机科学时却发现，很多事物的发展进程中，都存在着"中年危机"的现象。即事件的中间点或"半途"对于我们的行为和感官有强大的影响力，它不仅作用于人，一个项目、一段生活都会出现中场懈怠的"U 形效应"。就像跑马拉松，跑到一半，一定是心理和生理最脆弱的阶段。它会浇灭我们的兴趣，拖延我们的进度，但当我们认清中间点的重要性时，就可以重新引燃我们的能量。

随着研究的深入，平克发现，借助"蜡烛谜题"或许可以巧妙解开万物都存在"中年危机"这一现象。犹太人的智慧基因库《塔木德》规定，一盒传统的光明节蜡烛有 44 支。每年的光明节持续 8 个晚上，庆祝此节日的犹太人每晚都要点燃灯台上的蜡烛。第 1 天晚上点亮 1 支，第 2 天晚上点亮 2 支……依此类推。因为要用 1 支蜡烛来点燃其他蜡烛，所以实际上，第 1 天晚上他们用了 2 支蜡烛，第 2 天晚上用了 3 支，第 8 天晚上应该是用了 9 支蜡烛，所有蜡烛加起来，满足算式"2+3+4+5+6+7+8+9=44"。这意味着光明节结束时，盒子也空了。然而，在世界各地的犹太家庭中，光明节结束时，盒子里通常还会有没用过的蜡烛。

为什么会有没用过的蜡烛？如何解决这个"蜡烛谜题"呢？

美国作家迪亚娜·梅赫塔（Diane Mehta）给出了一部分答案。梅赫塔在新泽西州长大，她的母亲是一位布鲁克林的犹太人。每年光明节，她都盼着点燃那些蜡烛，收到像袜子这样的礼物。有了儿子后，她的儿子也喜欢点光明节蜡烛。但随着时间的流逝，换工作、离婚，平淡的日子起起伏伏，梅赫塔的蜡烛点得不再那么规律。开始时梅赫塔总是兴致勃勃，但过了几天，她就犯懒了。尤其当儿子去和他爸爸一块儿住时，她就更不会去点蜡烛。但有时候，在光明节快结束时，梅赫塔会注意到光明节还没过完，于是会再次点燃蜡烛。

所以，梅赫塔的光明节常常是开头充满热情，中间开始懈怠，快结束时又恢复了热情。在第3天晚上和第6天晚上，她有时会忘了点上蜡烛，所以在节日结束时，盒子里还有剩下的蜡烛。和她类似的人其实很多。

平克认为，中间点或"半途"既是生活的事实，也是自然的力量，但这并不意味着我们对此无能为力。如何顺利度过中间点或"半途"，平克给出了5条在中间点或"半途"低潮期能重新激活动力的途径。

第一，设立中期目标。为了保持动力，或者重新燃起动力，可以将大项目分成小步骤。研究人员在一项研究中发现，当人们进行减肥、跑步，或为一张免费机票累积短途飞行里程时，往往在过程的开头和结尾时动力十足，但到了一半的时候，总是卡在那里，停滞不前。例如，为了累积40000公里，在达到6000公里或33000公里的时候，人们会更努力。然而那些已经拥有19000公里的人，似乎就没那么高的热忱。一个解决方案是以不同的方式思考中间点。不要想着总共有40000公里，而应该在达到19000公里的大关以后再设置一个子目标——24000公里，并把注意力放在这个子目标上。在比赛中，不要想着离终点线的距离，而应集中精力到达下一阶段的小目标。

第二，公开承诺中期目标。一旦设定了子目标，就要敢于公开表明决心。当有人让我们负责时，我们才更有可能坚持到底。克服困境的一种方法是，告诉别人我们将如何以及什么时候完成任务。假设你的论文撰写、课程设计或企业战略计划制订已经过半，你可以在推特、脸书或微信朋友圈上发条消息，表示你将在特定日期之前完成当前部分。当那个时间到来时，可以请你的朋友与你一起检查成果。有这么多人希望你交付，你会通过达到你的子目标来避免出丑。

第三，海明威法，句子写到一半就停下。每次写作，海明威都会在一个句子写到中间时就停笔，而不是把一个章节或段落写完。这种不完整的感觉点燃了中间点火花，成为他第二天写作的直接动力。这个方法有效的一个原因就是所谓的蔡格尼克效应①，即我们更倾向于记住那些未完成的任务。当我们处于项目的中间点时，试着用一个未完成的任务来结束一天，但要明确下一步，这也许能助燃我们的日常动力。

第四，宋飞法，不要让链条断掉。美国喜剧大师杰瑞·宋飞（Jerry Seinfeld）有每天写作的习惯，不仅仅是他有灵感的那些日子，而是每一天。为了保持专注，他每年都会打印一份365天的日历。每过一天，他就会画一个大大的红"×"。只要坚持下去，链条会变得越来越长。他唯一的工作就是不要让这个链条断了。想象一下，当我们感受到中间

---

① 蔡格尼克效应（Zeigarnik effect），20世纪20年代苏联心理学家布尔玛·蔡格尼克（Bluma Zeigarnik）在一项记忆实验中发现的心理现象。她让被试做22件简单的工作，如写下一首喜欢的诗，从55倒数到17，把一些颜色和形状不同的珠子按一定的模式用线穿起来，等等。完成每件工作所需的时间大体相等，一般为几分钟。在这些工作中，只有一半允许做完，另一半在没有做完时就受到阻止。允许做完和不允许做完的工作出现的顺序是随机排列的。做完实验后，在出乎被试意料的情况下，立刻让他们回忆做了哪22件工作。结果是未完成的工作平均可回忆68%，而已完成的工作只能回忆43%。

点的低迷时，抬头看看那串由 30、50 或 100 多个红"×"符号穿成的链条。我们或许会像宋飞一样，迎头赶上。

第五，想象一个你的工作能够帮助到的人。除了海明威和宋飞这两位解决中间点动力问题的好手，沃顿商学院教授、《离经叛道》的作者亚当·格兰特（Adam Grant）也是其中一位。当面对艰难的任务时，格兰特会问自己，自己所做的事情将在多大程度上让他人受益，通过这样的方法来让自己重拾动力。"我该如何继续"的低潮，变成了"我该如何帮助别人"的火花。所以，如果你感觉自己卡在了某事的中间点上，就想一个会从你的努力中受益的人。想象将你的工作奉献给那个人，将会加大你对任务的投入程度。

## "9 龄族"为何在意峰终效应

像起点和中间点一样，终点也在悄悄地引导人们做什么，以及如何做。有研究发现，第一次参加马拉松的人中，年龄个位数是 9 的参赛者明显比年龄个位数是其他数字的参赛者更多，比例高达 48%，而且参赛成绩也更好。

研究人员给出的解释是，"9 龄族"特别留意衰老和意义，从而导致更多寻找意义的行为或意义危机。因为每个 10 年的末尾似乎同时触发了好事和坏事，这是因为人们对体验的追求有所强化。新的 10 年来临，代表着即将开启一个新的生命阶段，它是整个生命进程的标志物，而且由于生活转变往往会促使对自我的评价发生变化，所以人们更倾向于在每个 10 年的末尾（如 19 岁、29 岁、39 岁、49 岁、59 岁、69 岁、

79 岁、89 岁、99 岁等）对自己的生活进行评价。

平克研究也发现，人们在意峰终效应也意味着，在某些情况下，一件事情的结尾远比开头更能决定人们对该事情的评价。"终点可以被视为一种积极的力量，它可以激发我们实现目标，可以帮助我们修剪掉生活中不重要的东西，可以通过更复杂的辛酸力量而不是简单地追求快乐来帮助我们实现人生的升华。"

平克还特别强调，无论是在起点、中间点，还是终点：要注意用节奏感，与"老板"（上司）同步；要注意用归属感，与群体同步；要注意用意义感，让心与心同步。保持恰当的节奏感、归属感和意义感，这是群体同步的结果，也是动机。始终与群体同步绝不仅仅是一种机械的过程，而是源于人们内心深处的归属偏好。实现群体同步，也恰恰是人的一种本能。

# 工作时间和私人时间的界限

吉玛是一名负责市场营销的女性管理人员。她每天下午 5 点离开办公室，却并非为了享受 5 点后的下班时光。因为家里有小孩，所以只能 5 点下班。但是，即使离开了办公室，工作也还没结束。乘车的时候，她要往自己的办公室打电话，还要用手机一个一个回电话。回到家，吃完晚饭，在孩子写作业或者看电视的时候，她要查看语音邮件，再回很多个电话，还要经常处理与工作有关的传真。在投资银行工作的丈夫也常常坐在家里的电脑前，在睡觉前工作好几个小时。

这是《令人窒息的办公室，被迫工作的美国人》一书的开场，被日本著名经济学家森冈孝二在其著作《过劳时代》中引用。当然，如果把"吉玛"换成某个中国人的名字，相信多数人也不会对这个场景感到陌生。

在办公室和家里都能使用的电子邮件、手机等通信工具创造了"24×7"（一天 24 小时，一周 7 天）的商业工作制（国内称为"007"工作制）。如果没有这些通信工具，员工是无法满足公司要求的。

作为日本关西大学名誉教授，从 20 世纪 80 年代起，森冈孝二教授便开始研究"过劳"问题。当时的日本正处在一个巨大的经济泡沫中，人们似乎失去理智地讨论着"能否 24 小时战斗"的话题。然而，森冈孝二教授却清醒地从中看出了危机。1989 年，他独立推算出了日本每年因过劳而导致死亡的人数，推定数字为 17000 人，这比当时一年交通事故造成死亡的人数还多。他的研究成果立即引起了很大的反响，"过劳死"这个话题开始在日本引发热议。

《过劳时代》于 2005 年在日本出版时，年轻一代也开始用"黑心企业"一词来指代"不想就职的公司"。许多"黑心企业"要求员工没日没夜地加班，然而加班费要么少得可怜，要么干脆没有。同时，长时间劳动和工作压力导致的"过劳自杀"，也成为日本年轻一代的多发病症。调查显示，日本男性正式员工与英美两国男性员工相比，每周要多工作约 10 个小时（每年 500 个小时），比德法两国男性员工多大约 12 个小时（每年 600 个小时）。

"过劳死"作为严峻的社会问题被日本国民熟知，"过劳死 110 热线"于 1988 年在日本开设。在热线开设之初，"过劳死"仅被视为日本特有的社会问题。2002 年 1 月，《牛津英语词典》在线版增加了 1 万多个新词语，其中之一就是来自日语的"karoshi"（过劳死）。可见，过劳死已经成为象征日本人生活方式的一个典型；或者从另一个角度，过劳死这一现象已非日本独有，而是已经蔓延到全世界。

## "休闲型社会"没有到来的内在根源

在步入过劳社会之前，人们曾对"技术终将解放人力"这一论断坚信不疑。早在 1930 年，英国经济学家约翰·梅纳德·凯恩斯（John Maynard Keynes）曾在《我们后代在经济上的可能性》一文中针对人类未来的闲暇时间发表过相当乐观的论调。他当时预言，100 年后（即2030 年），科技的发展会使社会所需的劳动力越来越少，一旦贫困问题得到解决，人类的劳动时间每周只需 10 ~ 15 小时，人们会因为闲得无聊而烦恼。然而实际上，"休闲型社会"始终没有到来，反而是有越来越多的人过劳死。

从 1980 年左右开始，全世界范围内劳动时间缩短的趋势已经停止；1990 年初，人们已开始热议"过劳"问题了。1988 年，麦当劳聘用了近 50 万名年轻人，他们像八爪鱼一样奔忙在"麦当劳工厂"。研究者们认为"麦当劳现象"之所以出现，正是因为电脑技术的发展催生了这种忙碌，饮料感光器自动亮起、电脑程序严格控制薯条烹饪，使得人力沦为机器的附庸，他们只是机械地将机器处理好的食物拿给客人。

"麦当劳现象"的产生，也与 20 世纪 80 年代美国和日本等资本主义强国竞争加剧，企业之间的并购重组频繁有关。彼时"精简型"企业受推崇，裁员严重，导致员工人人自危，原本只是在工厂一线蓝领工人中比较普遍的过劳现象慢慢地蔓延到白领阶层。

"高度资本主义"一词出自日本小说家池泽夏树（Ikezawa Natsuki）的散文《东京式疲劳》，其被森冈孝二教授借用以概括导致"过劳"现象的当代资本主义特征：第一，全球资本主义使得国际竞争愈发激烈；第二，信息资本主义的发展普及了手机、网络等通信手段，同时也模糊了私人时间和工作时间的界限；第三，以消费为目的的浪费型生活方式成为大众化现象，这种消费资本主义让人们不得不通过延长工作时间、加大劳动强度，以获得更高的收入，满足自己的攀比心理；第四，自由职业一方面带来了雇佣形式的多样化，另一方面，也客观上导致了收入的两极分化。这几点分别强调的是激烈的国际商业竞争、通信手段的进步、以消费为目的的浪费型生活方式的流行，以及非正式雇佣现象的泛滥对过劳时代的催生作用。

　　物质越丰沛，精神却越贫乏。人们为了收入而工作，却因为工作丧失了健康和个人生活，那些为梦想努力的人们几乎都是过劳症患者。调查发现，在中国，医生、教师、媒体人、基层公务员、IT 工程师、快递员等，是最容易严重过劳的族群。

　　毋庸置疑，信息技术的发展使得"对时间的抢夺"变得尤为重要。当下新衍生的一切似乎都是为争夺时间而生：快餐、快递、闪送，以及信息流、短视频，一切都指向一种"我马上就要得到"的迫切需求，速度的逼催之下是人精神紧张的超负荷劳动。

　　人们已经对这样的景象见怪不怪：外卖配送员们风驰电掣地穿行在车流中，争抢着一分一秒的时间；当有新闻发生时，记者、编辑需要马上疯狂采访、撰稿，以便在"流量大战"中不落于人后。人类作为一切文明的创造者和拥有者，正在被我们创造的一切催促着、强迫着、无法片刻安宁地持续消耗着。

　　在美国，人们所知的、最能代表过劳的职业是律师和实习医生。美式英语将实习医生称作"resident"。"resident"本来的意思是"居民""住宿舍的人"，为什么会引申为"实习医生"呢？这颇为让人不解。森冈孝二教授在日本国立循环器官疾病研究中心看病的时候，偶然读到了一位医生的著作《心脏外科医生》。那时，森冈孝二教授才知道实习医生因为工作时间长，常常住在医院值班，所以被人称作"resident"。

　　将劳动力视作商品、压榨其价值的做法，并非只存在于资本积累的起步阶段。在 20 世纪 90 年代末，在日本正式员工雇佣制度逐渐完善的情况下，将金钱与利己主义奉为圭臬的"市场个人主义"却钻了非正式雇佣的制度空子，以帮助企业成功渡过经济泡沫破裂时期。森冈孝二教授通过数据与案例阐述了日本雇佣关系的变化：没有劳务期限的正规劳动者（正式员工）减少，有劳务期限的非正规劳动者（非正式员工）增加。大部分非正式员工的雇佣关系都很不稳定，而且工资明显偏低，工作（包括加班）时间远远长于正式员工，可谓是"廉价劳动力"的活标本。

## 被消费改变的雇佣与劳动

每个人在消费方面都有攀比心理，都喜欢和别人比富、向别人炫耀。美国制度经济学鼻祖托斯丹·邦德·凡勃伦（Thorstein B. Veblen）的著作《有闲阶级论》（1899 年），曾论述了有钱人的"炫耀性消费"[①]；美国经济学家詹姆斯·S. 杜森贝里（James Stemble Duesenberry）的著作《收入、储蓄和消费者行为理论》（1949 年），则以"与（邻居）琼斯一家的攀比"为主题展开了议论。和凡勃伦所生活的时代相比，当下有越来越多的人加入了竞争消费的队伍。此外，与杜森贝里的时代不同的是，当下的人们已不仅仅是在和邻居攀比。当今社会，人们进行社交和竞争的场所从狭隘的邻里扩展至职场、健身房、美容院及各类为娱乐活动修建的商业设施，攀比消费之风更是扩大到社区外部，消费竞争被触发的机会也越来越多。

通过无止境加班、超负荷兼职与频繁跳槽赚来的收入，仍无法满足

---

① 所谓炫耀性消费，指的是富裕的上层阶级通过对物品的超出实用和生存所必需的浪费性、奢侈性和铺张浪费，向他人炫耀和展示自己的金钱财力和社会地位，以及这种地位所带来的荣耀、声望和名誉。

人们日益膨胀的消费欲望。森冈孝二教授在《过劳时代》"被消费改变的雇佣与劳动"这一章节中，将《过度劳累的美国人——业余时间出人意料地减少》一书中提出的"工作与消费循环"概念作为中心论点。当以消费为实现自我目的的浪费型生活方式成为大众化现象，攀比消费之风就会成为过度劳动的重要诱因。同时，消费主义的思想对人们交流方式有着潜移默化的影响，人们购买的商品已经成为集中显示自我身份和社会地位的手段。

如果一名工资不高的普通职员，开着价值 50 万美元的高级轿车，一般来讲，与其说他是图实用，倒不如说是讲排场。有的人戴着价值几万美元的劳力士，不是为了看时间，而是为了炫耀。

男人也好女人也罢，只要经济上多多少少有些富余，就会在吃穿用度的每一个方面攀比，自己用什么东西、在哪家餐厅吃饭、假期去哪儿玩、孩子在哪所学校上学，等等。现代消费的这一性质因广告业和大众媒体的发展而不断被强化。人们看到电视剧中人物的生活方式，看到屏幕里明星的穿着打扮，就会尽量向他们看齐。

在美国，已婚女性的全职就业率高，学历和工资相当的男女结为伉俪的例子很多。因此，夫妻二人都是高薪资、有双份收入的家庭正在逐渐增多。由于很多家庭都是双职工，单职工或单亲家庭的人看到富裕的邻居去国外旅游、到高级餐馆就餐、在孩子的教育上大量投资，就算不情愿，也会忍不住和邻居攀比起来。

在这种消费环境下，人们不认为过朴素的生活是美德，为了得到想要的东西，哪怕工作再累、工作时间再长，也会通过加班或者回家工作，尽量多挣些钱。即便如此也还是挣不到足够多的钱的话，就透支将来的收入，贷款或者用信用卡支付。要是有存款，也可能取出来花掉。而这么一来，为了填补贷款和透支的大洞，就只有比以前更加努力地工作。

森冈孝二教授长期担任"大阪过劳死问题联络会"会长，推动了2014年日本《过劳死等防治对策推进法》的制定，他在讨论"自发性过劳"时还列举了一系列形容工作的词汇，比如"热心工作""埋头工作""有干劲""做得到""名誉"以及"自豪"等，这些词语所表达的内心活动——充实感、希望得到别人的承认、达成动机等，也都是造成自发性过劳的深层原因。

## 超负荷工作和人情味生活

经济人类学认为，与现代人的想象不同，在原始时期，靠狩猎为生的人们通常劳动一两天，然后休息一两天，或者是连续几天狩猎后，再连续几天休息。美国作家马歇尔·萨林斯（Marshall Sahlins）在《石器时代经济学》一书中对今天依然保留着原始社会形态、以狩猎和采集为生的族群进行了调查，并举例说明，澳大利亚原住民一天劳动 4 ~ 5 小时；刚果的桑人（布西门族人）一周只劳动一天半至两天（一天 6 小时），其余时间优哉游哉，安然度日。据《时间的历史》一书描述，18世纪初，法国普通工匠逢星期日、节日、天气恶劣的时候便休息，若逢上大集或者生病也不工作，一年仅劳动 180 天左右。

英国在 18 世纪 60 年代开始了工业革命，工作时间也随之延长。到了 19 世纪前叶，劳动者平均每天要工作 12 个小时，每周工作 70 个小时。日本工业革命一般指从 19 世纪 80 年代明治维新不久后到 20 世纪初，纺织业、矿山开采业、铁路业、制铁业等产业迅速发展的时期。也正是在这一时期，日本的工作时间开始延长了。

技术发明的目的在于节省人力、提高效率以改善人的生活质量，但从有据可考的人类工作时间史来看，随着社会发展与文明进步，我们的工作时间实际上是越来越长了。不仅如此，工作在日常生活中借由新技术和社交媒体的发展而无孔不入，还未体会到"休闲型社会"好处的我们已然迎来了"过劳时代"。

早在 2012 年，中国成立了适度劳动研究会。2018 年 9 月，武汉科技大学劳动经济研究所所长张智勇及其团队发布了关于职场行为与疲劳状况的调查报告，结果显示，近 7 成的受访者承受着一般或更高的精神压力和身体压力，处于过劳状态。由中国社会科学院旅游研究中心与社会科学文献出版社联合发布的《休闲绿皮书：2017—2018 年中国休闲发展报告》则显示，中国人每天平均休闲时间为 2.27 小时，北上广深"拖后腿"，最惨的是深圳居民，每天只有 1.94 小时属于自己。

上班族们不仅工作时间长，工作压力还很大。2017 年，无忧精英网发布的《职场精英压力状况调查报告》显示，有接近 3 成的人认为压力已大到"无法承受"，业绩指标、高额房价、激烈竞争等，都是他们日常需要面临的"压力大山"。忙碌和压力的双重影响，导致上班族饮食不规律、睡眠不足、无暇锻炼，体重超重、脂肪肝以及高甘油三酯血症成为白领们最突出的三项健康问题。肥肉，就是你过劳的"勋章"。

当生活逐渐被工作侵占，"每个月有三十几天不想上班"就成了许多上班族的共同心声。20 世纪 60 年代，英国作家格雷厄姆·格林（Graham Greene）用小说《一个自行发完病毒的病例》描述了这种"职业倦怠症"。小说中，一名医生在非洲刚果的麻风病医院工作，在重压之下感觉"Burnt-Out"，身心交瘁，生命力几乎被燃烧殆尽。

针对"过劳"的问题，各国有自己的解决策略。比如英美的"工作与生活平衡运动"，提倡弹性工作制，使员工无论在家庭还是在职场都能获得较强的幸福感。男女共同承担家务，全职和兼职混合的"荷兰模式"，不仅成功解决了失业问题，在缩短工时和防止过劳方面也取得了不俗的成就。在日本，也有学者小贯雅男提倡的"菜园家庭革命"，在一个类似乌托邦的复合型社会，人们一周在商业或公共领域工作两天，在自家农场工作五天，如此从繁重的工作压力中释放，可以自由地从事创造性的劳动。

在《过劳时代》末尾，森冈孝二教授从劳动者、工会、企业和法律制度四个方面，提出了防止过劳的措施和对策。一方面，劳动者要懂得找到工作之外的生活意义；带薪年假要休够，不能浪费；若公司违反《劳动基准法》须适时举报等。另一方面，企业应该缩短工时、调整人员配置、禁止无偿加班、避免假日加班等等。森冈孝二教授说："许多人因为没有遵守劳动标准而丧生或遭受损失。从这一点来说，前述防止超负荷工作的方针和措施，归根到底就是对人们的工作方式和雇主的用工方式制定的一定标准，以便人们能过上有人情味的生活。"

在当代社会，企业和个人都在追逐利润，不榨干所有时间与空间似乎就是一种罪过。但森冈孝二教授想通过《过劳时代》提醒人们："牺牲教育、娱乐、运动和参加社会活动的时间，削减吃饭、睡觉和过家庭生活的时间——以这种方式工作或者让别人以这种方式工作，才是更大的罪恶。"

# 战胜拖延的强心剂

大脑科学和动物实验的结论一再表明，拖延的天性是根深蒂固的，甚至已经写入了人类的基因密码。譬如，人们或许早就习惯了将今天本应该完成的事拖延到明天再做，尽管那样会让他们感到自责。然而，"不到最后一刻不开工"的职场拖延症却正在给越来越多的员工和组织带来一系列困扰，甚至是无法估量的损失。美国在线和 Salary.com 这两家科技公司曾联合调查了超过 1 万人的工作习惯。结果显示，每个 8 小时工作日中就有超过 2 个小时的时间往往被用于拖延，其中还不包括午餐和规定的休息时间。

人们每年工作多少个小时？经济合作与发展组织早前曾提供了这样的一组数据：美国劳动者的平均年薪 4 万美元，美国人每年记录在案的工作时间为 1703 小时，即比每年 212 个 8 小时工作日稍多一些。按照上述两家科技公司的估算：全美有 1.3 亿劳动者，每人在每个 8 小时工作日内花 2 小时拖延，也就是每年 414 小时（即用 212 乘以 2）。每小时的价值约为 23.49 美元（即用 4 万美元除以 1703 小时）——如果他们的公司处于盈利状态，那么价值将不止这些。因此，按照最保守的数据估计，拖延给企业造成了每个员工每年约 9725 美元的损失（即用 23.49 美元乘以 414 小时）。将这个数字乘以美国劳动者的总数，得到的约是 126425 千万美元。换句话说，保守估计，拖延在一年内对一个国家造成的损失超过 1 万亿美元。

拖延不仅仅发生在职场，加拿大心理学家皮尔斯·斯蒂尔（Piers

Steel）教授曾专门建立了"拖延与科学"网站，在上万人参与的调查中，80% 至 95% 的大学生表示"自己有拖延症"，其中超过一半的人表示"拖延已经成为习惯"；普通人群中也有超过 20% 的人有"习惯性的拖延行为"。根据推算，全球可能有 1/4 的人患有重度拖延症，剩下的人也均患有不同程度的拖延症。

斯蒂尔教授既是拖延领域的学者，也曾是一位重度拖延症患者。从很小的时候，他就开始受到拖延的困扰，直到获得明尼苏达大学工业和组织心理学博士学位，他才开始深入研究拖延这种现象。在对拖延进行研究的过程中，斯蒂尔教授可谓收获颇丰。在《战拖行动：四大方法告别拖延》一书中，他不仅提出了著名的拖延公式，并荣获过众多奖项，还编制了大量拖延相关特质的测试量表，为数万人进行了测试。目前，他仍在这一领域进行最前沿的研究，且研究成果被多个研究领域广泛引用。

因拖延而焦虑，却又在焦虑中继续拖延，拖延似乎成了我们与生俱来的行为顽症。当拖延慢慢演变成人类的通病行为时，斯蒂尔教授却专注于针对"战拖行动"的研究和实践，这无疑是一针强心剂。

## 拖延与人类文明一路同行

在公元前 1500 年，图特摩斯三世时期的古埃及朝臣帕黑里的墓志铭的第一句话便是："朋友莫延迟，归巢当适时。"文徵明之子文嘉的《今日歌》劝诫人们：不要浪费青春，虚度时光。明朝学者钱福的《明日歌》："明日复明日，明日何其多。我生待明日，万事成蹉跎。"旨在警醒世人不能任凭岁月蹉跎，但这其实是对拖延症的典型刻画。

　　斯蒂尔教授研究发现，自从人类开始使用语言以来，就有人们推迟做事的种种记录。拖延的历史可能要追溯到 9000 年前，随着农业的诞生而萌芽。春天播种、秋天收割，这是人类第一个人为的截止期限。这是文明发展以及人类生存必需的任务，并非进化本身的要求，这也是为什么最早的有关拖延的记载都是农耕方面的。4000 年前，古埃及人凿刻出了至少 8 个象形文字来表示拖延，其中有一个特指忽略或遗忘。这些被翻译成"拖延"的象形文字通常与农活连用，尤其是那些与尼罗河泛滥周期有关的农活。因为在每次泛滥时，尼罗河的河水都会漫过河堤，过后则会留下肥沃的冲积平原。

　　从古希腊诗人赫西俄德（Hesiod）的记载来看，古希腊人也一直苦苦地与拖延作斗争。赫西俄德是古希腊文学史上最伟大的诗人之一，当时能与之媲美的只有荷马。赫西俄德在长达 800 行的史诗《工作与时日》中劝诫道："不要将工作推到明日或明日的明日。懒惰的工人填不满他的谷仓，拖延工作的人也没有饭吃。勤劳让工作顺利，拖延工作的人终将一事无成。"这个劝诫特别重要，因为当时希腊正处于一场经济危机之中，很多希腊农民不仅将自己的农场，甚至连自己的家人也一并抵押了。而拖延不仅严重影响人们的信誉，还可能让人们眼睁睁地看着自己的孩子变成富有邻居的私有财产。

　　到公元前 440 年，拖延从农田蔓延到了战场。古希腊历史学家修昔底德（Thucydides）在《伯罗奔尼撒战争史》一书中谈到了这一点。这本书记录了雅典和斯巴达之间的战争，还讨论了人格和策略等很多方面，到现在还是军校研习的范本。修昔底德明确地指出，拖延是人性格特质中最邪恶的一种，唯一的用途就是让战争晚一点儿开始，让人们可以多花点儿时间研究战胜之法。

另外一本论述了这一特质的重要希腊文献是古希腊哲学家亚里士多德（Aristotle）的《尼各马可伦理学》，他在其中大量论述了"意志薄弱"，也就是希腊人所说的"akrasia"。亚里士多德特别讨论了"akrasia"的一种形式"malakia"，就是不做那些明知道应该做的事。很显然，这就是拖延。

再往后几百年，我们可以看到拖延进入了政治领域。西塞罗（Marcus Tullius Cicero）是古罗马著名政治家，他在政坛的对手是安东尼（Marcus Antonius）。西塞罗在一个指责安东尼的讲话中宣称："几乎不管是在做什么事情的时候，缓慢和拖延都是令人痛恨的。"

接下来，拖延慢慢涉足宗教领域，几乎每个主要的宗教都有相关的记载。例如，在最早用文字写成的佛经巴利文《大藏经》中，高僧如是说："拖延就是道德败坏。"时至 7 世纪，印度佛学家寂天在《菩萨之道》中讲道："死亡在取走你性命的时候如此迅猛，这个时刻降临之前便应好好积德！"到了 16 世纪，"拖延"一词开始直接在英语中出现，而不再使用翻译文本。例如，英国剧作家罗伯特·格林（Robert Greene）在 1584 年写道："你会发现，推迟滋生危险，而在危急时刻，拖延更会导致大的灾难。"

工业革命时期，拖延也大行其道。1751 年，英国作家塞缪尔·约翰逊（Samuel Johnson）给当时的周刊《漫步者》写过一则短文，把拖延描述成"人性普遍的弱点之一，虽然有道德的指引和理性的抗议，但拖延仍或多或少地存在于每个人的头脑之中"。1755 年，约翰逊博士郑重地把这个词记入了他颇具影响力的《英语辞典》，从此以后，拖延就成了常用词语。

很显然，如果拖延的确是人类的核心特点，那么它就像人们所能想象到的那样，从有文字记载开始，就是历史中经久不衰的主题。

## 从"最优觅食"审视拖延的进化

从本质上说，冲动就是活在当下。通常只有到迫在眉睫的时候，人们才会想起那些长期的需求和时间截止到明天的任务，也就是使未来的成为现在的。冲动这种特质对当今的人类已经没有什么帮助了，不过进化的运作比较后知后觉，也就是说，它总是更加适应人们过去所处的环境，对未来没有任何期待或预计。这就是所谓的"生态理性"，即什么是合理的取决于实际所处的环境。好比你为婚礼准备的合体西装，今天穿着帅气十足，20 年后再试试，可能紧绷得使你像粽子一样。同样，当人类过去以狩猎和采集为生时，冲动的心态是有利的，但在今天，冲动导致了渗透到生活方方面面的拖延问题。

斯蒂尔教授研究发现，因食物来源不同，动物的冲动性会有细微的调节，即所谓的"最优觅食"。人类最优觅食的结果是，尽量在最短的时间内获得最多的能量。因此，猎杀、吃掉和消化所需要的时间越长，这一物种通常就越不容易冲动。总而言之，人类发展出了一定的自控性，以保证下一顿还有得吃。

人类作为杂食性动物，处于食物链的顶端，在自控方面可以算得上动物中的超级巨星。鸟类的延迟满足能力就排不上号了——有 10 秒钟就算了不起了。对一只黑猩猩而言，10 分钟的等待则像永远一样长。

尽管人类拥有无敌的自我控制能力，但在如今旋风般的生活中，这还是不够。在没有超市和冰箱的年代，人们的耐性足以让其捕猎动物和采集果实。然而，面对如今巨大的需求，这点儿耐心就显得捉襟见肘了。对此，斯蒂尔教授研究还发现，拖延是由于基因遗传出现了断档而导致的，现在人们进行的项目和计划往往需要数周、数月甚至数年来完成，但动机却跟不上这样的节奏。在丛林生活中，二鸟在林不如一鸟在手，但在城市生活中，贴现率要低得多，今天投资一只鸟，如果幸运，明天就能有价值一只鸡翅的利息。

从这个层面看，拖延就是一种进化的副产品。斯蒂尔教授深入研究发现，大多数拖延者产生拖延动机的三个基本元素是：期望、价值、时间，它们也构成了拖延的三种类型。

拖延类型1："期望值低"型。这一类拖延者产生拖延的主要原因是期望值低。有39项涉及近7000名被试的研究发现，虽然有一些拖延与过度自信相关，但更常见的是由于自信不足。拖延者通常都缺乏自信，尤其是对那些他们一再推迟的任务。

比如，如果你拖着不做学校留的作业，那么很可能是因为你觉得作业太难；如果你拖着不去通过锻炼身体或调整饮食来改善健康状况，那么很可能是因为你质疑自己是否能坚持下去；如果你丢了工作，那么你很可能也会拖着不去找工作，因为你怀疑自己到底有没有可能被雇用。

拖延类型2："缺少价值感"型。这类拖延者会因为感到所做的事没有价值而拖着不行动。毕竟，对于自己不喜欢的事情，每个人都可能拖着不做。也就是说，你当下推迟不做的事，很可能是你不喜欢做的事。用来测量这种享受程度的术语叫作"价值感"。

对一项事务的价值感越低，你就越难启动。如果是和朋友喝喝茶、吃吃点心，那么聊几个小时都是没有问题的。然而，如果是让你处理一下自己的税务问题或者打扫一下地下室，想开始可就难了。如果你同意诸如"工作让我觉得无聊"或"我对持续尽职尽责缺乏热情"之类的论调，那么，你的拖延很可能就是因为这些事情缺少能让你愉悦的价值感。

拖延类型3："任务回报延迟和冲动"型。这类拖延者总是想要快速得到回报，常常抵制不住诱惑，行事冲动，容易分心。他们更可能承认，"事情变得一团糟"是因为"在开始一项任务之前，我会先做点儿能让我暂时感到轻松的事"，或者"我宁愿选择小一点儿但可以立即得到的快乐，而不是大一点儿但还要等一会儿才能得到的快乐"。在这里，影响你决策最重要的因素并不是它可能或确定带来的好处，而是时间。你更看重那些可以很快得到的回报，远远胜过那些需要等待的回报，而原因很简单，那就是你冲动。

数十项涉及数千名被试的研究表明，冲动以及人格特质中的责任感低、自控能力差和容易分心，都是拖延的核心所在。因为冲动代表着强烈的欲望、缺乏谨慎与保守的态度，以及无法对事情做出全盘预测。

## 拖延公式

在斯蒂尔教授看来，想要彻底理解拖延，得先找出期望和价值感是如何相互发生作用的。为此，人们往往可以导引出期望理论的一系列公式，其中最著名的是期望价值理论。该理论是主流经济学理论的基础所在，每一个成功的投机商人都深谙此道。它指的是，人们根据期望乘以价值感得到的结果来做决策，即"行动动机 ＝ 期望 × 价值感"。

"期望 × 价值感"的结果越高，人们往往越会选择去做那件事。不少经济学家过去都试图用这个公式来理解人类的所有行为。从他们的观点来看，人们所做的每一个选择，从在麦片上浇牛奶到给孩子擦鼻涕，都取决于从中获得多少快乐以及能得到快乐的确定性。

但斯蒂尔教授深入研究发现，不能仅仅用"期望 × 价值感"来描述人性。这个理论的创立者用它来描述理性决策，也就意味着不能用它来描述任何形式的非理性行为。不管你做了什么，无论是吃个冰激凌还是染上毒瘾，在经济学家看来都是理性行为。而这导致的结果就是，他们的理论排除了拖延，即非理性延迟的可能性。

斯蒂尔教授由此认定：在讨论人性时，"行动动机 = 期望 × 价值感"的经济学模型并非大错特错，只是还不够完善。人们通常会根据自己相信的（即期望）这些激励在何种程度上可得，来对激励（即价值感）做出反应。不过，这还不是全部，还有第三个影响因素：时间。

诺贝尔经济学奖得主、信号理论之父乔治·A. 阿克洛夫（George A. Akerlof）于 1991 年在美国经济学会做了题为"拖延与服从"的演讲。他提到，如果能考虑到人们为何会非理性地认为当前成本要比未来成本更大，他们的理论就会更完善。几年之后，耶鲁大学经济学教授乔治·勒文施泰因（George Loewenstein）在《跨越时间的选择》一书中，审视了经济学如何更好地将时间考虑在内。从此以后，行为经济学，一个考虑了时间因素的经济学分支学科应运而生。行为经济学家仅仅通过观察世界就修正了原来的经济学模型，就好比你仅仅用眼睛看就使车保持了平稳行驶。

最吸引经济学家的时间理论来自心理学的行为主义领域。行为主义者提出了一个简单的公式，叫作相配假说，研究已经证明，它在预测老鼠以及人类的一般行为时相当准确。相配假说最简单的一种公式就是：
行动动机 =（期望 × 价值感）÷ 可推迟时间。

由上面的公式可知，可推迟时间越长（即截止时间越远），动机就越小。

上面公式中的时间有多重要呢？斯蒂尔教授发明了一个游戏，叫作"现在成交还是将来成交"。假设你是一场比赛的选手之一，而且已经赢得了 1000 美元，10 张崭新的百元大钞被交到你的手中，你将其塞进了口袋。不过，你还可以选择一张支票，能选择一笔有保障的钱，只是要推迟到一年后才能兑现。于是，这就成了一个两难的问题。至少要在支票上填多大的金额，你才能心甘情愿地交还所有钞票，换走这张支票，然后等整整 365 天再提取呢？

斯蒂尔教授曾在自己的课堂上让数百人做过这个小小的实验，大多数人都说如果金额在 2000 至 3000 美元，他们就甘心等一年，尤其是在斯蒂尔教授要求他们立即决定时，他们更是这么回答。除非学过理性回报率的知识，并且有时间仔细考虑一下以防冲动行事，否则你也很可能这样选择。要交出的钱越多，你就越容易拖延，也就是说，你会越冲动。

不过，人们对拖延的易感度在"行动动机 =（期望 × 价值感）÷ 可推迟时间"公式中并没有体现出来。斯蒂尔教授进一步研究发现，在相配假说的拼图上，冲动是最后被拼上去的一块。冲动提供了一种对时间更为复杂的理解，其影响体现在加剧或减轻拖延的程度。越冲动就越容易陷入拖延，也越容易漠视未来，在"现在成交还是将来成交"的游戏中，能让你选择等待的金钱数额就越大。没有冲动的存在，就不会有慢性拖延的存在。把冲动加入公式中去，就有了这样的公式：

行动动机 =（期望 × 价值感）÷（冲动 × 可推迟时间）。

斯蒂尔教授宣称，他之所以能推导出这个拖延公式，既受到了导致拖延的基本因素的启发，也融合了社会科学中最强大的动机理论的最突出成果。需要注意的是，运用这个公式能够得出的结果不是一个特定的数值，而是相对程度的大小。期望、价值感越大，意味着回报越大，获得回报的可能性越大，你的注意力就越容易被吸引，因此行动动机会更强烈，更不容易产生拖延行为。而当冲动越大时，就会让人越容易漠视未来，从而加剧拖延的程度，当可推迟时间越大时，也就意味着任务的截止时间被推迟了，拖延会与日俱增，完成任务的动机就减弱了。

该拖延公式还指出了拖延的一个最大危害：意图和行动脱节。研究表明，拖延者通常会和他们勤奋的同事一样制订计划，但执行计划的方式不同。而且，对于拖延者来说，就算他们真心实意地想为下周或周末要做的事制订计划，也没有眼下发生的事来得重要。拖延者被计划拴住了，但他们本应该把自己拴在工作上才对。因此，当一个拖延者又一次哀号着"不管我怎么挣扎，最后还是会拖"时，你听了一点儿都不会觉得奇怪。这样的抱怨反映的就是意图和行动的脱节：你确实不想拖到明天，但你总是会发现自己一次又一次拖到了下一个明天。

## 逐个击破非理性的拖延

在斯蒂尔教授看来，理解了"行动动机 =（期望 × 价值感）÷（冲动 × 可推迟时间）"这一公式之后，我们就可以对症下药，并利用四种方法对导致拖延的因素逐个击破。

方法一：适度乐观，建立自信。

很多拖延者都怀疑自己没有能力取得成功，因此不再努力，而一旦停止努力，失败就成了必然。斯蒂尔教授告诉人们：相信自己，是成功者与拖延者之间的分水岭。如果没有这种自信，那么沙发将会召唤你，电视会引诱你，你关于未来的梦想也会成为镜中花水中月。关于如何有效增强乐观，学者们已经研究了 50 多年，并找到了 3 种已被证实有效的技巧：成功螺旋法、感同身受胜利法和愿望实现法。

"成功螺旋法"是从小处着手，关注一点一滴的进步，将艰巨的任务拆分成小块。波利尼西亚人在他们的国土上看到远处有一个之前未曾发现的隐隐约约的岛屿，这是他们的新目标。他们觉得，只要做了充分的准备，就能到达那里。他们起航了，并最终统治了那片土地。在那片土地上，他们接着又看到了另一个岛屿。每一次新的开拓都依赖于前一步的成果。对于那些长期遭受打击、认定自己会失败的人来说，"成功螺旋法"为他们提供了一条出路。开始发起这样的螺旋线路并不简单，因为日常生活很难提供类似结构的系列事件，一步步提高人的自信。不过，也有合适的机会，例如一些野外课程和探险训练等。

"感同身受胜利法"是从他人身上汲取激励的力量，包括但不限于励志电影、自传、演讲等。卡亚达出生在一个极度贫困的家庭，父母成天酗酒，如今的她却是一位拥有一家跨国公司的大富豪。她认为自己能够实现这个跨越，从某种程度上来说是因为早年受到的一次激励。很小的时候，卡亚达读到了俄国女皇叶卡捷琳娜大帝的故事，在叶卡捷琳娜大帝身上，她仿佛看到了自己——卡亚达也是一名王室后裔，她的家族是夸克托部落的世袭首领家族。从此，她将叶卡捷琳娜大帝视为偶像。

"愿望实现法"则是用成功假想对抗困窘现状。有一种名为"心理对比"的方法，就是用假想来对抗拖延。心理学家加布里埃尔·厄廷根（Gabriele Oettingen）用了 20 年的时间来研究心理对比理论。该理论的第一步是，考虑好你想要的是什么。如果是一台车，那么请想象你驾着它在街上兜风的情景。如果是一份工作，那么请想象你工作的样子。至关重要的第二步就是对比一下理想与现实。想想你现在开的那辆破车，嘲弄一番你目前那份薪水微薄的工作。经过对比，你会将现实视为追求理想的拦路石。心理对比并不会让人变得更乐观，而是会令乐观转化为动机，激发力量，让人奋发努力，行动起来。练习心理对比的人几乎都会立刻沿着追求梦想的方向前进，拖延也就得到了一点儿遏制。

如果不走第二步，只停留在对美好未来的想象上会怎样呢？答案是"创造性的视觉化"。创造性的视觉化过程就是要生动鲜明地描画出内心的渴望。不过厄廷根认为，创造性想象只可能削弱人的动机，让人活在幻想中。在进行了多项调查后，厄廷根发现，无论是准备考试、找工作、术后恢复、戒烟、与有魅力的陌生人约会，还是改善人际关系，表现最差的都是只靠幻想过活的那组。所以，如果不进行第二步，还不如压根就不知道创造性想象这个方法。

方法二：认知重建，找到价值。

不管是谁，一旦觉得一件事特别无聊就会想拖延。无聊感向人们发出信号，告诉人们所做的事情是无关紧要的，于是分心就到来了。这就解释了为什么与非拖延者相比，拖延者更容易觉得日常事务枯燥乏味。在充斥着这个世界的所有枯燥工作中，日常文书工作最让人痛恨，例如填写时间表、上交支出报告、提供公司和政府不停索要的数据等，即使这些麻烦事有时真的很重要，也还是让人感觉毫无意义。

不过，枯燥并不是所有工作的固有属性，只要改变看法，任何事情都可以变得有趣得多。举个例子，在《汤姆·索亚历险记》一书中，汤姆设法让那些乡下小子们甘愿用自己的东西做交换，竞相替他去粉刷波利姨妈的栅栏。他是如何做到的呢？他假装说乡下小子们没水平，使他们对这件本不值得羡慕的苦差事艳羡不已。

如何使那些沉闷的任务变得有趣起来呢？斯蒂尔教授提出了三条思路。

第一条思路，为了让工作变得不那么枯燥，可以试着加大它的难度。当然，也不能过度，因为任务太难会让人产生挫败感。在工作难度和你自身能力之间寻找平衡点，是实现"心流"的关键。可以给自己设立标准，提出反馈意见，并试着打破自己的纪录，比如看看你能否用以前一半的时间完成任务等等。又如，一个薯片工厂的老工人通过收集形状酷似名人的怪异薯片而充实每一天。擅长游泳的人则想象池中有鲨鱼，从而不至于感到沉闷。

第二条思路，为了减轻拖延，你可以充分发掘自己与任务之间的关联性，增强动力。当任务和你相关，并与对你有意义的话题和目标密切相连时，拖延的风险就会降低。

第三条思路，为了进一步强化内在动机，你可以将长期计划表述为你希望达到的成就，即趋近型目标，而不是想要避免的失败，即回避型目标。人们在有了长期目标之后，拖延现象就会减少，表现就会提升。相反，向一个摇摇欲坠的人大叫"别摔倒"，或者叮嘱一个歌手"别忘了歌词"，反而会增加他们犯这个他们正极力避免的错误的概率。因此，"我真想让这本书得到好评"比"我希望这本书不会被公开嘲笑"更好，怀着"我希望她喜欢我"的信念比想着"我不想再遭到拒绝了"

更有用。几乎所有目标都能从"避免"轻易翻转为"接近"，从"千万别要"翻转为"我想要"。

方法三：拒绝分心，按步前行。

分心是拖延的主要制造者，因此，学习如何有效地应对分心是你的必修课。你需要贬损、消除或替换掉那些诱惑你的因素。通过"内隐致敏法"[①]来贬损诱惑你的选择，想象它们变得恶心的样子，或想象拖延可能带来的灾难性后果。把贬损后的情况或产生灾难的过程想象得越栩栩如生，这个方法就越有效。

当遇到令你分心的诱惑时，专注于它们最基本的元素。例如，三层巧克力奶酪蛋糕可以被视为一种脂肪和糖的混合物。如果可能，请完全清除能导致你分心的因素，让工作环境不再混乱能帮助你做到这一点。在净化了工作环境之后，把原来让你分心的因素都替换成提醒你"为什么工作"的有意义的信息或图像。对一些人来说，在桌上摆一张心爱的人的照片就很有效。另外，尽可能完全隔开工作和娱乐空间，可以强化刺激工作的因素。

方法四：整合技巧，提高行动力。

在斯蒂尔教授看来，整合前述三个战拖方法，并运用到生活中去，观察自己或别人在做决策时，大脑边缘系统和前额叶皮层之间是如何交互作用的，这对提高行动力的作用颇大。

比如，沉溺于对高脂高糖食品以及电视节目的即时满足，推迟了节食和锻炼计划；动不动就发怒发狂，推迟了必要的反省和协商；这些

---

① 一种"厌恶疗法"，即在想象中主动呈现令自己厌恶的景象，并让这景象与某种适应不良的冲动或行为相结合，以达到治疗目的。

例子都反映了人的本性。人的本性以前适应生存，现在已经完全不适应了。人的本性是无以复加地高估现在的价值而忽视未来。拖延公式强调，非理性的延迟是一种倾向，但并不是不可避免的。如果可以接受内心偶有波澜，我们就能克服它。不要相信人类的性情是完美的，要接受事实，接受人生来就是有缺点、会妥协的物种，因此，我们可以运用人性来调和自身并依此行动。无论如何，只有承认自己有局限，并始终带着这个理解来采纳建议，或许才可以翻过人生中非理性的延迟这一页。

换言之，在人类进化所处的环境中，人们渴了就喝，饿了就吃，有动力就劳作。实际上，人们想做的和该做的是一回事。可是，当人们开始对未来有所期盼、进行规划，并按自己的个性行事时，人们就得做一些可能会违反自己天性的事情。根据天性来说，人类更适合生活在一个古老和不确定的世界中，在这个世界中，食物会迅速腐败，天气变化无常。而实际情况是，人们用即时反应型的思维去处理长远的考虑和机会，且将永远和拖延斗争下去。

## 第二章

# 偏见和思维的盲点

当一名技巧娴熟的魔术师让某物出现或者消失时，他实际上是在利用我们的大脑短时间内将注意力放在其他信息上的空当。例如，大多数纸牌魔术都依赖于魔术师的灵巧手法，并使用各种动作来转移观众的注意力，这样观众就不会觉察到魔术究竟是怎样发生的。魔术师掌握了这样一种技巧，可以用他们的目光、手的动作、助手的动作、响亮的声音或者闪烁的灯光来转移你的注意力。魔术师反复练习，直到他们的动作天衣无缝，而观众仍然专注于魔术师正在为他们描述的各种任务。

——马克斯·H. 巴泽曼（Max H. Bazerman），哈佛大学工商管理专业教授，
肯尼迪政府学院公共领导中心联合主任

在日常生活中，人们在思考一件事情或一个问题时，思维可能会走入一个怪圈，从而出现思维盲点。思维盲点可能会遮蔽我们所有的感官，使我们无法感受、听取以及接纳其他任何意见。思维盲点常产生于人的无意识状态，在这种无意识的状态中，人会不知不觉掉入一个陷阱。

换言之，思维上容易产生盲点的人习惯根据自己的经验、知识以及当前的目的，片面地考虑问题和事情。这是因为，他们受到自己思维定式的影响，看待事物总是只考虑一个方面或一个侧面。除此之外，思维盲点还可能给人带来其他危害，比如使人陷入自己的想法无法自拔、限制人的思维创新等。

# 经济学家和生态学家的赌局

自从 1962 年美国知名海洋生物学家蕾切尔·卡逊（Rachel Carson）的著作《寂静的春天》出版，以及 1972 年全球智囊组织"罗马俱乐部"（Club of Rome，一个喜欢在意大利举办会议的国际性民间学术团体）发表名为《增长的极限》的研究报告，"灾难预言"似乎就成为一种常规现象。实际上，我们心里似乎也一直渴望着越来越可怕的预言，用美国侦探小说家加里·亚历山大（Gary Alexander）的话来说，我们"对灾难预言产生了嗜好"。在过去半个多世纪中，我们看到过的"灾难预言"无所不在：人口爆炸、全球饥荒、瘟疫、水源战争、石油枯竭、矿产短缺、精子数量下降、臭氧层变薄、雨水酸化、核冬天、千年虫、疯牛病疫情、杀人蜂、变性鱼、手机引起的脑肿瘤及气候灾害等。

在所有关于威胁人类文明的灾难中，对"人口爆炸"的描述往往最为夸张。电影《黑客帝国》里的冷酷特工史密斯（Smith）曾说："人类是一种疾病，是这个星球的癌症。"这种比喻也反映了保罗·沃森（Paul Watson，海洋守护者协会会长）等人的真实态度："我们需要采用聪明的方法从根本上减少人口，让人口量降到 10 亿以下……治疗身体上的癌症需要激进的侵入式疗法，因此，治疗生物圈中的人类病毒也将需要采用激进的侵入式疗法。"

围绕"人口爆炸"及资源短缺问题，1980 年，美国马里兰州立大学经济学教授朱利安·西蒙（Julian Simon）甚至在《社会科学季刊》中向生态学家保罗·埃利希（Paul Ehrlich）发起挑战，提出二人进行一场比试（或称赌局），以检验他们对未来截然相反的预测谁对谁错。埃利希认为，人口过多将导致灾难和大范围的物资紧缺，并坦言"世界末日"将至。西蒙则认为，人类能够找到稀缺资源的替代品，他看好人类的前程，持乐观态度。

耶鲁大学历史系教授保罗·萨宾（Paul Sabin）曾就西蒙和埃利希打赌一事写了一本名为《较量：乐观的经济学与悲观的生态学》的专著。其融合史实与专业知识、趣闻与见解，可以一窥美国政治界与学术圈是如何互相影响的。萨宾教授指出，这场经济学家和生态学家的较量，是日益两极分化的美国政治论辩的缩影，也让人们看到，当学术辩论与政治斗争交融，真理未必能越辩越明。由此，这一赌局事件引发的争议远比其所带来的启示更多。

## 以打赌论输赢

在 1980 年打赌时，埃利希教授才 44 岁。与其他学者相比，埃利希当时不仅年轻，而且出版了 13 本专著，他同时还是当时美国生物学界和生态学界的"学霸"之一。明白了这一点，就很容易理解为什么在打赌时，埃利希显得有些盛气凌人。而且，埃利希不是一个人在战斗。为埃利希助阵的还有来自加利福尼亚大学伯克利分校的两位教授，一位叫约翰·霍尔德伦（John Holdren），另一位叫约翰·哈特（John Harte）。霍尔德伦当时年仅 36 岁，已经出版了好几本著作，后来被哈佛大学聘为教授，并于 2009 年 1 月至 2017 年 1 月期间担任奥巴马总统的科学顾问。

挑战埃利希的西蒙，尽管比埃利希还年长几个月，但西蒙在打赌之前连一本著作都没出过。美国学界向来以"是否出有专著论英雄",据此可知西蒙之前没多大名气。所以,对垒的双方实力似乎不在一个层次上。当时,几乎所有的围观者,乃至西蒙的"粉丝"都不看好西蒙,认为他一定会输。

在打赌之前,双方已经有过好几轮的笔战。1980 年 9 月,埃利希团队和西蒙干脆决定以打赌论输赢,并敲定细节:赌注为 1000 美元,拆分为 5 份,每份 200 美元,分别购买铬、铜、镍、锡、钨这 5 种稀缺金属商品。由于每种金属价格不同,200 美元所购买的量也各不相同:一共买了 51.28 磅(1 磅约等于 0.45 千克)的铬、195.56 磅的铜、63.52磅的镍、22.93 磅的锡和 13.64 磅的钨。

双方约定 10 年后,除却通货膨胀因素,如金属价格上涨,则证明地球资源稀缺,西蒙认输;如价格下跌,证明地球资源仍然富足,埃利希团队认输。

这个 1000 美元的赌局看上去很简单,只关于"5 种工业金属的价格""10 年后""上涨或下跌",然而其意义却远不止于此。埃利希认为,金属价格上涨将证明人口增长会导致资源匮乏,从而支持他呼吁政府主导的控制人口以及限制资源消耗政策。埃利希的理念反映了 1973年阿拉伯石油禁运[①] 之后人们的普遍认识,即全球都面临着重要资源耗尽的风险以及增长的极限。西蒙则认为,市场和新技术会使价格下降,由此可以证明社会并未面临资源危机,人类的福祉在稳步提升。这场赌局的结果,要么会为埃利希的反人口增长活动和环境灾难论提供论据,

---

[①] 1973 年 10 月,第四次中东战争爆发,阿拉伯国家纷纷要求支持以色列的西方国家改变对以色列的庇护态度,决定利用石油武器教训西方大国。

要么会推动西蒙关于新技术和市场的力量将丰富人类资源的乐观主义观点获得更多人的认同。

埃利希团队和西蒙打赌选的 5 种重要金属，每一种在当时和当下经济中都不可或缺：铬是不锈钢中的关键元素，可用于防腐蚀涂装；铜先是因韧性出色，数千年来被广泛使用，后又因良好的导热导电性能备受青睐；镍可用于制造不锈钢、电池和磁铁；锡可用于制造防腐蚀合金；钨耐热性好，多用于制造灯泡、阴极射线管、加热组件和合金。这些金属的产量在 20 世纪均大幅增加，铜产量占有史以来总产量的 95% 以上。

20 世纪 70 年代，上述五种金属的市场价格少则增长了 59%（铜），多则增长了 357%（铬），这让埃利希有充分的理由相信金属价格将呈上升趋势。但当时 10 年间通货膨胀率平均高达 7% 以上，这让很多人产生了价格增长迅速的错觉。排除通货膨胀因素影响，铜的价格在 1970 年至 1979 年间实际下跌了 15%。铬的价格扣除物价因素依然增长 143%，但实际增幅远远小于表面数据。而排除通货膨胀因素影响，镍、钨和锡分别增长了 11%、76% 和 126%。与此同时，美元在 20 世纪 70 年代贬值了，导致国际市场上商品价格提高。

埃利希及其团队中的霍尔德伦和哈特都了解通货膨胀和汇率，但表面上的价格飙升仍然让他们坚信资源愈加稀缺，很多人也认同这种看法。得克萨斯州石油大王的后代纳尔逊·邦克·亨特（Nelson Bunker Hunt）和威廉·赫伯特·亨特（William Herbert Hunt）操纵白银期货的案例，本来也许可以让这些科学家有所警醒。亨特兄弟把数 10 亿美元压在了白银上，预测银价会上升。他们和合作伙伴一度控制了 77% 的私有白银。然而，在 1980 年 3 月，因美国政府收紧信贷，限制白银交易，亨特兄弟的操纵瞬间崩盘。由于银价猛跌，亨特兄弟绝望之际被迫借了 10 多亿美元，才得以从这场"白银闹剧"中脱身。然而商界案例并没有让埃利希及其团队警醒，相反，他们依然坚信价格趋势与自己预测的一致。他们自信会在这场博弈中大获全胜。

1990 年 9 月 29 日，是赌约的到期日。和 10 年前（1980 年 9 月 29 日）的价格相比，5 种金属矿产品的价格居然全都下跌了。铬价从每磅 3.90 美元下跌至每磅 3.70 美元，锡价从每磅 8.72 美元大跌至每磅 3.88 美元……金属组合的总价则下跌了将近 60%，跌至 423.93 美元。此轮赌局，埃利希团队败得很惨。愿赌服输，埃利希团队只好向西蒙寄去了 576.07 美元的支票。

埃利希和西蒙之间的打赌意义重大，它反映了两种资源观念之间的对立。人类资源观可以分为两类：资源悲观主义和资源乐观主义。埃利希是资源悲观主义的拥趸。

资源悲观主义有一套基本逻辑：自然资源是有限的，必然有耗尽的一天，人口增长得越快，资源被消耗的速度就越快，在自然资源走向枯竭的过程中，供不应求的情势会越发严重，资源产品的价格会越来越高。同时，越来越多的人会去抢水、抢石油、抢草场、抢耕地……资源冲突会越来越普遍，越来越剧烈，发展到最高层次，就是大规模的资源战争。资源悲观主义者相信，人类的资源末日必将到来，所以他们也被称为资源末日论者。

西蒙赞同英国哲学家杰里米·边沁（Jeremy Bentham）功利主义[①]的

---

① 功利主义，即效益主义，是道德哲学（伦理学）中的一个理论，提倡追求"最大幸福"。主要哲学家有约翰·斯图亚特·密尔（John Stuart Mill）、杰里米·边沁等。功利主义亦称"功利论""功用主义"，通常指以实际功效或利益作为道德标准的伦理学说。在中国，战国思想家墨子以功利言善，是早期功利主义的重要代表。宋代思想家叶适和陈亮主张功利之学，注重实际功用和效果，反对惟言功利和空谈性命的义理之学。

观点，提出"活着的人越多，福利也就越多"。西蒙无疑是典型的资源乐观主义者。

资源乐观主义也有一套基本逻辑：自然资源是无限的，一些资源看似有限，那是因为人们开采、利用的能力低，或者暂时缺乏替代手段。一旦资源供需紧张，短时间内资源产品的价格会上涨，而企业家都是逐利的，涨价会吸引他们竭尽所能提高自然资源开采的效率，寻找可发挥替代作用的新资源，或者对资源产品进行深加工，提高资源利用水平。这样，资源供应总量会增加，同时消耗量会下降，结果资源价格会下降，资源紧张得到缓解。

资源乐观主义还认为，人，而非任何自然资源，才是这个星球上的终极资源，即最宝贵的资源。毕其一生，很多人创造的总是比他所消耗的更多，因此，只要人口延续，人类的资源前景就会越来越好，资源末日永远不会到来，资源末日论者只是忧天的杞人而已。

## 截然不同的两种思路和两种挫败感

埃利希和西蒙将他们的赌局置于 20 世纪后期美国自由主义和保守主义冲突的风口浪尖。在对未来的激烈讨论中，这二人显然能够代表两种极端论调。埃利希为环保主义意识打下了基础，西蒙的质疑则加剧了保守派对美国政府扩大监管范围的强烈反对。多篇学术期刊上的文章记载了这件事，两人的赌局反映了当时发生在全美的文化冲突，同时也体现了 1980 年美国总统大选中民主党詹姆斯·厄尔·卡特（James Earl Carter）（1977 年至 1981 年任美国第 39 任总统）和其竞争者共和党罗纳德·威尔逊·里根（Ronald Wilson Reagan）（1981年至1989年任美国第40任总统）截然不同的两种思路。

在埃利希和西蒙就资源价格和人口增长的影响打赌之际，美国人也面临着自己对未来的赌局。比如，卡特还是里根？政府管控还是自由市场？悲观还是乐观？冷屋寒衣还是用核能与石油供暖的温暖之家？

埃利希的悲观生态学观点曾在20世纪70年代末期盛极一时，并推动了尼克松时期的环保主义运动。作为政府规划者和爱好自然者，卡特支持环境保护和相应的限制政策，并认同资源是有限的。卡特仿佛得到了埃利希的暗示，提醒人们警惕由"世界人口的增长、食物短缺、环境恶化和不可替代品的消耗"带来的威胁。美国人需要改变自己浪费的生活方式，合理管理能源和自然资源。卡特主张美国需要调整消费和生产，以适应"急速缩减的资源"。卡特投入了宝贵的政治资本来改变美国的能源政策，将其视为优先实施的国家战略。他甚至引用《圣经》中的典故来表达自己的立场："如果号角的声音含糊不清，谁还会为上战场做好准备？"

里根则正相反，他在竞选时承诺让美国再次成为伟大的国家。里根与西蒙一样，坚信资源并非有限，不该因此遏制美国的未来，他还对人类的智慧充满信心，"一切皆有可能"。在1979年11月的竞选宣言中，里根谴责道："有些来路不明的无名专家改写现代历史……做出一些预测……好让我们相信高标准的生活水平是种自私的挥霍，我们必须摈弃这种生活，因为我们不得不共享稀缺的资源了。"这大大刺激了民众的信心，里根的当选也迎合了当时民众迫切想要改善经济增长停滞这一现状的心理。里根甚至认为，20世纪70年代的环保法阻碍了美国的经济增长。于是，在他击败卡特就任总统后，立即延缓了数百项新法规，并命令各机构负责人审查并废除其他累赘的规定，其中许多都是环保法规。尼克松的"环保十年"就此终结。

埃利希看重科学领域取得的每一次小小胜利，但里根时代几乎让他对未来陷入绝望。就在埃利希为文明的终结忧心忡忡之际，西蒙在华盛顿收获了一批新的热心支持者，因为里根总统任命了很多支持自由市场、反对环境监管的人担任职务。其实，西蒙自 1980 年在《科学》期刊上发表痛斥有关环境灾难的末日预言之后，便树立起了政治保守派的形象。西蒙的文章改变了美国范围内有关人口、资源和移民问题的辩论的走向。1984 年，《华盛顿邮报》介绍了西蒙，并于 1985 年再次通过题为《成为可敬之人的异教徒》的文章对西蒙进行了详细介绍。西蒙在华盛顿的影响力再度提升。当然，在里根执政早期，一跃成为政治舞台上保守派新宠的不止西蒙一个人，也有其他学者因反对环保主义获得了一定的声望。

为了继续鼓励人们从生态学的角度考虑社会问题，1978 年至 1988 年，埃利希和同事创立了一个名为"地球俱乐部"的小组。埃利希认为，这个俱乐部"能够有效地抗衡经济学家和政治家的无知行为"。1988 年 9 月，"地球俱乐部"公布一项声明，指出了人口过剩带来的问题。该声明称，地球人口已经过多，人口问题带来的威胁仅次于核战争。"人口爆炸终会发生，并且很可能出现在如今大多数人的有生之年。现在唯一的问题是，我们是要通过控制出生率来阻止人口爆炸，还是要通过生态系统崩溃、饥荒、瘟疫和热核战争来阻止人口爆炸。"

不过，埃利希成立的"地球俱乐部"并没有引起足够的关注，也没能继续发展壮大。埃利希还提议组建人口生物学学会来为人口生物学研究募集资金，并通过该学会将生态学方面的经验转化为国家政策。

西蒙虽然取得了巨大的成就，但同样受到了挫败。他也想成立专门的宣传机构来传播自己的观点。没能参加 1984 年的墨西哥人口会议令西蒙颇感失望，大会结束后，西蒙提议成立一个新的组织来"礼赞人类的生命"，组织名为"亲民组织"或"人口与经济委员会"，旨在反对各类人口控制组织的观点，并且证明人们并没有"一致同意"需要进行人口控制。

西蒙的观点依然缺少来自组织的强有力支持。但对西蒙来说，传统基金会过于关注短期的政策走向，而他作为一个独立学者，与以行动为导向关注政策的智库并不契合。很显然，西蒙的挫败感源于他虽然赢了学术辩论，却没能改变政策走向，也没能摧毁主张控制人口的各类组织。1986 年美国国家研究委员会的报告展现了一个新的科学观点，基本上否定了埃利希关于人口增长的看法，西蒙将这一人口问题上的转变称为"无声的变革"。

## 赌局引起的纷争

埃利希和西蒙都曾在科学、经济和社会领域提出重要见解，但是双方的观点都无法独占鳌头。埃利希和西蒙的冲突反而突显了他们互不相容的理念的局限性，也展现了一个问题，那就是知识分子容易令自己关注的议题沦为严酷且容易引起纷争的言辞之辩。两人的赌局代表的冲突不仅引发了美国的政治辩论，而且使得环境问题，尤其是气候变化问题，成为两极分化最严重且最容易造成分歧的政治议题之一。

萨宾教授认为，埃利希和西蒙两人都做出了贡献，尽管他们并不认可彼此的功劳。埃利希和二战后的环境科学家们的贡献在于，他们揭示了人类和自然之间的紧密关系，以及地球正在发生什么样的变化。埃利希和其他科学家通过研究和倡议，预防了生态灾难真正发生，并且指出了新技术的风险。如果科学家们没有针对平流层臭氧减少提出警告，各国就不会在 1987 年通过《蒙特利尔议定书》[①]。该议定书敦促各国逐步停止使用会破坏使地球免受太阳辐射的保护层的化学物质。而有关热核战争潜在影响，以及放射性废弃物和放射性沉降物危害的科学研究推动了限制大气实验的条约的产生，并改善了对放射性物质的处理方法。更宽泛地说，埃利希及其他环境科学家为 20 世纪 70 年代全新环境法规体系的建立奠定了基础，后来出台的环境法规大大抑制了美国的空气污染和水污染。

西蒙同样做出了重要贡献。他和很多经济学家认为，人类的创造力和市场的力量使社会能够适应变化的环境，提高人类利用能源的效率和生产力。埃利希等人曾呼吁减缓或暂停经济发展，这可能影响全球数百万甚至数十亿人，而这一呼吁被西蒙等人阻止了。市场动力学的经济分析同样说明，政府做决策时需要考虑经济成本，包括监管资源使用和保护环境方面的决策。美国对经济放松管制始于 20 世纪 70 年代后期，加速于 80 年代，导致很多行业出现激烈竞争，产品价格下降。尽管有时放松监管过了头，比如银行业出现了监管松懈与失察的现象，但美国政府对交通、能源和通信等领域的松绑鼓励了改革创新和经济增长。科

---

① 《蒙特利尔议定书》全名为《关于消耗臭氧层物质的蒙特利尔议定书》，是联合国为了避免
工业产品中的氟氯碳化物对地球臭氧层继续造成恶化及损害，承续 1985 年《臭氧层保护
条约》的大原则，于 1987 年 9 月 16 日邀请所属 26 个会员国在加拿大蒙特利尔所签署的
环境保护公约。

学家们做了生态学方面的研究，经济学家们的研究则检测出了长期存在的偏见，揭示了政策提案未曾预料到的结果。例如，西蒙自己的研究便反驳了"移民是美国经济负担"这一没有事实根据的观点。他提出的"移民会带来经济效益"的观点，是 1986 年数百万移民获得合法身份的众多推动因素之一。

有时，口舌之争会使双方的观点都得到打磨，变得更加完善，但埃利希和西蒙却恰恰相反。尽管两人各有优势，但埃利希和西蒙在这场对战中都显得有些得意忘形，失去理智，而双方的听众也鼓励他们危言耸听。他们不愿意在刻薄的辩论中退让，往往越发暴露了各自观点中的弱点。

最为根本的是，过去 40 多年的人类发展史并不符合埃利希的预测。就最基本的标准而言，地球人口持续增长，并没有出现人口崩溃或因人口增长导致食物供应不足，继而引发大面积饥荒的情况。相反，除了个别地区外，全球人均寿命提高，人均收入增长，食物产量紧随人口增长的步伐，能源依旧富足。近年来的食物和能源价格上涨仅仅意味着短期的匮乏，或者长期的市场紧缩，但不至于导致灾难性后果。各国之间的健康和福利水平的差距并没有加剧，反倒有所减弱。世界各国基本都在持续改善人民的福祉，而不是倒退至更加贫穷艰苦的状况。

西蒙赢了与埃利希的赌局，让人们理解了有关能源市场的一个重要事实：资源的稀缺和富足，两者的关系是动态的。富足并不会简单地变为稀缺。稀缺则会通过价格上涨，刺激更多的创新和投资。而寻找新资源、设计低成本方法的过程会催生新技术。新一轮的富足，甚至过度富足或供过于求会出现。了解这个循环过程，对于成功制定公共政策至关重要。对于资源稀缺的过度恐惧容易导致糟糕的经济管理，包括令人窒息的价格控制、恐慌之余对生产或消费的限制，以及国家采取的投资策略只能昙花一现——因为错估了价格涨幅。换言之，过度的悲观主义是要付出代价的。

西蒙关于未来的一系列愿景颇为美好，但他削弱并持续打击着其他人为解决环境问题所做的努力。尽管西蒙称赞市场和技术创新带来的改善，但他的乐观主义反而阻止了那些能够解决问题的市场和技术创新。西蒙认为市场是和社会脱节的，他并没有把市场视作是人类创造的产物，也存在人类共有的盲点和局限性。许多经济学家支持西蒙的观点，认为市场只要能处理经济增长的外部成本[①]，就能够适时解决环境问题，但这只是一个假设。最近几十年的经济研究表明，消除信息鸿沟[②]和搭便车问题[③]以及处理外部成本是很困难的，认为市场能负担全部社会成本的观点已不足为信，市场的失灵是不可避免的。为此，许多经济学家倾向于赞成征收污染税，迫使经济决策制定者把外部社会成本纳入个人选择的考虑因素。然而，推行征税的过程却十分艰辛，美国一直未能就针对化石燃料征收碳排放税进行立法。

---

[①] 外部成本，指由于生产的外部效应（主要是负的外部效应）所引起的成本，指某人的行为带给他人或社会的经济损失，并且行为人对其行为造成的损失没有进行补偿。举个例子来说：若一家生产企业在生产过程中对环境造成了一定的损害，且它必须就此支付一定的现金或其他形式的资金，则该支出为外部成本。

[②] 信息鸿沟，又称作数字鸿沟（Digital Divide），最先由美国国家远程通信和信息管理局在名为《在网络中落伍：定义数字鸿沟》的报告中提出。指的是当代信息技术领域中存在的差距现象。既存在于信息技术开发领域，也存在于信息技术应用领域。几乎所有的信息技术创新都集中在西方发达国家以及亚洲迅速崛起的少数国家和地区，如以色列、韩国和我国的台湾地区。

[③] 搭便车问题是一种发生在公共财产上的问题，指经济中某个体消费的资源超出他的公允份额，或承担的生产成本少于他应承担的公允份额。一些人需要某种公共财产，但事先宣称自己并无需要，在别人付出代价去取得后，他们就可不劳而获地享受成果。常指宏观经济学中的公共品的消费问题。

西蒙和埃利希关于几种金属矿产品价格的赌局无法证明这些价格在未来会被市场力量拉低，而金属矿产品价格即使下跌，也无法证明埃利希对于环境问题的担忧是愚蠢的。如果两人没有选择在多数金属价格已经连续大幅上涨 10 年的 1980 年打赌，西蒙很可能不会获胜。

事实上，后来有经济学家对从 1900 年到 2008 年间每个 10 年都进行了模拟，他们发现在 63% 的情况下都是埃利希获胜。然而，这并不意味着赌局的期限更长一些，胜利的天平就会倾向埃利希。这份 1900年至 2008 年的数据并未显示在 21 世纪内金属价格是稳定上涨的。它显示了在一战之后商品价格崩溃，接着经历了长达一个世纪的不规律变动后，商品价格又回到了一战时的水平。模型显示，埃利希之所以能在以10 年为期的赌局中拥有 63% 的获胜率，很大程度上是因为商品价格在一战后骤然下跌至低点。

西蒙对于人类的才智和适应能力有着无限的信心。在较为得意的几年里，西蒙曾宣称，人类会发现如何从其他金属当中提炼铜，如何开发空间资源来支持人类生活，并找到方法来养活未来几千年持续增长的人口。也许这些关于未来的点子不只是空想，但西蒙从未提出过要如何实现这些点子。他乌托邦式的愿景与埃利希反乌托邦的预测正好相反，但二者都使人们无法专注于制定实际的政策和采取行动。

# 偏见和误区

20 世纪 70 年代，美国心理学家哈里·P. 巴利克（Harry P. Bahrick）进行了一项具有里程碑意义的研究，任何一个刚刚参加完班级聚会，或是正要参加此类聚会的人，都会对这项研究感兴趣。巴利克和他的同事让数百名已经高中毕业的人观看他们的毕业合影，看他们是否记得自己同学的面孔。他们的研究对探寻人类大脑的记忆力颇有帮助。

研究结果表明，高中毕业几十年之后，同班同学的面孔在人们头脑中的印象基本上还是很深的，甚至经过近半个世纪，人们还能辨认出 73% 的老同学的面孔。相对而言，人们对名字的记忆力则要糟糕得多。在将近 50 年之后，人们大约只能记得 18% 的同班同学的名字。

某个人的名字就在嘴边，但就是叫不出来，甚至更让人难堪的是你叫错了对方的名字。为什么我们能记住人的面孔，却记不住与面孔对应的名字呢？普利策新闻奖得主、哈佛大学尼曼访问学者约瑟夫·T. 哈利南（Joseph T. Hallinan）认为这个问题的部分原因在于：在我们的大脑中，意义才是王者，而细节并不重要。我们的长时记忆是有限的，即使是对那些看了成百上千次的东西来说也是如此。长时记忆主要是以语义形式存储的，这意味着在日常回忆一些东西的时候，我们想到的是它们的意义，而不是它们的具体细节。

很多年前，一项英国的研究也充分展示了这一点。研究人员要求人们记下传记中一些虚构的名字，每一部传记都有一个假想出来的人名，并且有一些关于他的虚假信息，比如一些和这个人的生活相关的地名

（例如他的故乡），以及这个人的职业和兴趣爱好等。举个例子，在一本伪造的传记中，会有这样的描述："一位知名的业余摄影师安·柯林斯住在布里斯托尔附近，她是当地的一名卫生巡视员。"

人们能记住关于这个虚构人物的什么信息呢？研究发现，有69%的人能记住这个人的职业；紧随其后，与之非常接近的是她的爱好，占68%；接下来是家乡，占62%；一直到最后，人们才记得这个人的姓名——能记住她名字的占31%，能记住她姓氏的占30%。其他研究也得出了类似的结论。为什么会这样？研究人员也不能确定具体的原因。但是，最合理的猜测是，名字只是主观添加的一个标签，并不意味着什么。譬如，"吉姆""提姆"，或者"弗兰"，这些名字没有什么固有的内在意义，至少对我们大多数人来说是这样的。而职业、个人爱好和出生地等信息就不一样了，它们"在语义上有更丰富的含义"，它们意味着一些特别的东西。可能你曾经去过布里斯托尔，或者你真的是个摄影迷。如果是这样的话，这些信息就会停留在你的记忆中。这些信息有意义，但名字没有。出于某种原因，我们总是更容易记住一个人的职业是"面包师"，而记不住一个人的名字叫"贝克尔"（面包师和贝克尔，在英文中都是同一个单词，即baker）。

哈利南一直专注于研究心理学，尤其对人类的偏见行为有深入的观察，对消费行为、商业管理、产品设计、医疗、航空、股票投资等领域拥有近20年的一线观察和案例研究。他在其著作《盲点：为什么我们易被偏见左右？》中论述了关于"我们为什么犯错"的一系列经验，大都是对影视、体育、医药、军事、航空和金融等领域的前沿研究。在这些领域，失误就要付出高昂的代价，甚至生命；一旦出错，人们就会更加渴盼弄清到底为什么会这样，因为从这些错误中得出的经验教训对他们有很强的借鉴意义。


## 观察局限性和"视而不见"错误

我们为什么会对某些东西视而不见呢？为了理解这个问题，哈利南认为，我们需要了解一下眼睛和它们的基本工作原理。眼睛并不是摄像头，无法拍下某个场景的照片，而且它们不能一下子就看到视线中的一切。不管在什么时候，眼睛能够清晰看到的区域，只是全部视线所及区域的一部分。比如，在正常的观察距离内，清晰的视觉区域实际上不超过一枚 25 美分硬币的大小。眼球每秒大约有 3 次转动和停止，眼睛通过不停地四处张望来突破自身的上述局限。

眼球转动的时候，眼睛到底能够看到什么？这取决于是谁在看。比如，有证据表明，同样的情况下，男性和女性通常会看到不同的事物。同样是关注一个小偷偷一位女士钱包的场景，女性会更注意那位被盗女士的外貌和行为；而男性则更留意那个偷东西的小偷。

在记忆物体的方位时，习惯用右手的人比习惯用左手的人有着更准确的记忆力。多年以前，海尔－波普彗星曾在夜晚的天空呈现出一道辉煌的景观。随后，英国的研究人员分别询问习惯用右手和习惯用左手的人，问他们在观察彗星时是否注意到彗星是朝哪个方向飞行的。习惯用右手的人比习惯用左手的人更能清晰地回忆出彗星是向人们的左手方向飞行的。人们的方向偏好也和惯于使用哪只手有关系，比如在十字路口被迫转弯时，习惯于使用右手的人倾向于右转，而习惯于使用左手的人倾向于左转，至少美国的情况是这样。因此，有研究者建议说："大多数人在商店、银行或医院之类的地方排队的时候，应该多留意自己的左侧，这样往往可以找到更短的队列。"

哈利南研究发现，我们到底能看到什么，不仅取决于性别和双手的使用偏好，还会受到我们职业的影响。因为专业人士和初学者在看待同一件事情上总会有所不同，其中一个差别和"冷静观察期"有关。所谓的"冷静观察期"，是指需要用于精确调整运动反应的一段时间。这段时间是我们对目标的最后一瞥和我们的神经系统开始对此做出反应之间的时间。研究表明，在很多运动项目中，从我们在篮球场上罚球到奥运会上的气步枪射击比赛，专业选手和初学者在"冷静观察期"上存在差别。各种研究共同的发现是，专业选手的"冷静观察期"普遍要比初学者长。比如，在推杆入洞前的最后几秒，高素质的高尔夫球手会目不转睛地盯着球看，很少把目光转向球棒或者其他地方。而缺乏专业训练的高尔夫球手，不会长久地盯着球看，而是时不时地看向击球的球棒。由此，在高尔夫运动中，拥有出众的好眼神是非常重要的。

哈利南深入研究还发现，不管是专业人士还是技艺不精的外行，拥有良好视力的人也会出现令人震惊的"视而不见"的错误。令人迷惑不解的地方之一，就是对变化的"视而不见"。也就是说，有时在遭遇短暂的视觉干扰时（甚至像眨眼这样的干扰），我们也会觉察不到眼前场景中的重大变化。

几十年前，有一个实验把这种对变化的"视而不见"带来的重大影响充分展示了出来，这是一个设计简单但看起来有些顽皮的实验。

实验的设计者是康奈尔大学的丹尼尔·西蒙斯（Daniel Simons）和丹尼尔·莱文（Daniel Levin）。他们找了一些愿意充当"陌生人"的实验者，让他们在校园里向路人问路。当这些"陌生人"和路人交谈的时候，研究人员会安排两个人走上前去粗鲁地打断他们的谈话，让这两个人抬着一扇门从他们中间穿过。其实，谈话被打断的时间很短，大约只有 1 秒，但是在这 1 秒内，会发生一个重要的变化。抬着门的两人中的一个，会和问路的那个"陌生人"对调一下。当那扇门被抬过去后，新替换上来的这个人还站在原来那个路人的面前，继续和他交谈，就像刚刚什么事情都没有发生过一样。那些路人能够注意到和他说话的人已经换成另外一个人了吗？

实验结果显示，在大多数情况下，这个变化没有被注意到：15 个过路人中只有 7 个人注意到了这个变化。


## 男女对待自信和风险的不同态度

如果你喜欢开快车，那么你在股票市场上买入和卖出的频率也会更高。在芬兰有一项针对这类司机的研究，结果表明，每一张超速罚单都意味着这些人在股市上的交易频率比别人高 11%。实际上，如果你频繁地因超速而被开罚单，那么你很有可能不是交易频繁，而是交易得过多了。问题恰恰也出在此处。许多研究表明，那些交易最频繁的投资者，其收益水平却是最低的。一项调查研究了 20 世纪 90 年代牛市期间股市的平均年盈利状况，那段时期人们的平均年盈利水平是 17.9%，但在同期，那些交易最频繁的投资者的平均年盈利水平只有 11.4%。

有趣的是，芬兰的研究人员发现，交易的频率不仅与投资者的车速有关，而且和投资者的性别有关。一般而言，男性比女性收到的超速罚单更多。一项调查显示，男性在股市上的交易频率要比女性高 45%，男性上了年纪之后，差距会缩小。在结婚前男性与女性在这方面的差距更为明显，单身男性的交易频率会比单身女性高 67%。

对于这一问题有很多种不同的解释。一种主流的观点是，男女两性的自信程度有所不同。过分自信是导致人们犯错的一个重要原因，在许多领域男性和女性都会表现出过分自信的倾向。哈利南通过对比研究发现，男性总是比女性更容易过分自信，这种差别有助于解释男女犯错的不同情况。比如，在被要求估计自己智商的时候，男性普遍会比女性高估自己的智商。其实，男性并没有自己想象的那么聪明，他们的智商实际上要低于自身的估计。而女性则正好相反，她们的智商实际上要比自身估计的更高。换句话说，男性会高估自己的智商，女性则会低估自己的智商。此外，男性还会高估自己的吸引力。

这种自信上的差距在一些男性占支配地位的领域中（比如战争和金融）尤其明显。男性，哪怕是没有成年的男孩子，都认为他们在这些领域要比女性更为擅长。美国军方发现男性比女性更喜欢开枪。在一项研究中，军方模拟了友军误伤的情境，也就是士兵开枪打中了自己人。在对结果的分析中，军方发现，男兵倾向于开枪打中不该打的人，但是女兵则相反，她们倾向于放过那些本该被击毙的敌人。换句话说，男性会击毙好人，而女性则会放过坏人。

哈利南经过多年的对比研究还发现，男性和女性看待自己生活的方式是不同的，对自身生活方式的回忆也不一样。在年龄很小的时候，这种差别就已经存在了。我们所犯错误的根源，或多或少地可以追溯到男女两性对世界的认知方式以及对过去回忆的差别上，就比如男性和女性对待风险的态度。在很多领域，女性都比男性有着更大的规避风险的倾向，这种倾向也在上述实验中有所体现。女兵面对有开枪风险的时候是选择开枪还是不开枪呢？她们更多选择规避风险的措施，也就是不去开枪击毙对方。

在日常生活中，我们也可以看到女性的这种规避风险的倾向，例如开车。根据调查显示，女性在驾车时会比男性更加注意系上安全带，而男性则更愿意做一些冒险举动，比如闯黄灯。既然有这种差别也就不难想象，美国男性驾车造成的致命事故是女性的 3 倍，男性相对于女性也更容易死于溺水或偶然性中毒等意外事故。

男女两性在风险规避上的这种差别有着很多深层次的原因，我们需要对此做出进一步的解释。美国哥伦比亚大学教授埃尔克·韦伯（Elke Weber）和同事一起对男性和女性如何认识不同类型的风险的问题进行了研究。该项研究关注的风险主要有 5 种：财务风险、健康和安全风险、休闲中隐藏的风险、道德风险和社会风险。

研究者向 500 多名受试者发放了调查表，这些人既有男性也有女性，年龄从十几岁到四十多岁不等。对于上述的每一种风险，受试者都会被问到约 20 个相关问题。例如，对于"休闲中隐藏的风险"，他们会被问到是否会去蹦极；在"财务风险"方面，他们会被问到是否会和朋友共同承担汽车贷款；在"社会风险"一项，他们会被问到在社交场合是否会就某个不受欢迎的问题说出自己的真实想法……受试者要给每个问题的风险做出评级，从 1 级到 5 级。1 级代表"基本上没有任何风险"；5 级代表"有极高的风险"。

韦伯和同事们发现，对于上述 5 类风险中的 4 类，女性比男性有更强的风险回避意识（唯一的例外是"社会风险"）。男性明显比女性更喜爱从事一些具有危险性的活动（这一点同样在"社会风险"这一类别上存在例外）。

为什么会这样？为了探究这一现象背后的原因，韦伯和同事们要求受试者对每一项活动的风险评定进行风险—收益分析。即每一项活动的风险到底有多大？你为什么会这样认为？如果要去冒那么大的风险，你觉得会得到什么样的收益？在分析这些资料后，韦伯发现了一个令人吃惊的事实：男性并非更愿意追求风险，男性只是更看重风险带来的收益（例外的情况还是出现在"社会风险"）。

哈利南深入研究后还发现，男性和女性不仅在看待世界的方式上存在差别，看待自身的方式也有所不同。比如，在对待犯错这件事情上，女性就比男性对待自己更为严格。有多项研究也表明，男性更容易忘记自己曾经犯过的错误，而女性则会在更大程度上受到自己所犯错误的困扰。和失败有关的事件与和成功有关的事件相比，前者对女性的自尊有着更大的影响，但对男性而言，这两类事件对自尊的影响则没有那么大的差别。

即使是在撒谎的时候，男性和女性的表现也是不同的。例如，男大学生说的很多谎话都是和他们自己有关的，他们都倾向于夸大自己的计划，夸大自己曾取得的成就（尤其是在和女生聊天的时候）。而女生则倾向于美化他人。

这种在自信心方面的差别，可以引起许多实实在在的差别，有一个例子可以生动地对此做出说明。研究人员向某公司的员工出售一种每张1美元的彩票，这些员工既有男性也有女性。然后，研究人员询问这些买了彩票的人是否愿意卖出自己手中的彩票，如果想卖的话，价格是多少。研究人员发现，与男性相比，女性更愿意以较低的价格卖出手中的彩票。平均来说，女性只要1.33美元就愿意出售自己持有的彩票，这比原来1美元的买入价高不了多少；而男性则至少要别人出4倍于原来的价格，才愿意出售手中持有的彩票。

### 价格和色彩联想带来的偏见

人类的大脑是通过一种特定的机制来认识外部世界的。这种机制不仅根植于我们的内心，而且是自动运转的。换言之，我们的大脑会在特定事物和一些特征之间建立联系，甚至在我们明白两者之间可能并没有联系的时候，还是会不由自主地这样做。早就有研究证明，一些特定的芳香和气味可以更轻松地打开男人的钱包。比如，一家零售店里如果散布着一种"男性"的气味，男性在这里的平均消费就会达到 55 美元，而同一家商店如果飘散着一种"女性"的气味，那么男性在这里的平均消费就不到前者的一半——只有 23 美元。

哈利南认为，所有这些对认识我们所犯错误的根源都有着重要的意义。就拿价格和品质来举例说明，在一定程度上，我们都明白，价格很贵的东西并不意味着比那些价格便宜的东西质量更好。但是，在内心深处，我们并不真正这么认为。

以价格昂贵的葡萄酒为例，来自斯坦福大学和加州理工学院的研究人员请 20 名志愿者品尝 5 种葡萄酒，并为这 5 种葡萄酒做出评价。研究人员给这 5 种葡萄酒分别贴上了 5 美元、10 美元、35 美元、45 美元和 90 美元的标签。志愿者是和我们一样的普通人——会适量地喝一些葡萄酒，但他们并不是品酒专家。在经过一轮的品尝之后，他们基本上回答：喜欢那些价格更高的葡萄酒的味道。

事实上，研究人员将葡萄酒和相应的价格标签掉了包。价值 90 美元一瓶的葡萄酒实际上出现了两次：一次标价为 90 美元，另一次标价为 10 美元。真实价格为 45 美元的那瓶也出现了两次：一次标价是 45 美元，另一次标价为 5 美元。然而，品尝者都没有发觉。不管怎样，他们就是更喜欢标价高的那一瓶。这种情况并不是装腔作势、假充内行那么简单。对受试者大脑的扫描显示，价格更高的酒使大脑的一个特定区域（医学上称之为"眶额叶皮质"，这一区域会对一些积极的体验做出反应）产生了更为活跃的反应。但是，当饮酒者意识到自己喝的是价格低廉的酒时，记录显示，此刻大脑皮层只产生了很少的快乐感。

类似的情况也影响着人们对药物疗效的评价。在一个电击实验中，82 名受试者中既有男性也有女性，实验需要他们辨别自己的手腕接受电击时的疼痛感。比较特别的是，这些受试者被要求在两个不同的时间点对疼痛的程度做出评价：一次是在接受电击之后，另一次是在吃完止痛药一段时间之后。这些人中有一组被告知，他们口服的药片是刚刚被批准上市的新药，可以有效地减缓疼痛，一片需要 2.5 美元；另外一组人则被告知，他们所服用的药物每片只需要花费 10 美分。实际上，两种药物都只是中性的安慰剂而已，根本就起不到任何止痛的效果。结果，在被告知服用的是较贵新药的一组中，有 85% 的人报告说疼痛得到了明显的缓解；在另外一组中，只有 61% 的人认为疼痛得到了缓解。

价格并不是唯一扰乱我们判断的因素，色彩也可以。曾有研究表明，药丸的颜色会影响服药者对其疗效的看法。有测试表明，人们通常认为黑色和红色的胶囊药效更高，而白色胶囊的药效最差。

这种联系在一定程度上是可以理解的，我们经常把黑色与力量及权势等同起来，但是这种联系也会产生相反的效果，会让我们永远铭记自己因此犯下的错误。许多年前，有两位研究人员向一些受过良好训练的裁判员展示两段拼抢激烈的橄榄球比赛的录像。这两段录像记录的比赛的激烈程度是一样的。在第一段录像中，进攻的一方穿着白色运动服；在第二段录像中，进攻的一方穿着黑色的运动服。看过第二段录像的裁判比看过第一段录像的裁判认为比赛进行得更激烈，应该给运动员更严格的判罚。这些裁判"看到"的正是这种常见的"负面联系"——黑色引导他们"看到了"希望看到的东西。

上面实验中的研究人员汇总了二十世纪七八十年代的职业橄榄球和曲棍球比赛的记录，美国职业橄榄球大联盟的资料是从 1970 年到 1986 年的，美国曲棍球联盟的资料也差不多是这一时期，即从 1970 年到 1985—1986 赛季。在这两项运动中，研究者发现，穿黑色队服的球队被判罚的次数要远远超过平均水平。在曲棍球比赛中，这种倾向尤为明显。有趣的是，在有资料记载的这十几年中，两支队伍——匹兹堡企鹅队和温哥华法裔加拿大人队都换成过黑色队服。企鹅队队服颜色的更换时间是 1979—1980 赛季，法裔加拿大人队队服颜色的更换时间稍微靠前一点儿，是 1978—1979 赛季。

结果是，这两支球队被判罚的记录随之增加了。企鹅队在更换队服颜色前的 44 场比赛中身穿蓝色队服出场，每场比赛平均的处罚时间为 8 分钟；但是在该赛季最后 35 场比赛中身着黑色队服出场时，每场的处罚时间上升到了 12 分钟。

## 犯错和情境依赖的内在联系

一位心理学专家斯洛波达曾做过这样一项实验：他故意在一张活页曲谱上给一段音乐的音符做了很多变动，然后让一些资深的音乐家来演奏曲谱上的乐曲。不是演奏一次，而是演奏两次。在音乐家们第一次演奏这段音乐时，斯洛波达发现，有38%变动过的音符没能被发现。

真正有趣的事情出现在第二次演奏这段音乐的时候。在这一次演奏中，被忽略的错误数量不但没有降下来，反而上升了。这表明，在第一次演奏完之后，音乐家们对这段音乐已经比较熟悉了；在第二次演奏的时候，他们已经没有必要再去一个音符接着一个音符地看谱了，而是根据乐曲的曲式结构演奏。简言之，第二次演奏时他们是一目十行、走马观花地看谱。

哈利南认为，这种倾向对理解我们为什么会犯这类错误也具有重要的意义：对一件事情越是熟悉，我们就越倾向于不加注意。我们看到的这件事情已不再是它们本来的样子，而是（我们假定）它"应该"呈现的那个样子。这种植根于我们内心的倾向不仅会让我们忽视一些小事，还会让我们忽视一些触目惊心的大事。

有这样一个案例，发生在2005年万圣节前的一段时间，地点在美国东部特拉华州一个名叫弗雷德里卡的小镇。镇上的一位妇女自杀了，吊死在一棵树上。她的尸体长时间吊在邻居和行人很容易就能看到的地方，但这件事竟然在近14个小时之内一直没有被人发现。事发前一天晚上9点左右，这位42岁的妇女径自爬上一棵树，用一根绳子上吊自杀了，事发现场的马路对面就是一片比较热闹的住宅区。当然，事发时天已经黑了，但是第二天天一亮，她的尸体就很显眼地悬挂在离地面

15 英尺高的地方，很容易被路过的车辆和行人发现。没有一个人就此报警，直到将近中午 11 点——这时已经差不多是这名妇女自杀 14 个小时了。

当时，人们觉得那可能是万圣节的一个装饰吧。尽管那是个令人悲伤的例子，但它依然表明我们对日常事件的观察有多么依赖事件出现的情境。情境在这里就像一根神奇的拐杖，人们对它的依赖程度大大超出我们的想象。一些事件如果发生在万圣节期间，我们就会假定（可能根本就是不假思索地认为）它和万圣节有关系。大多数时候，事实也的确如此，但有的时候，事情真的和这种情境没有关系。在这种情况下，我们在很大程度上就会忽略这些事件。

在特定情境下，我们经常很难注意到与该情境无关的人或事，辨认与情境无关的人的面孔就更难了。对于你见过的某个人，你就是无法想起对方是谁，你肯定碰到过这种情况吧？是干洗店的服务员吗？是你在孩子的空手道班上碰到过的一个家长吗？除非你能想起与这个人相关的情境，否则你总是无法想起这个人到底是谁，这时，你缺少的就是那个特定的情境。

哈利南由此认定：情境在帮助我们记忆的过程中是非常重要的。如果一些东西根本不是出现在合理的情境范围内，那么它们不仅很难被注意到，而且很难被记住。但是，如果突出某件事情发生的情境，我们对这件事情的记忆就会加深。在十几年前的一个实验中，人们把一些学龄前儿童带到一个公园里散步，这个实验看上去很简单，但它确实清楚地展示了情境在记忆中的重要作用。在散步后的第二天，研究人员问孩子们昨天散步的时候都看到了什么。如果孩子们是安安静静地坐在一个屋子里面回答这个问题，那么，他们能够回忆出来的东西就少得可怜。但是，如果把孩子们重新带回公园，他们就会对上次来到这里时看到的东西和做过的事情，回忆得更清楚。

成年人也有同样的倾向。40多年前，英国进行过一项非常著名的实验，研究人员让受试者记住一串单词。一些受试者记单词的时候站在地面上，另外一些人则是在水里（这并非没有任何风险，那些在水下接受测试的人都要戴上"自携式水下呼吸器"，还有一名受试者差点儿被一辆水陆两栖的军用车撞到）。接着，研究人员测试两组人记忆单词的情况。

研究人员发现，那些在水下记单词的人，在水下环境中能够回忆得更好；那些在地面上记单词的人，在陆地环境中回忆得更好。在地面上记单词的人，如果还是处在干燥的地面上回忆，平均能回忆出 13.5 个单词；但是当他们被放到水下环境去回忆时，平均只能回忆出 8.6 个单词。这种情况对于另外一组在水中记单词的人也是一样的，他们回到水下去回忆，平均能回忆起来的单词数量是 11.4 个；他们在干燥的地面上回忆，平均只能回忆出 8.4 个。

以上这些发现还可以在更多的领域得到证明，不仅身体拥有情境，情感也具有情境。一些在某种情绪情境下出现的东西，只有回到该情绪情境中才能被更好地回想起来。比如，欢乐的时光在我们很高兴的时候更容易被回忆起来。

在一个实验中，研究人员让受试者读一个故事，与此同时，通过催眠暗示，让他们处于快乐或悲伤的状态。这个故事很简单：大学时代的两个年轻人相处得很好，他们经常一起打网球，其中一个名叫安德烈，他个性开朗，发生在他身上的事情也都很顺利；另外一个名叫杰克，他生性悲观，发生在他身上的事情很少顺利。被催眠的受试者读完这个故事后，研究人员问他们故事中的两个人谁是主角以及他们更认同哪个角色。研究人员发现，处于快乐状态的人会更认同故事中快乐的那个角色，认为那个人是故事的中心人物，故事中有更多情节是描写他的；而处于悲伤状态的人会更认同故事中悲伤的那个角色，并认为故事中有更多的情节是描写他的。

这个实验得出的结论就是：情境是重要的。然而，情境在很多时候也有所不同：有时候它就是真实世界的一部分，就像我们在万圣节自杀事件的例子中看到的；有时候它就在我们的头脑中，比如前面这个关于情感状态的实验。

# 系统性"无知"与世界的真相

你觉得我们所处的世界，它到底在越变越坏，还是越变越好？首先来回答这几道问题：

1. 在全世界所有的低收入国家里面，有多少百分比的女孩能够上完小学？

A.20%　　　　　　B.40%　　　　　　C.60%

2. 全世界最多的人口生活在什么样的国家？

A. 低收入国家　　　B. 中等收入国家　　　C. 高收入国家

3. 在过去的 20 年里，全世界生活在极度贫困状态下的人口是如何变化的？

A. 几乎翻倍　　　　B. 保持不变　　　C. 几乎减半

4. 全世界人口的预期寿命现在是多少岁？

A.50 岁　　　　　　B.60 岁　　　　　　C.70 岁

5. 今天全世界有 20 亿儿童，他们的年龄从 0 到 15 岁，那么根据联合国的预测，到 2100 年，全世界会有多少儿童？

A.40 亿　　　　　　B.30 亿　　　　　　C.20 亿

6. 联合国预测，到 2100 年，世界人口将增加 40 亿，那么请问主要原因是什么？

A. 将会有更多的儿童（15 岁以下）

B. 将会有更多的成年人（15 到 74 岁）

C. 将会有更多的老年人（75 岁以上）

7. 在过去的 100 年间，死于自然灾害的人数是如何变化的？

A. 几乎翻倍　　　　B. 保持不变　　　　C. 几乎减半

8. 现在全世界有多少一岁儿童接种过疫苗？

A.20%　　　　　　B.50%　　　　　　C.80%

9. 在全世界范围内，30 岁的男人平均接受教育的时间超过 10 年。请问 30 岁的女性，平均在学校接受教育的时间是多少年？

A.9 年　　　　　　B.6 年　　　　　　C.3 年

10. 在 1996 年，老虎、大熊猫和黑犀牛被列为濒危动物，那么请问到今天这三种动物中的哪些还是濒危动物？

A. 全部都是　　　B. 其中的一种　　　C. 全部都不是

11. 全世界有多少人能够使用电？

A.20%　　　　　　B.50%　　　　　　C.80%

12. 全球气候专家预测，在接下来的 100 年中，全球的平均温度将如何变化？

A. 升高 　　　　　B. 保持不变 　　　　　C. 降低

　　上述问题的答案分别为 C、B、C、C、C、B、C、C、A、C、C、A。这些问题来自瑞典卡罗林斯卡学院教授、"开启民智"基金会创始人汉斯·罗斯林（Hans Rosling）与他的儿子欧拉·罗斯林（Ola Rosling）、儿媳安娜·罗斯林·罗朗德（Anna Rosling Ronnlund）合著的《事实：用数据思考，避免情绪化决策》。这些问题既不复杂也没有诱导性，然而大多数人都错得离谱。罗斯林教授已经测试了全世界 12000 人，尽管这些问题的答案可以从公共来源获得，并且经常在有关全球经济和社会趋势的讨论中使用，但是没有一个测试者全对，15% 的测试者答错了所有的题。（总共 13 道题，本文摘选了 12 道）

　　为了避免抽样不足，罗斯林教授还专门找过一些企业高管、大学教授、投资银行家、新闻记者和社会活动家等知识范围比较广的人来做这些题，结果也并不比平常人好多少，有些题目的正确率甚至更低。可见这些"无知"并不是偶然的，而是系统性的，普遍存在的，人们却没有察觉。因此，他才把这称为"毁灭性的无知"。

　　罗斯林教授宣称自己"毕生都在和毁灭性的无知作斗争"。他生前与儿子儿媳一起，一生都致力于打击这种"毁灭性的无知"。他们撰写《事实：用数据思考，避免情绪化决策》，是想强调一种"注重事实"的态度，面对复杂多变的世界，需要注重事实，避免情绪化、戏剧化的直觉偏误，避免被不同类型的故事误导，从而扭曲对世界的认知。

　　如果你也答错了，说明你可能对这个世界也有所误解，或者没能看清世界的真相。从这些问题的答案中不难发现：原来世界并没有想象中那么糟糕，而我们总是习惯性地把这个世界想象得充满灾难，我们很多时候只是在用直觉思考。

## 错误决策的元凶

通过长期的数据调查与分析，罗斯林教授发现，"毁灭性的无知"有许多表现，我们都容易受到思维本能的影响而依靠直觉做出判断，但这往往会带来偏见和失误。在《事实：用数据思考，避免情绪化决策》一书中，罗斯林教授提出这样一个观点：人类固有的思维本能是错误决策的元凶。为了证明自己的观点，他列举了人类 10 种思维本能，这些思维本能往往会让人陷入情绪化决策的陷阱中。

第一，一分为二。人们习惯把一些群体分成两类，强调两类之间的绝对差距，非此即彼、非黑即白的两分思维方式，忽略了现实中只有极少事物处于两极、有绝对清晰的边界，而多数事物其实位于过渡带，依循某种逻辑分布其间，并且常常有部分是重叠的。在远古时期，人类非常弱小，为了适应环境，必须在最短时间内把东西分为"能吃的"和"不能吃的"，把动物分为"好的"和"危险的"。这个过程几乎不用思考，靠直觉就能判断。直到现在，我们对世界的认知，还是会自然而然地停留在"非黑即白"的二元结构当中，比如我们头脑中"发达国家和发展中国家""穷人和富人""英雄和恶棍"之类的对立概念，就是本能的体现。汉斯·罗斯林教授说："一分为二的本能会误导我们，把平滑过渡当作两极分化，把和而不同当作分道扬镳，把求同存异当作矛盾对立。"

第二，负面思维。人都想要获得安全感，于是总是下意识地更倾向于关注坏消息，而不是好消息。恐怖主义、金融危机、饥荒、天灾、战争、交通事故……相比于好事，我们更关注坏事，所以媒体更多报道坏事，媒体报道更多坏事，所以我们更关注坏事，这就形成了一个增强回路。假如有两条新闻："飞机失事"和"飞机安全降落"，你会更关注哪条？大概率你会说前者，这其实就是人类警惕危险的本能。试想一下，在原始社会，人类如果看到野兽还不立刻逃跑，就有可能会被吃掉。这种本能，也让我们更容易去关注事情坏的一面，而忽略事情的全貌。

第三，直线思维。我们看到一段线形图，会下意识地依照原有的上升或下降趋势和斜率来判断这段曲线未来的走向。换言之，我们容易从事物发展过程中取一个点，然后根据那个点，认为整个事物的发展就是以这个点这样的规律一直下去，见一个点，想当然地"以为"出整条线。如果看到一块石头朝你飞过来，眼睛和大脑自动就能计算出它的运动轨迹，进行躲避。这种自动预测能力，曾帮助我们的祖先，从恶劣的环境中生存了下来。直到现在，我们还是会下意识预判一件事情：过去如何，将来还会如何。

第四，恐惧本能。几万年前，是恐惧本能让我们的祖先在优胜劣汰的世界中生存了下来。曾经保护我们的生存本能，如今反过来给我们带来困扰，我们总为从没发生的事情绞尽脑汁，但回过头来看，那些曾经困扰我们多日的难题，似乎很少发生。想象一下：你被悬崖边的风景吸引，将身体探出栏杆，突然栏杆剧烈晃动，怎么办？出于恐惧本能，你会马上离开。很显然，对人身伤害、受困和中毒的恐惧，曾帮助我们的祖先快速逃离危险，更好地生存。直到今天，这些危险还会触发我们的恐惧本能，本能地把事情严重化。

第五，规模错觉。忽略了大环境，仅凭数字大小判断事件的规模大小。大脑给我们最大的错觉，就是容易把我们直接听到、看到的东西，作为整个世界的全貌，即注重局部而忽略整体。二战期间，人们发现幸存的轰炸机中，机翼中弹数远多于机身中弹数，人们自然就觉得应该加固飞机的机翼。

第六，以偏概全，或称"归类本能"。人们面对一件事情时，会下意识地对事情进行归纳和演绎。按已知经验将事物归类，有时候这种归类本能会失灵。看到某个案例，就以为所有事情都是这样的。比如，在一些城市的街头，你会看到很多盖到一半的房子，很容易认为这是因为盖房子的人失去了资金支持，或是做事毫无计划。其实这是房子主人储存财富的聪明办法。

第七，命中注定。类似于"宿命论"，人们只能看到事物这一刻的状态，并认为它过去或未来都是这样的。这种思维往往会让我们一直停留在既有认知里。

第八，单一视角。人类大脑的认知倾向于将问题简单化，有了一个简单的想法，并且发现它能解释很多事时，我们天然会认为所有问题都有单一的原因和解决方案，但是很多技能、知识都不是放之四海而皆准的。最简单的例子就是手里拿了一把锤子，看任何东西都像是钉子。这种本能可以节省我们大量的时间，但也很容易掩盖事情的真相。比如，美国人均卫生支出名列世界第一，然而美国并非全球最长寿的国家，美国人的平均预期寿命只排在全球第 40 位。

第九，归咎他人，或称"谴责本能"。出了问题总想归咎给某人或某个组织。人类进化过程中，最大的生存威胁一般都来自外部环境，比如野兽的攻击或是自然灾害。当坏事发生时，这种本能会驱使我们找一个替罪羊来背锅，而忽略对事情真相的理解。不只是个人，国家也是如此。全球气候大会上，很多国家最爱做的就是推卸责任，把全球变暖的责任甩到别的国家身上。

第十，情急生乱。当我们面对压力、紧急事件时，我们的第一反应不是用理性去分析，而是直接采取行动。人在这种情况下往往越忙越乱。比如，"你必须现在就行动，否则就来不及了！"这句话只会带来压力和焦虑。绝大多数情况下，我们并不需要立即行动，以后仍有机会。又如，我们看到标题中带有"速看，马上删""震惊"等词语时，也往往会情不自禁去点开看看。

## 依据"事实"改变无知

既然很多无知是难以避免的，那么是否有办法减少这些情况呢？这就需要用到《事实：用数据思考，避免情绪化决策》中所说的"事实"。这里说的事实，不单指数据信息的客观准确，还强调人们要通过联系来还原事实间的真实情况。针对思维本能的误区，汉斯·罗斯林教授总结了10种避免情绪化决策的思维模式。

思维模式一：要想有效地控制"一分为二"的错误本能，就要坚持寻找绝大多数。一是要注意只比较平均数的做法。平均数之外，还要注意数据的实际分布。如果两组数据的分布出现了重叠，那么有可能两组之间的鸿沟并不存在。二是要注意只比较极端情况的做法。在所有的群体、国家或者国民中，总会有极端情况的存在，总会有顶层和底层。而顶层和底层之间的差别，有时候是极端不公平的。即便如此，大多数仍然分布在中间状态，而在中间并不存在鸿沟。三是要注意"只俯视不仰视"的做法。记住：俯视会带来错觉，一切看起来都一样矮，但是事实并非如此。

思维模式二：要想控制"负面思维"，就要做到对坏消息有思想准备。一是更好和不好。要学会区分状态和趋势，要认识到事情可以同时是不好的，但也是在变得更好的。二是好消息不是新闻。好消息是很少得到报道的，因此我们总是听到坏消息。所以听到坏消息时，可以问一下自己有没有听到好消息。三是循序渐进的进步不是新闻。当一件事情在持续变好，但当中产生了一些小的低谷的时候，通常只会注意到低谷，而不是整体的趋势。四是更多的坏消息并不意味着更多的坏事情。我们能够听到更多的坏消息，有时仅仅是因为我们对坏事情的关注度和监控能力提高了，并不意味着这个世界在变得更坏。五是警惕过分美化的历史。人们经常会刻意地美化自己的历史，而国家也经常会刻意地美化自己的历史。

思维模式三：要想控制"直线思维"的本能，就需要记住，有很多事物的发展并不遵循直线规律，而是遵循 S 形曲线、滑梯曲线、驼峰曲线或者倍增曲线的规律。比如，没有一个孩子是按照直线的规律长高的，而且也没有父母会认为孩子的身高会无限增长。又如，过去两个世纪全球人口暴增，很多人担心照这个速度，人口很快会超出地球的承载能力。但事实是，随着经济的进步、避孕措施的发明，几乎所有国家的生育率都出现了不同程度的下降。

思维模式四：要想控制"恐惧本能"，需要计算真实的风险。其一，可怕的世界：恐惧与现实。我们感受到的世界，比真实的世界更可怕，这是因为我们注意到的信息都是被媒体精心选择过滤过的，而媒体刻意选择那些吓人的信息来吸引我们的注意力。其二，风险＝危险程度 × 发生的概率。我们面临的真实风险，并不取决于它看起来多么吓人，而在于两个因素：危险的程度和发生的概率。其三，在采取行动之前，先让自己冷静下来。人在恐惧中的时候，会看到一个完全不同的世界，所以不要在恐惧中做决定。

思维模式五：要想控制"规模错觉"，就要关注比例。第一，对比。大的数字总是看起来很大，而单一数字很容易误导我们。当我们看到一个单一数字的时候，一定要记得做对比，或者做除法，得到某种比例。第二，二八原则。如果得到了一个长长的清单，就应该先排序，然后找到最大的几项并且做深入分析。通常这几项的重要性要远大于其他所有项目加在一起的重要性。第三，比例。数字和比例有可能代表着完全不同的含义，尤其在不同大小的组别之间做对比的时候，比例总是更有意义。具体来讲，我们在对国家和地区进行比较的时候，应该更加关注人均数字。

罗斯林教授举了一个例子，2016 年全球婴儿的死亡数量达到 420 万，要知道，震惊世界的卢旺达大屠杀死亡人数在 100 万左右。我们光看这个数字，会觉得这简直是现代医学的悲剧。如果有人据此提出建议，要求政府制定相应政策，加大对婴儿的治疗和保护，我们肯定毫不犹豫地举双手赞成。毕竟他给出了一个无可辩驳的"事实"。问题在于，他只告诉了你一个孤立的"事实"，而并非真实情况。2016 年，婴儿死亡的确达到 420 万，可 2015 年比 2016 年还多 20 万。再往前数三四十年，婴儿死亡数甚至比现在多 1000 多万。真实情况是：几十年来，全球婴儿死亡的数量已经减少了一半以上，我们对婴儿的保护已经取得了很大成效。所以说，如果只是孤立地看数据，或者看某张图片、某段视频、某条微博，我们很容易就会被"带偏"。

思维模式六：要想控制住"以偏概全"的本能，我们要经常质疑自己的分类方法。一是在同一类别中寻找不同。特别是当一个类别非常巨大的时候，我们应该试图找到有效的办法来将其分得更小、更准确。二是在不同类别中寻找相同。如果发现不同类别之间存在着巨大的相似性，那么要考虑我们的分类方法有可能是不正确的。三是在不同类别中寻找不同。不要假设在一个类别中适用的规则可以在其他类别中同样适用，比如收入水平第四级的人不要假设其他级别的人也适用同样的生活规则。

思维模式七：要想控制"命中注定"的本能，就要记住缓慢的改变也仍然是改变。一是注意追踪持续的提高。每年小的改变可以在几十年后积累成巨大的改变。二是更新知识。有些知识很快就会变得过时，技术、国家、社会文化都在持续改变当中。三是与老年人对话。如果想弄清楚价值观是如何改变的，请想想祖父母们的价值观和你的价值观有什么不同。四是收集文化改变的案例。找到反面的案例来挑战那种认为文化一成不变的说法。

思维模式八：要想控制"单一视角"的本能，必须有一个工具箱，而不仅仅是一把锤子。第一，检查想法。不要仅仅专注于那些能够证明想法的正确案例，而要多与那些持有不同意见的人讨论，发现自己想法的不足之处。第二，有限的经验。不要认为你在自己的专业领域之外有什么真知灼见，对自己未知的领域要保持谦逊，同时也要注意到专家也有局限性。第三，锤子和钉子。你会熟练地使用某一种工具的时候，总会尽可能多地使用它。当花了太多的时间专注于分析某一个问题的时候，你有可能会夸大这个问题以及解决方案的重要性。请牢记，没有任何一个工具是万能的。如果总是习惯于使用锤子的话，那么请多和那些习惯使用改锥、扳手和卷尺的人打交道，多听听来自不同领域的人的意见。第四，关注数字，但不仅仅关注数字。没有数字，我们无法理解世界，但是仅有数字，我们仍然无法理解世界。请专注于发现数字背后的真实世界。第五，当心简单的想法和简单的解决方案。人类历史上从来就不缺乏充满了乌托邦式的简单想法的空想家，而最终他们都带来了可怕的结果。我们应当认识到事物的复杂性，学会兼收并蓄以及妥协，在具体情况具体分析的基础上来解决问题。

思维模式九：要想控制"归咎他人"的本能，应该停止寻找替罪羊。第一，寻找原因，而不是寻找坏人。当坏事情发生的时候不要试图去责怪任何个人或群体。首先接受"没有人刻意为之"这个事实，然后努力去理解这一事情发生背后的系统性原因。第二，寻找系统，而不是寻找英雄。当有人声称自己做了什么伟大业绩的时候，问问自己，如果没有这个人，这件事情是否仍然会发生。通常是整个系统的有效运行使得好的事情发生了。

思维模式十：要想控制"情急生乱"的本能，需要做到循序渐进。一是深呼吸。当情急生乱的本能被唤醒的时候，你的其他本能也会被激活，而大脑的分析能力则停止工作了，请给自己一点时间和更多的信息。绝大多数情况下，你并不需要立即采取行动，以后仍然会有机会，事实也通常不是非黑即白的。二是坚持了解基础数据。如果一件事是紧急且很重要的，那么我们必须对它进行持续观测。请警惕那些虽然相关但并不准确的数据，或者那些虽然准确但实际并不相关的数据，只有相关且准确的数据才真正有用。三是警惕那些带有偏见的预言家。任何关于未来的预测都是具有不确定性的，所有的预测都必须考虑到未来的不确定性。我们应当坚持对预测有一个全面的、包含多种情形分析的了解，永远不要只看最佳或最差情形，并且要用这种预测和历史上发生的事实相对比，来检查这种预测方法的准确度。四是小心过激的行动。尽可能了解激烈行动的后果和副作用，了解这一行动的理论依据。应当稳扎稳打地取得现实的进步，并且在过程中持续观测实施效果。通常循序渐进的方案，总会优于大刀阔斧的行动。

# 成为盲从者还是叛逆者

效仿和叛逆本无好坏之分。譬如，在一个价格节节攀升的楼市中跟随大势购置房产，可能会从房价增值中获益良多；跟着他人争先恐后地逃出一个正在坍塌的足球场，就得承担被踩踏的风险；引导他人共同逃离一幢将被焚毁的大楼，大家都可以活下来；某些叛逆者将他人引上战争、恐怖主义或帮派暴力的歧途，就是在拿他人甚至自己的生命冒险。

盲从者与叛逆者其实都是受到类似张力的驱动：到底是试图剥削和利用某个群体，还是在该群体中找到认同感并对其做出贡献呢？在《盲从与叛逆：从众、反从众行为与决策的智慧》一书中，伦敦大学学院全球繁荣研究所名誉教授米歇尔·巴德利（Michelle Baddeley）坦言：成为盲从者还是叛逆者，将由我们在不同背景和社会角色中的身份来决定。就好像电影《化身博士》里的亨利·杰基尔博士（Henry Jekyll）和海德先生（Mr. Hyde）一样，一个在白天循规蹈矩、勤奋和专业的人，在夜晚则可能变得不成体统、叛逆和充满破坏欲。

作为行为经济学界的重要学者，巴德利教授经常与社会学、自然科学等领域的研究者和公共政策制定者合作，她的研究将经济学见解引入多种学科。她撰写《盲从与叛逆》的初衷，是想借助社会学和生物学所能提供的真知灼见，以期填补简单经济学模型的许多漏洞，并更好地解释盲从者与叛逆者如何相互作用，效仿及叛逆本能能否帮助我们更好地适应当今世界，进而能更好地为我们做出一系列明智决策提供某种参考价值。

### 信息性影响和规范性影响

因为一次错误的尝试，海蟾蜍在 20 世纪 30 年代被引入澳大利亚，以图控制象甲虫对当地甘蔗种植园的破坏，而袋鼬的生存却因此受到了威胁。含有剧毒的海蟾蜍似乎美味无比，而狼吞虎咽地吃下这些海蟾蜍的袋鼬则很快就会一命呜呼。通过建设性地利用袋鼬模仿的本能，行为生态学家找到了一个聪明的解决方案：利用某种形式的厌恶疗法，一小批袋鼬被训练成了"蟾蜍规避"袋鼬，它们被喂食了添加无害催吐剂成分的蟾蜍香肠，以训练它们学会规避蟾蜍。这些"蟾蜍规避"袋鼬随后被放回野外，它们将所学传给了后代，而其他袋鼬通过社会学习的过程效仿了这些规避行为。当每一只小袋鼬都学会规避有毒的蟾蜍时，整个种群，而非仅仅是个体的生存概率都得以改善。生态学家充分利用了袋鼬自然效仿的本能，通过最低限度的人为干预就拯救了整个种群。

在巴德利教授看来，聪明的袋鼬的行为表明，社会性动物显然均有强烈的模仿及顺从本能，而这种行为模式确保了包括我们人类在内的许多物种的存续及兴旺。这和盲从者与叛逆者有什么关系呢？巴德利教授认为，复制、从众和模仿都是我们社会习性的另一面，而我们从众行为的倾向性则是这些社会习性的补充。

例如，在政治示威中，志同道合的人会聚集在一起，因为他们之间存在一定程度地对彼此及对共同支持的事业或领导者的信任。同一拨人会抗拒加入他们不信任的对手阵营，同理也会热衷于加入他们信任的团体。营销人员和广告商都很清楚，如果他们可以让我们相信某些名人是值得信任的，那么我们可以被说服跟随购买这些名人所认可的产品。从蛋糕义卖到慈善拍卖的社区活动，这些都是我们将融入群体的欲望同我们慷慨互惠的本性结合在一起的例子。

许多社会科学和行为科学的羊群效应研究者都专注于捕捉我们从众倾向性中隐含的社会影响因素，这些因素可大致分为两类：信息性影响和规范性影响。

信息性影响包括我们通过收集周围他人的信息而学习的所有方式。他人的行为以及他人是否成功是我们可加以利用的重要信息。我们观察他人如何做出选择和决定，这能够帮助我们自己进行选择和决策。我们也可以看到他人选择的结果，并从他人的错误和成功中汲取经验教训。2015 年 4 月，肯尼亚发生的加里萨大学惨案是一个令人痛心的有力例证，表明社交性学习驱动的效仿能成功地挽救生命。来自索马里极端武装"青年党"的四名枪手冲进了加里萨大学校园，挟持学生作为人质，只有那些通过背诵《古兰经》重要章节经文证明自己有穆斯林信仰的学生幸免于难，而那些不能背诵经文的学生则被无情地杀害。一名基督徒学生通过观察在她之前被恐怖分子质询的人质，迅速记住了需要背诵的经文，从而让劫匪相信她也信仰穆斯林。

规范性影响包含了界定我们周围群体和社区的准则与习俗。相较于我们对信息性影响的反应，我们对规范性影响的反应通常不那么明显，也不那么刻意。我们效仿他人是因为我们感受到了来自身边人的压力，一种反映了社会准则、同伴压力和群体思维趋同的压力。例如，世人皆知排队对英国人而言是一项神圣的社会准则，大多数英国人做梦都不会想到插队或在排队时一拥而上，即便这样做显然符合他们的个体利益最大化诉求又不大可能产生什么有害的后果。伦敦的《晚间标准报》曾报道过一个极有趣的例子：2017 年艾德·希兰（Ed Sheeran，英国歌手）在伦敦的一场音乐会上，200 名在网上狂热的抢购到票的铁杆粉丝，在场外平静而完全自发地排队等候入场，铁栅栏和治安警卫竟然都纯属多余。

像希兰可爱的粉丝一样，我们不用太费劲就能意识到，如果我们以牺牲他人利益为代价优先考虑自己的需求并尝试插队，我们将违反某些社会准则并招致他人的不满。有些人天生就有足够的耐心能怡然自得地排队等待，而另一些人则可能需要尽力控制自己攻击性的本能才能做到不插队。但无论是哪种情况，排队都代表了一种能够最小化集体不适感的合作解决方案。

从"信息性影响和规范性影响"两个维度出发，巴德利教授研究发现，当我们迷路的时候，跟着大部队找方向就是明智的选择。我们可以通过跟随效仿他人来收集信息和寻找方向，并以此为基础让自己做得更好。她把这种行为称作利己型从众，换句话说，我们选择从众是因为我们作为个体可以从中得到好处。从众可以成为释放某种信号的方式，因而我们对他人的效仿可以为我们带来某种策略上的优势；利己型从众可以是我们建立自己声望的途径；弱小的个体通过群聚可以成为一个强大的整体，而群聚往往意味着安全。

事实上，博弈论学家早已详尽论证了加入群体或团体带给我们的策略优势。其基本理念是一个自私的个体可以与其他自私的个体抱团，并以团队的形式在诸如狩猎等行为中完成单一个体无法企及的任务。法国十八世纪启蒙思想家让－雅克·卢梭（Jean-Jacques Rousseau）于 1755年在其著作《论人类不平等的起源和基础》中以狩猎牡鹿为例，阐述结盟如何为团队中的每一位成员带来益处。四名猎手正在决定是单独行动还是合作组成一支狩猎团队。由于鹿体形庞大、奔跑迅速，单个猎手无法捕获它们；如果单独行动，那么每个猎手只能逮到野兔，而一只野兔连一家老小的肚子都填不饱。更优的选择结果是四名猎手通力合作捕获一只牡鹿，而一只牡鹿供四家享用都绰绰有余，因此四名猎手组成了狩猎的同盟。假设四人可以谈妥狩猎所得平均分配，那么这个同盟关系就能持续下去。对这个同盟中的每个个体而言，合作带来的好处大于单打独斗时的收益，因此联合狩猎是符合个体自身利益的选择，每个人都是赢家。

但是以利己为导向的个体组成的团队并非总能带来好的结果。人们共事时会产生互动，因此自私的个体会影响团队整体的行为和表现。当产出和回报在团队内共享时，个别团队成员或许会滋生偷懒或"搭顺风车"不劳而获的念头。除非团队中所有人的利益都能以某种方式保持一致，否则利己的个体就可以毁掉团队的努力和付出。同这一关于策略优势的真知灼见一致的是经济学家关于理性从众的模型，在模型中理性从众选择是对效仿他人选择所能带来的额外收益的回应。当今最为常见的例子是一群金融市场交易员集体买入一个看涨资产，推高某一资产的价格并从中获得额外收益。

## 标新立异者剑走偏锋目的何在

人类并非总是扮演顺从者的角色。历史的长河中出现过许许多多的反叛者和叛逆者，而其中一些人成功地改变了生命和历史。苏格拉底就是其中著名的一例。公元前 399 年，他被陪审团判处死刑，罪名是拒绝接受其雅典同胞膜拜的神、同斯巴达人同流合污，并自命不凡地宣称自己是雅典城邦的批评家等。当苏格拉底作为一个被时代放逐的人结束自己的生命时，人类的思想史却因他的贡献而彻底改变。

同样，哥白尼、伽利略、达尔文、弗朗西斯·克里克（Francis Crick，英国生物学家、物理学家）、詹姆斯·杜威·沃森（James Dewey Watson，"DNA 之父"）……如果历史的长河中没有如此多的标新立异者勇于承担特立独行带来的风险，那我们的现代社会将无从谈起。这些深谋远虑的标新立异者将我们带上新的征程——那些在他们所生活的时代无法想象、充满非议的征程。他们承担着丧失个人声誉及社会地位的风险，却为我们的生活带来了方方面面的深远变革。

巴德利教授研究发现，盲从者之所以成为盲从者，部分归因于加入群体所带来的经济激励，而追求这种激励符合我们的个人利益。叛逆者同样是由个人利益所驱动的，他们利用社会信息，建立自己的声誉，并在风险和回报之间寻求平衡，这与利己型从众如出一辙。同样，标新立异者也有强化他们个人优势的动力，但其表现形式则是与群体背道而驰。他们同样也是在权衡经济激励，只不过是决定（与群体）相反的行事轨迹。他们的偏好使他们更有可能选择叛逆和反对。

1998 年，美国加州大学教授戴维·赫什莱弗（David Hirshleifer）及其博士生罗伯特·挪亚（Robert Noah）为了能界定标新立异者和叛逆者的行为，将"错配"的概念引入了从众模型。他们主张，利己型从众会因为"错配"而受到干扰，而如果从众的群体选择了错误的方向，那么这种干扰就是一件好事。取决于"错配"的种类，它可以在社会进步和改善社会福利方面发挥重要的积极作用。

在赫什莱弗和挪亚看来，不倾向于随波逐流、人云亦云的人也分好几种。

·"新来的"人或许因为加入时间过短，无法有效收集或使用社会信息，或者出于某些原因被集体排除在外，从而未能有机会观察群体的行为；

·"先知"掌握着更优的私有信息，因此不太会受到他人行动的影响；

·"过分自信的傻瓜"则是那些并未掌握更优质信息但自以为是的家伙，狂妄并错误地将自己的判断置于群体行为反映的社会信息之上；

·"反叛者"对收益的理解与他人不同，或许他们能从反叛行为本身获得某些行为的满足感，因此就更有可能淡化他人选择中隐含的社会信息。

巴德利教授通过对比研究发现，所有这些类型的标新立异者——"新来的""先知""过分自信的傻瓜""反叛者"，其反从众的表现行为是一样的。仅通过观察，我们无法对这些类别进行区别。虽然出于完全不同的原因，但是他们的表现形式都是跟群体对着干。其中一些人成为标新立异者的原因对我们不适用甚至对我们是有误导性的，我们如何知道是否适用呢？当一个问题没有清晰的解决方案时，一个不够笃定的群体或许希望更多地借鉴"先知"选择中隐含的信息，而淡化"新来的"及"过分自信的傻瓜"行为的影响。我们或许想要对标新立异者有更多的了解，以判断他们是否值得信赖，是否真的能"未卜先知"。如果某个"先知"真的比他人更加睿智，那么他可以通过积攒成功经验而建立自己的好名声。至于效仿"反叛者"是否是个好主意，就要因人而异了，我们也许会因为想要效仿他们的独立个性而模仿他们。这就是我们自相矛盾的地方：我们享受与众不同的感觉，但是又不想落单。我们可能缺乏足够的自信成为一个孤独的叛逆者，但是如果有"反叛者"愿意领头，我们或许能被鼓动着加入一小撮叛逆者的行列。

随着研究的深入，巴德利教授发现：大多数标新立异者共有的一个明显特质是，对盲从者而言避之不及的风险，他们承担起来却津津有味。这在金融行业的逆市交易者身上最为明显，在金融业内，逆市交易是惯用的套路。

从电影《华尔街》中狂妄自大、为了获利而不顾他人死活的戈登·盖柯（Gordon Gekko），到 2015 年根据真实故事改编的传记电影《大空头》中，在逐利的同时多少还有点儿良知的逆市交易员，好莱坞已经亦真亦假地塑造了很多知名的形象。一小撮行家在 2008 年美国金融危机爆发前做空了美国次级房贷市场的住房抵押贷款证券。在泡沫破裂之前，他们受尽奚落和驳斥，但是最终事实证明，他们的判断是正确的，他们对客观证据的合理分析揭示了美国次级房贷市场的脆弱不堪，他们也凭借这一先见之明大赚了一笔。但是一般而言，逆市交易的人在持异议时承担的风险非常大，例如当市场上的其他人都在看跌某一金融资产时，如果选择看涨买入就意味着极大的风险。他们不仅可能输掉一大笔钱，还有可能名声扫地。

那为何这些人还要选择承担逆市的风险呢？答案是对能够赌赢市场的投机者而言，潜在的回报收益也是巨大的。盲从者与标新立异者面对的风险都与一个经济学模型相关，即美国经济学家道格拉斯·伯恩海姆（B. Douglas Bembeim）的一致性模型。他论证了一个理论，即一致性对关注身份地位的利己个体而言是有价值的，但对其他一些人而言，叛逆的价值更大。伯恩海姆认为，标新立异者有别于盲从者之处，在于前者享受其作为叛逆者的角色，以及前者剑走偏锋的倾向性，这从他们打破常规时甘愿承担巨大风险就能看出。

巴德利教授还注意到，"疯狂"发明家也是最典型的标新立异者。他们采用横向思维，并不太执拗于已有的做法，这些天资和能力都使他们能够进行真正有用的发明。他们会给自己设定智力、机械工艺、商业等范畴的挑战，然后靠着内在的动力激励着自己解决这些问题。他们并非总是和群体背道而驰，只是更多独立于群体之外行事而已。

众所周知，现代文明的特征之一便是发明家和企业家的各式合作关系。我们日常生活中享受的便利——从电、铁路、抗生素、电脑和因特网到开瓶器及拉链……都要归功于标新立异的发明家、工程师、化学家、物理学家、计算机科学家、生物学家和医学家。历史学家加文·韦特曼（Gavin Weightman）对一些现代发明有着精彩的论述，他解释了许多我们已经视作理所当然的发明创造，在迎来破茧而出的重要时刻之前，在长达数年甚至数十年的时间里是如何不断酝酿的。这是因为有时这些灵光突现的业余发明家暂时缺乏适当的技术和知识，以将产品推广上市。但可以肯定的是，如果没有各种各样的标新立异者挺身而出，认定我们需要更新颖和不同的产品，那么这些大幅改善了我们生活的发明创造或许就不可能存在。

## 专家意见与"逆向选择"

我们的日常生活中充斥着各式专家的意见和判断。专业记者和媒体评论员告诉我们如何解读最新的政治及经济新闻，医学专家诊断病情并对症下药，专业技工负责检修我们的汽车和热水器并告诉我们何时需要更换，专业美发师说服我们尝试新的发型，气象预测专家建议我们选择出行或带把雨伞……

在巴德利教授看来，劣质的信息、不可靠的数据、极端的不确定性都意味着想要对证据加以诠释并非易事。一旦专家针对某一方向的知识储备或理解存在较大的空白时，专家就会像其他人一样容易受到从众倾向的影响。这种影响不仅之于个体的专家，也之于知识探索和科学研究的总体历程，随之产生的社会成本也是巨大的。"专业知识的本质是信息，而核心问题是明晰信息的匮乏和扭曲。信息的分配时常是不均衡的，每个人掌握的信息并不一致，而包括专家在内的人时常都有欺骗他人的动机和倾向。我们因为在某些方面的无知，才要寻求专家的帮助，因此也就容易受到专家专业知识的摆布。"

2001 年诺贝尔经济学奖得主乔治·A. 阿克洛夫（George A. Akerlof）在发展自己的"逆向选择"理论时探讨了信息不对称的后果，解释了次品如何驱逐良品，从而占据市场。阿克洛夫列举了二手车市场的例子：我们大部分人的相关知识都有限，因此二手车交易商也许会乘机尝试将一些残次品卖给我们。于是问题来了，不是所有二手车交易商都会卖次品，但是作为买家的我们分辨不出良品和次品，也就只愿为良品支付等同于次品的价格（即反映平均质量的价格）。这对那些卖次品的交易商而言是美事一桩，但是对卖优质二手车的交易商而言就不是好消息了。对后者而言，他们卖不出公道价格，因此也没有动机在市场上继续出售优质二手车。他们将优质二手车退出市场，于是市场上二手车的整体质量下滑，均价也随之降低，这意味着越来越多的优质二手车退出市场，而市场上二手车的整体质量及价格也不断降低。这类"逆向选择"的市场将最终被次品所占据。

这和专家意见有什么关联呢？巴德利教授认为，当大众媒体牵涉其中时，专家意见的质量就会如二手车市场的"逆向选择"一样每况愈下。即便某位专家见解精辟，我们又如何能将有着真知灼见的专家与那些自吹自擂、只期望为自己积攒口碑的人区分开来呢？这并不容易，而且绝大多数情况下并非只关乎对错。事实上，我们时常无法区分一个悉心调研、严谨细致分析的靠谱专家和一个马虎处理数据的二流专家之间的区别。如果大众无法区分二者，那么可能所有专家受到的媒体关注都是一样的，因此专家也就没什么动力细致严谨，而专家的整体质量也就会下滑。

巴德利教授由此认定：道德风险或许是投机性的专家利用不对称信息而带来的另一类问题。社会学家将授权他人代其处理事务的人称为委托人，将被委托授权代他人处理事务的人称为代理，而道德风险所揭示的就是委托人和代理之间利益的不一致性。这一概念适用于包括劳务市场、保险市场、金融市场在内的一系列经济场景，也同样可以用在专家身上。如果说逆向选择是关注签订合同之前的选择，那么道德风险就是合同签订后产生的风险。当委托人雇用代理以交付某些货物或服务时，他们无法确定代理是否会推卸责任，代理也许会有动力以投机和非道德的方式行事。我们在知识汇集的过程中间接地雇用了专家作为我们的代理，而我们作为专家的委托人，无法轻易地观察和判断专家提供成果的质量。这时如果专家的动机和我们的动机不一致，问题就随之产生。

例如，当专家能够通过推广引人注目、值得在新闻上大书特书的科研成果为自己谋利时，就会出现这样的问题。一旦受雇于我们的专家掌握了更多的信息，而我们又无法或很难有效地监督他们的输出成果时，我们就可能会受骗。以专业理财顾问为例，他们的工作就是提供专业理财建议，但是他们可能会出于个人动机而推荐特定的金融产品。他们的委托人（即为了选择养老计划、保险产品、抵押贷款而需要他们专业建议的人）都没有足够的时间或专业能力来对得到的建议进行评判。这些委托人也许会因为信任专家但又没有能力判断他们的专业能力，所以被推荐购买并非物有所值或者根本不适合自己的金融产品。

道德风险和逆向选择也会在专家身上以其他方式呈现，表现为专家刻意掩饰他们研究成果的质量。虽然故意的舞弊欺诈不多见，但还是存在专家通过利用他人的无知而为自己谋利的例子。其中一例就是一名叫作安德鲁·韦克菲尔德（Andrew Wakefield）的医生，他因为对 MMR（麻腮风三联疫苗）的所谓专业见地而一度饱受赞誉，而后又被唾弃指责。在一篇刊载于著名医学学术期刊《柳叶刀》上的文章中，韦克菲尔德声称接种 MMR 疫苗会导致结肠炎和自闭症。他的观点马上成了头条新闻，被广为传播，以至于许多家长都不敢再为孩子接种 MMR 疫苗。

这样一来，不仅是孩子，整个社区都容易感染严重的传染性疾病。当一个群体的大多数人都有某种疾病的抗体时，那么整个群体对于该传染病就是免疫的，这种群体免疫性就因为韦克菲尔德的谬论而受到了威胁。与韦克菲尔德的案例类似的是金融市场的不稳定性，个体行为会快速而深远地在复杂的社会系统中扩散，从而带来不稳定性，而这种不稳定性也会因为从众行为而进一步恶化。

## 效仿型"追随者"和叛逆者

一项研究显示，大约 78% 的西班牙医生在诊治多发性硬化症病人时会采用普遍流行的疗法。研究员发现，导致相关倾向性的一个关键诱因是，对认知能力有很高要求的决策所导致的精神疲劳。与从众偏好相关联的还有证实偏好的问题。行为经济学家和心理学家已经证实，人们倾向于以符合他们世界观的方式对信息和例证进行诠释。例如，如果某人不认可气候变化现象的存在，那么他会倾向于对全球变暖速度放缓的证据加以解读，以支持他既有的理念，即气候变化的表征难以捉摸，不足以说明全球变暖。证实偏好会影响人们对于专家意见及专业证据的看法，进而确保团体信仰和集体观念能得以存续。不少研究者早前也探究了这类现象对科学研究到底有多深远的影响，索卡尔骗局（Sokal hoax，又称"索卡尔恶作剧"）即是其中一例。

1996 年，一位名叫艾伦·索卡尔（Alan Sokal）的美国物理学教授决定检验一下科学期刊审核机制的严谨程度。他将自己杜撰出来的胡言乱语用社会学界流行的观点包装起来，向杜克大学的文化研究学术期刊《社会文本》递交了一篇名为《跨越界限：通往量子重力的转换诠释学》的无厘头论文，结果这篇论文竟被该期刊及其评审接受，允许发表。根据索卡尔教授自己的诠释，这是因为他的这篇无厘头论文很好地迎合了该期刊编辑及评审专家的既有理念，验证了这些编辑和专家自己的世界观，因此也就给了他们采纳该论文的动力。

专家当然也会犯无心之错，但是对于在初审时发现的与他们自己的观念向左的文章，他们后续校验纠错时会相对更仔细些；反之，如碰到和他们自身观念相吻合的文章，这些编辑和评审专家就更有可能受证实偏好的影响，后续校验时粗枝大叶，淡化和忽视文章中方法论的漏洞和不足。同时，当研究者受到无意识的偏好因素影响时，他们会真心误以为自己的观点和结论是基于客观事实得出的。

在巴德利教授看来，收集知识应是集体的努力。正是由于科研和知识积累这种"众人拾柴"的独特性质，致使人们很难区分基于事实依据的共识和缺乏根基的共识，如果积累知识依靠的是众多专家的共同努力，那么一旦犯错就不能将责任归咎于任何一个个人。

经验主义哲学家迈克·韦斯伯格（Michael Weisberg）及其同事曾论证了这样一个理念：共识一旦过量就会产生负面的影响。韦斯伯格及其团队运用计算机建模的方法模拟了两类人群：一类由效仿型的"追随者"为主，另一类以叛逆者为主。研究团队创建了虚拟的地图以具化这两类人群分别能探索的知识疆域有多大。

模型显示，以叛逆者为主的人群所开拓的知识领域远大于以效仿型的"追随者"为主的群体。效仿型的"追随者"探索的疆域更小，是因为他们群聚扎堆、故步自封，而叛逆者则勇于探索未知的新领域。

对专家而言，这个模拟实验带来的启示是，一旦专家群体中满是跟风从众的人，那么对知识疆域的探索就必然是不充分的。效仿型的"追随者"的专家因为互相效仿，因而所知就会更少，因为从认知的维度看，他们本质上只是重走别人的老路罢了。相反，一旦专家群体中有了一定比例的叛逆者，那么结果就会逆转，知识疆域被充分探索发掘的可能性就会大增。专家不再纠结于前人已有的成果，更可能会有更多的发现。总而言之，韦斯伯格主张为科研中的冒险行为建立激励机制，以克服过多效仿型的"追随者"互相抄袭将会导致的整体损失的问题。

韦斯伯格的研究表明，叛逆者的存在是至关重要的，我们需要叛逆者带领趋同从众的专家从被社会影响因素所主导的歧途上走出来，重回研究视角独到、数据诠释方式新颖的正确道路上来。但是情况也并非这么简单，因为社会影响也有其价值，例如对已有结论的重复验证就是科研中常被忽视却至关重要的环节。如果一个假设能在一系列不同的研究中多次得到验证，那么也许就能说明这个假设的可信度和可行性更高。

经济学家的从众模型显示，一旦我们认定他人掌握的信息更优，我们就会理性地跟随他人。也就是说，支持共识并不意味着这些共识就是错的，如果对我们更有利，也许忽略我们所知的少得可怜的信息就是合理的选择，而这一点同样适用于专家。麻烦的是，在宏观层面这会导致路径依赖的问题。

简单来说，如果支持某一理论的专家人数越多，那么在其他情况一定的前提下，这个理论正确的概率就越高，但是这并不意味着它一定就是准确无误的。学术研究一般和绝对客观例证无关，试想两个最初都富有新意且并无"派系"支持的竞争假设，当其中一个理论或假设受到许多专家的支持时，那么就可以合理地认定，这个理论或假设更有可能是正确的。毕竟，一大批专家支持一个错误假设的概率要小于一大批专家支持一个正确假设的概率，尤其是当专家基于客观合理的原因才彼此认同时。

共识很少持久存在。诚如《科学革命的结构》一书的作者、美国哲学家托马斯·库恩（Thomas S. Kuhn）所断言，知识演进的轨迹一般而言是平滑的，但是当学习和获取知识是依靠社会互动完成时，这一演进历程就势必曲折多难。如果我们能清晰地意识到这一点，那就问题不大，但是学者和其他专家也会有意识或无意识地跟随群体的共识。所幸，如库恩所言，当共识的轨迹骤然转向时，伴随着所谓"范式转移"会出现周期性的革命，从而实现知识的进步。

# 最优选择的考题

美国哥伦比亚大学商学院教授希娜·艾扬格（Sheena Iyengar）宣称：自己从出生开始便与"选择"紧紧地纠缠在一起，她的父母选择了从印度移民美国，因此她成了美国公民。她在幼年时患上了色素性视网膜炎，到高中时基本失明，但她选择了坚强应对，凭借毅力和努力，先后获得华盛顿商学院学士学位和斯坦福大学社会心理学博士学位。后来她成为教授，研究的主题恰恰就是"选择"。

关于人生，她的故事深刻动人；关于选择，她的学术成就举世瞩目——因在人类"选择"这一主题上的突破性研究，艾扬格教授获得美国国家科学基金、美国国家心理健康研究院的赞助，并获得"美国总统青年科技奖"。在《选择：为什么我选的不是我要的？》一书中，艾扬格教授坦言：无论是对生活琐事的选择，还是对关系生死存亡的选择，无论选择的机会是否存在，选择都是我们生活中不可或缺的组成部分。有时我们喜欢它，有时我们憎恨它。但是不管我们与它的关系如何，我们都不能忽略它。"我们的选择构建了我们的职业、身份、关系和世界观——我们是我们所做选择的总和。"

《好人难寻》的作者、美国作家弗兰纳里·奥康纳（Flannery O'Connor）曾说："写作是为了挖掘自己的所知。"或许我们可以把它改为："选择是为了发现真实的自我。"以心理学为基础，同时辅以商业、经济学、生物学、哲学、文化研究、公共政策，以及医药学等各领域知识的《选择：为什么我选的不是我要的？》，试图用构思巧妙的一系列科学试验和研究探索变化莫测的人类"选择"，并借以引发人们思考日常生活中对于"选择"的理解，进而在实践操作中做出精益决策。

## 选择和主观上的控制感

"鱼儿游，鸟儿飞"，而我们人类则是要做出选择。在艾扬格教授看来，做出合理选择的能力可以说是我们控制环境最有力的武器。虽然没有利爪，没有厚厚的皮毛作为掩护，没有翅膀或是其他显著的防御工具，但是由于具有对周围环境的控制能力，人类才得以统治这个星球。我们生来就有做出选择的能力，但同样重要的是，我们生来就有做出选择的欲望。

在一项针对仅4个月大的婴儿所做的研究中，研究人员将琴弦放在婴儿的手指上，并让婴儿知道只要用力拉动琴弦，就会产生美妙的音乐。随后，研究人员将琴弦与音乐的连接断开，只是随机间歇性地播放音乐，婴儿们开始变得悲伤、愤怒，尽管他们听到的音乐和之前他们通过自己拉动琴弦听到的音乐是完全一样的。这些婴儿不仅想听音乐，他们更想要的是选择自己所听的音乐的权利。

艾扬格教授认为，人类之所以生来喜欢做选择，很重要的一个原因是，选择能给人带来主观上的控制感。"当一个人丧失控制权的时候，他（她）在这个世界唯一能感受到的只有失去控制权的痛苦。"研究显示，主观上的一种"我有掌控力"的感受，对人类的健康有益。

英国伦敦大学教授迈克尔·马蒙特（Michael Marmont）进行的一项长达10年的实验——"白厅研究"有力地证明了我们的选择观对健康

的深远影响。从 1967 年开始，研究人员对 1 万名 20 至 64 岁的英国人进行跟踪调查，并将其收入与健康状况进行比较。与人们通常认为的"要求苛刻的老板 45 岁死于心脏病"的故事不同，研究人员发现，尽管高收入意味着更大的压力，然而低收入人群如"看门人"，死于心脏病的概率为高收入人群的三倍。

部分原因是较之高收入人群，低收入人群更可能吸烟、熬夜，并且缺乏有规律的锻炼。但即使排除吸烟、肥胖、缺乏运动等因素，研究人员发现低收入人群死于心脏病的概率仍然是高收入人群的两倍。更高收入意味着控制个人生活的权力更大，但这并不能完全解释为何低收入人群的健康状况更差。处于收入金字塔第二阶层的人，如医生、律师及其他一些按照社会标准属于生活富裕的人群，比起他们的老板，健康状况也更差。

研究结果发现，主要原因是收入等级直接与他们在工作中自由行使控制权紧密相关。老板们薪酬更高，与此同时，很重要的一点是，他们可以直接决定自己及下属的任务。尽管一名首席执行官肩负着提升公司盈利额的责任，压力很大，但研究结果发现，首席执行官的助手压力更大。工作中控制权越少，工作期间的血压越高。此外，在家中血压高低与工作中的控制权无关，这也表明工作期间的高血压是由于缺少决策权直接导致的。工作中缺少决策权的人同时也更容易患背部疼痛，因病休假也更多，患精神疾病的概率也更大——生活质量在下降，这与被囚禁的动物是相似的。

与马蒙特教授的"白厅研究"项目相似，在 1976 年，美国科学家埃伦·兰格（Ellen Langer）和朱迪·罗丁（Judy Rodin）对美国肯塔基州阿尔丁养老院里 65 至 90 岁的老人就控制力的理解进行研究，也进一步验证了"选择为何能促进健康"。

养老院的社会活动协调员对居住在两个楼层的老人分别召开了会议。对于住在一楼的老人，工作人员给了每个老人一盆植物，并告诉他们医护人员会替他们照看这些植物；同时告诉他们养老院会在周四和周五放映电影，他们可以选择其中一天去观看电影；他们可以拜访住在其他楼层的老人，参与各种活动，如读书、听广播、看电视等。协调员传递的主要信息是：一楼的老人可以做一些范围内允许的事情，但照顾他们的健康是养老院的责任，这是当时养老院一贯的做法（现在也是）。

工作人员随后召集二楼的老人们开会。这次会议有所不同，工作人员允许每位老人选择一盆自己喜欢的植物，并告诉他们需要由他们自己照看植物。工作人员还告诉二楼的老人，他们可以选择是否去看周四或周五的电影，并提示他们有很多种方法可以打发时间，如读书、听广播、看电视等。这次传递的主要信息是：使养老院成为一个快乐的大家庭是老人们自己的责任。

尽管会议上传递的信息有所不同，但养老院的工作人员采取同样的方式和态度对待两个楼层的老人。此外，给予二楼老人的"选择"其实是微不足道的，因为事实上两个楼层的老人都拥有植物，都可以选择一天时间去看电影。但三个星期之后，研究人员发现，获得更多选择权的老人更开心、更活跃，与其他楼层的老人互动更为频繁。虽然仅仅过了三个星期，但70%的缺乏选择权的一楼老人的健康状况开始恶化了，而90%的二楼老人的健康状况则有所改善。6个月之后，研究人员甚至发现拥有更大选择权的老人寿命会更长。

显然，对选择权的不同理解造成了这样的差别。因为被赋予了选择权，养老院的老人们的健康状况有所改善，虽然这些选择权只是象征性的。能够控制周围的环境，满足他们控制的本能，使得这些老人不会像动物园里被囚禁的动物或是那些低收入人群一样容易感到压抑和焦虑。研究结果表明，微小但频繁的选择使我们对选择权的理解有着成倍的积极影响，就如一些小压力积少成多，对人体造成的危害远比少量的大压力造成的伤害更大。更为主要的是，这一研究结果表明，我们可以给自己、给他人的不仅仅是选择权。行为上一个小小的改变，如强调个性的说话或思维方式的改变，对我们的身心健康其实有着极大的影响。

## 不屈从于"自动系统"和"证实性偏见"

《异类：不一样的成功启示录》的作者、被《快公司》誉为"21 世纪的彼得·德鲁克"的作家马尔科姆·格拉德威尔（Malcolm Gladwell）曾宣称："为什么我选的不是我要的？除了希娜·艾扬格，没有人问过更好的问题，也没有人就这个问题给出过更发人深省的答案。"

当行为由于诱惑而违背实际所想时，我们的内心将经历怎样的斗争？明明知道这个选择的结果更好，为什么我们又会屈服于另一个选择？有时我们会感觉自己是在用两个头脑进行思考。艾扬格教授研究发现，人类确实拥有两个相互联系却又相互独立的信息处理系统，它们相互协助，帮我们做出最终的判断。

第一个系统为"自动系统"，它能下意识地、轻松迅速地运行。这一系统分析感官信息，使人类迅速地产生相应的感知，并采取行动。比如遇到疾驰而来的汽车，我们会直觉性地躲避。自动系统是追求即时满足的，当人们面对金钱、美食的诱惑时，自动系统会要求马上得到它。

相反，第二个系统"反应系统"不是以原始感官的直觉，而是以逻辑和理性分析为基础来运行的。反应系统不局限于直接经验，从而使我们得以分析抽象的想法、思考未来，以便做出最好的选择。当我们使用这一系统时，我们清楚地了解自己为何会做出这样的选择。我们明白"因为 Y，所以 X 是正确的"或是"为了实现步骤 3，就必须先完成步骤 1 和步骤 2"。反射处理过程使我们有能力处理复杂的选择，但相较"自动系统"，这一过程进展缓慢，也更耗精力。它需要激情以及坚持不懈的努力。

在面对诱惑时，两个系统往往会发生冲突，让我们更难做出选择。我们可能非常清楚如果采用"反应系统"，选择出的结果会更好，但由于"自动系统"的欲望过于强烈，以至于人们甚至会觉得自己似乎被一股外界力量所控制，"我已经不是我自己了"，最终屈从于"自动系统"，而没有做出正确的选择。

艾扬格教授研究还发现，当我们疲于做选择时，我们还会下意识地求助于过往的经验来做出判断，然而这个方法并不可靠。我们倾向于去搜索那些证明自己的选择是合理的信息，这被称为"证实性偏见"，意味着我们更多用经验去证实自己做出的选择是正确的，而不是用来反驳自己。

比如，在股票下跌的时候，你选择买入股票，并在之后告诉自己，自己的选择没错，因为前几年每次股票下跌买入后，它的价值又会回升。你搜寻了很多相关的回忆来证实自己的选择是正确的，却忽略了过去也有很多次，股票在第一轮下跌后可能会持续下跌。

又如，几乎所有的公司在招聘面试时都设置了一个"谈谈你自己"的环节，甚至很多公司的面试仅通过这一环节来进行招聘。但事实证明，传统的面试方法在预测员工的事业发展方面是最无效的。这是因为，面试官通常在与应聘人员接触的前几分钟里就已经对其产生了第一印象，例如，对于与其性格相似或兴趣相同的人，在人际关系上就会更为主动积极。而在此后的面试时间里，面试官仅仅是在寻找证据，通过已带有个人观点的问题进一步确认自己的想法而已。

## 选择即发明

法国数学家亨利·庞加莱（Henri Poincare）曾说："发明在于摒弃无用的组合，然后构建极少数有用的组合。发明是一个识别和选择的过程。"我们可以从中推断出：选择即发明。换言之，选择是一个创造的过程，我们通过选择可以创造我们的环境、我们的生活和我们自己。在创造过程中，如果我们要求更多的材料，比如更多的选择，最终我们会面临许多对我们并没有什么好处的组合，或者我们会面临过于复杂的状况。

譬如，一个人决定与另一个人携手走进婚姻殿堂之前，有太多的选择要做。什么时间、在哪、与谁结婚是众多选择中的关键选项，邀请谁参加、谁来主持、用什么音乐、办多少酒席、吃什么菜、喝何种酒水等，众多选择让人应接不暇，烦恼也会接踵而至。有没有更好的婚姻选择系统呢？艾扬格教授研究发现，选项太多或是太少，都会影响人决策的难易度与幸福感。

艾扬格教授在《选择：为什么我选的不是我要的？》一书中举例说，她父母是印度锡克教徒，他们的婚姻在印度有一套严格的传统仪规与礼数，婚姻双方很少有主动选择的机会，与谁结婚由长辈决定，结婚之前双方甚至都没见过面。尽管西式婚姻选择系统在如今的印度也越来越流行，但不一定都有好结果。艾扬格教授所做的一项研究表明，那些"为爱而结婚"的印度人在婚后最初几年的确比那些被"父母包办婚姻"的印度人体会到更多的快乐、幸福，然而随着时光流逝，热情逐渐消退，前者的幸福感反而不如后者。

艾扬格教授特别提到，3/4 的印度人愿意和自己不来"电"的人结婚，而在美国，这个数字仅仅为 14%。艾扬格教授由此认定，选择的自由或许是人生活的最高原则，但并非通往幸福满足感的最佳策略。事实上，那些循着基本教义、原则生活的人比那些无神论者、自由主义者体验到更多的生活幸福感。

作为世界前沿心理学家，艾扬格教授以经典的"果酱实验"而著名。在美国加州一个以品类众多而著称的超市中，她摆了两个摊位。一个提供 24 种果酱，一个则只有 6 种。你可能会想当然地认为，第一个摊位选择多，能找到适合自己口味的购物者也多，因此能卖出的果酱也多。

实验结果显示，在试吃了 6 种果酱的顾客群体中，有 30% 的人买了果酱；而在试吃了 24 种果酱的顾客群体中，只有 3% 的人买了果酱。这给市场营销人员提了一个醒，货架上同一种类产品品牌的多少会影响消费者的选择与消费者满意度，消费者只是没意识到这一点而已。消费者站在摆放有 24 种果酱的摊位前不会说"该死，把多余的果酱拿开，这让我选起来容易些"，他们只是觉得选择太多了，简直无从下手，最后干脆不做选择。毕竟，谁要 24 种果酱呢？

人们可以很简单地辨别出 5 种高频音调中的一种或 5 种低频音调中

的一种，但是如果让人们在这 10 种音调中进行辨别，人们就开始犯糊涂了。由于人们可以简单地分辨高频音调和低频音调，因此，问题应该不是出现在特定音调的数量方面，而是出现在音调的总体数量方面。对此，艾扬格教授认为，一定程度上说，"少即是多"，但选择也并非越少越好，最优的选项数量取决于消费者的生活消费环境与文化。人生来就要做诸多选择，但生来也是为诸多选择赋予意义的，选择与意义往往交织在一起。在救济中心或是捐衣活动中的志愿者会被认为是利他主义者；坚持跑完马拉松的人会被认为是自觉主动、有自我约束力的人；自己粉刷房间或是打造别具一格的家具的人，会被认为是心灵手巧的人。

因此，在日常生活中，当我们做出各种选择时，我们在意的不仅是哪些选择最符合自己的个性需求、我们需要什么，还有旁人是如何看待这些选择的。我们从生活中的小细节里寻找线索以判断旁人是如何看待这样或那样的事物，这要求我们对代表某个特殊选择的各种细节非常敏感。人通过不同的选择来确认自身，不同的选项所代表的价值与意义，正是人选择它的原因。然而，意义与价值并非都能言传，有时只能意会。科学能帮助人做出更睿智的选择，但选择的核心却是一门高深的艺术。

# 安全的假象

20 世纪 30 年代，美国颁布过一项政策法令：当林火出现时，森林管理员必须在第二天早上 10 点前将其扑灭。虽说近几十年来一场场的小型火灾被及时扑灭，但与此同时，大规模的森林火灾却依然频繁发生。比如，2002 年，一场山林大火令亚利桑那州近百万亩森林毁于一旦，此场大火造成的直接损失超过了接下来 10 年森林火灾总损失的 5 倍。

为什么日常的积极扑灭火灾行动，反而导致了更大规模的森林火灾呢？在美国知名媒体人格雷格·伊普（Greg Ip）看来，无论是对经济体还是森林火灾，他们的"灭火"行动都大获成功，但正是这种成功播下了未来灾难的种子。同时，这也说明人类对安全感和稳定的需求存在根本性矛盾：人们为了安全所做的种种努力，时常会引发抵消行为，让之前的努力化为泡影。

伊普的专著《源风险：为什么越安全的决策越危险》围绕自然灾害、医疗、食品、体育、金融等话题进行对比研究，他发现：人类的一切经济活动、社会活动，都在实现从"现在状态"到"未来状态"的变迁，都要面对不确定性。因而，惧怕风险、只基于"眼见为实"来决策，往往会错失可能正确的选择。要想在日益复杂的风险社会中生存和获利，必须要对风险有更为清醒的认知。

## 厚毛兔子一旦占据种群优势

一直以来，稳定和安全都是文明社会最为关注的话题。人们都希望自己寿命更长、身体更健康、生活更富足。尽管如此，我们还是会遭遇灾难性的金融危机、毁灭性的自然灾害和致命的安全事故。仔细观察灾祸出现前的人类行为，我们会发现，这些灾祸大多是人类追求安全的过程中出现的意外产物。

伊普通过对比调查，找到了"积极灭火反而带来更大火灾"的内在根源。火灾是森林进行自我更新的必要手段，地表林火迅速点燃森林下的草地和经年累积的松针。嫩苗被烧死后，森林的密度降低了，但底部直径达 4 英寸的树木具有很强的耐火能力，有些树种甚至还需要火。例如，黑松的球果被树脂包裹，火灾产生的高温会让这些球果裂开，帮助黑松传播种子；鼠李、常绿槠类和忘忧树的种子掉落在浓密的灌木丛中，并在火灾之后开始生根发芽。正常条件下，这一过程每隔几十年就会重复一次。

随着研究的不断深入，伊普有了新的发现，人类的灭火行动改变了森林的特征。某些物种过分生长，抑制其他物种的成长；更多树叶、灌木和死亡树木留下的枯枝累积在森林地表上，为下一次火灾提供充足的燃料；越来越多本应被大火烧死的树苗存活下来，使得森林越来越浓密。随着森林密度不断增大，燃料越来越多，意味着一旦人类的灭火行动失败，火灾就会迅速蔓延，造成大的损失。在茂密的森林中，大火会顺着小树的树干向上到树冠，然后迅速点燃其他树木。灭火行为也变得更加危险，消防员的伤亡数量也往往会显著增加。

森林并非唯一受到人类干预行为影响的系统，许多其他生态系统和社会活动也具有类似特征。细菌就与森林类似，抗生素的出现曾经提高人们对疾病防控的预期，不少人始终相信自己可以控制甚至打败战场创伤、喉咙肿痛、性病、尿道感染等各种疾病。然而，细菌与森林一样，对于人类的控制行为具有适应性，在某些情况下甚至会变得更加危险。

比如，青霉素在治疗火灾烧伤患者上取得的成功，为其赢得"神奇魔药"的美誉。这一称号绝非浪得虚名，细菌缺少细胞壁就会死亡，而它内部的一种酶可以为其制造细胞壁。青霉素正是通过与这种酶结合来发挥作用，它能使细菌缺失细胞壁，从而将其杀死。由于人类细胞没有细胞壁，因而青霉素对人体无害，是一种非常安全的药物。然而，青霉素的发现者亚历山大·弗莱明（Alexander Fleming）在 1945 年就提出警告：细菌突变可能会导致其对青霉素产生耐药性，这简明地揭示了达尔文的自然选择理论。细菌在一小时内可以发生多次自我复制，其进化速度远远高于其他物种。弗莱明为对细菌使用大剂量青霉素后，幸存的菌株进化出青霉素无法穿透的细胞壁而感到担忧。弗莱明为此进一步警告称，如果将青霉素制成药丸任由患者自己服用，而不是让他们去医院接受静脉注射，那耐药菌株将会变得更加流行。

虽然弗莱明正确判断出细菌的耐药性，但他还是低估了它的危害性。弗莱明假设耐药性会随着自然选择的过程而发展。假如一株细菌的染色体上包含一个突变，就会导致细菌对青霉素产生抗药性。对患者进行青霉素治疗，会杀死耐药菌株以外的所有细菌，而使耐药菌株有机会继续生长和扩散。想象这样一个场景：气候变化导致兔子大量死亡，只有一种皮毛很厚的兔子幸存下来，然后这种厚毛兔子就会占据种群优势，因为它对新的气候具有更强的适应能力。

与弗莱明的看法相似，在伊普看来，除了突变外，细菌还能以更加巧妙、高效的方式获得耐药性。质粒是可自由浮动的 DNA（脱氧核糖核酸）片段，存在于细菌细胞内。它独立于染色体之外，发挥着一些补充作用。质粒可能含有某种基因，该基因能够产生一种酶，将抗生素拒之门外或为宿主菌提供一定保护。

1959 年，一些日本医生被一种细菌性痢疾的菌株所震惊，这种细菌对 4 种不同的抗生素都具有耐药性。按照他们的估计，一种细菌通过正常的突变过程，需要自我复制 1028 次，才能具有这样的耐药能力。科学家们的结论是，带有耐药基因的细菌质粒会将耐药基因与其他细菌进行交换，从而使其基因具有多种耐药性。这就好比有些兔子虽然没有很多毛，却学会了让皮毛变厚的方法，再也不用在严寒中坐以待毙。

1997 至 2010 年，美国医院开展的一项研究发现，当病人抱怨喉咙肿痛时，60% 的医生会开出抗生素处方，即便抗生素只对 10% 的喉咙肿痛有效。医生对于是否开出抗生素处方的评估过程，与森林管理者决定是否采取灭火行动十分相似：好处立竿见影，代价模糊不清，而且承担责任的人也不是自己。

很显然，作为个体，我们无法评估他人的行为会如何变化。


## 改变追逐风险的潜在冲动

在人类的技术史上，充满了因为对安全过于自信而引发的灾难。泰坦尼克号之所以在遍布冰山的海域高速航行，是因为船长相信这是一艘"永不沉没的船"。这种傲慢不仅来自泰坦尼克号对抗沉船的特殊保障措施，更是时代的产物。在泰坦尼克号沉没的几年前，它的船长就曾说过，他想象不到发生什么样的状况，会让一艘现代化邮轮沉入海底。船长不是全凭想象说出这番话的，在那之前，世界上从来没有类似船舶遭遇撞击后沉没的先例。

伊普通过研究也发现，在大多数情况下，人类对安全的追求都很有效，不会产生相应的抵消行为。例如，用普通肥皂洗手不会导致细菌产生耐药性，教导孩子过马路时注意来往车辆也不会使交通拥堵，但当提升安全性的努力改变了人们的行为模式时，挑战就出现了。因橄榄球运动而发明的安全头盔就是一个经典的例子。

橄榄球运动内在的暴力属性既是它的魅力所在，也是引发争议的源头。第一场橄榄球比赛在 1869 年进行，当时球员还没有统一的球衣，更不用说比赛头盔，但它依然充满暴力。1905 年，很多球员在这一赛季的比赛中受重伤，时任美国总统西奥多·罗斯福（Theodore Roosevelt）遂要求大学橄榄球项目的负责人进行改革。第一代橄榄球头部护具是一顶配有耳罩的皮帽，皮帽中的填充物可以保护头发或耳朵不被扯掉。这种皮帽戴起来很不舒服，而且经常散发一股臭味（皮革会吸收潮湿空气和汗液中的水分）。1939 年，美国芝加哥的约翰·T. 里德尔（John T. Riddell）公司推出第一款塑料外壳头盔，这种头盔的强度和耐用性都优于皮帽。第二年，这种头盔上又被加装了一个面罩。

头盔减少了牙齿撞崩、鼻子受伤以及颌骨骨折等伤害发生的概率，但是在教练眼中，橄榄球头盔更像是一件武器。他们让球员低下头，顶着头盔，像矛一样扎向对手。显然，头盔能够让球员避免某些严重的伤害，但又给他们造成更多其他伤病。当球员受到迎面撞击时，颈部会向后弯曲，缓冲掉一些撞击力，但当他低下头撞向对手时，颈部和脊柱就会连成一线，这时脊柱就要承受全部的撞击力。

有人研究过 1959 至 1963 年和 1971 至 1975 年美国发生的橄榄球比赛受伤事件，该研究显示参与橄榄球运动的年轻人数量大约增加了60%，达到 127.5 万人；因比赛受伤致死的人数为 77 人，减少了 10%，但四肢永久性瘫痪的球员增加了 3 倍（99 人），颈椎骨折脱位（即折断脖子）的病患增加了 4 倍（259 人）。该项研究的负责人谴责说："保护性头盔有效保护了头部，但正因为如此，它在阻截和抢断战术中被作为一件撞击武器来使用，将运动员的颈椎暴露在巨大风险中。"1976 年，全美大学体育协会禁止了在比赛中用头盔撞人的行为。比赛规则修改后，脊柱受伤的事件明显减少。

除了橄榄球运动，其他运动中也存在相似的情况。冰球运动员经常用护板或球棍撞击对方，各种颅脑损伤在冰球运动中十分常见，球员因为被球杆、冰球或拳头击中眼睛而导致运动生涯终止的案例也不在少数。现在的冰球时速可达 100 英里，守门员也开始佩戴面罩。1968 年，美国的明尼苏达北极星队中锋比尔·马斯特顿（Bill Masterton）被两名奥克兰海豹队球员迎面撞倒，头部未佩戴任何护具就砸到了冰面上。马斯特顿当场失去意识，接受原地治疗后被紧急送往医院，30 小时后不幸去世。1979 年，美国国家冰球联盟规定，球员必须佩戴头盔。此后，头部骨折的事件明显减少，但脊柱损伤案例却增加了。几位专家得出的结论是，佩戴头盔和全脸面罩鼓励球员更加积极地拼抢，使得比赛风格更具进攻性，从而增加了发生脊柱损伤的概率。

与安全头盔的发明和使用的结果相映成趣，1975 年，美国经济学家萨姆·佩尔兹曼（Sam Peltzman）发表了论文《汽车安全监管的影响》。佩尔兹曼想知道，1966 年以来的汽车安全创新是否达到了预期效果。当时人们宣称，在引进各种安全设备后，死亡率有所下降。普遍的说法是，机动车每行驶一公里，乘客死亡率降低 10% 至 25%。佩尔兹曼对此展开研究，将这些说法与实际情况对比。他查看了机动车死亡事故的发展趋势后，得出结论：驾驶员死亡人数确实有所下降，但行人受伤和财产受损事件的增加抵消了前者的益处。佩尔兹曼的研究结果显示，安全带和其他安全设备降低了风险，却鼓励了人们更多地尝试危险驾驶。

通过对上述案例进行对比研究，伊普发现：当一项活动看起来更安全，人们就会更多地投身这项活动，或者以更危险的方式从事这项活动。在职业体育领域，强化头盔可以减少颅骨骨折等身体伤害，与此同时，脑震荡的发生概率却出现上升。原因是，戴头盔的运动员会更加频繁、更加用力地撞击对手的头部。

干燥道路上发生的车祸大多是严重的交通伤亡事故，而积雪或结冰路面上发生的事故大多是小型车祸，仅造成轻微损伤。这是因为司机在雪地和结冰路面上开车时，车速更慢，也更加小心。与此相反的是，防抱死刹车系统（简称 ABS）和雪地防滑轮胎则给司机壮了胆，让他们敢于在危险环境中以更高速度驾驶。设计者原本是希望这些预防措施能够降低伤亡概率，但其效果远低于预期。这是因为，提升安全性会纵容司机的不良驾驶行为，让本来谨慎的司机开得更加大胆。

CDS（信用违约互换）、MBS（抵押支持债券）等金融创新，也鼓励了个人、银行和公司从事冒险行为，并将部分风险转嫁给其他人，导致整个金融系统的总体风险水平上升。

人类追求安全的种种努力，成功降低了风险，但也因此激发人们从事各种活动的欲望。在这个过程中，人们通过创新以减少风险的益处被抵消。这对安全专家无疑是提出了一个重大挑战：要想让安全头盔、

ABS、金融创新等安全产品发挥作用，就必须考虑它们如何改变人类行为。如果这些产品不能改变人们追逐风险的潜在冲动，就很难发挥其应有的作用。

## "工程派"和"生态派"

记忆和经验塑造了人类的行为。我们对危险的感知越敏锐，警惕性就会越强。在华尔街，敢于冒险的投资者能够获得丰厚的投资回报，而对过去的危机心有余悸的人，容易在机会面前犹豫不定。当他们的业绩和利润表现不佳时，客户就会另找他人。因此，交易员可以说是年轻人的职业。这可以部分解释，华尔街为何总是出现令人痛苦的流氓交易员、大崩盘和"庞氏骗局"。同时，这也是在洪水和飓风灾害过去多年后，人们选择停止缴纳洪灾保险，重新在水边建造大规模住宅区的原因。2005 年，"卡特里娜"飓风摧毁了美国密西西比州帕斯克里斯琴镇的一座购物中心。可是，如果大家现在去到那里，会看到购物中心所处的几个街区新建了许多独立产权公寓。而购物中心所处的位置之前是一栋公寓大楼，它在 1969 年时被"卡米尔"飓风夷为平地。

人们对危险的感知，会随着时间的推移而逐渐淡化，这是人类的本性。为了对抗这一本性，风险管理者、经济学家和监管者将历史教训融入他们的设计和制度中。这些人相信，性急的牛仔打不垮一家银行，自然也无力摧毁整个经济体。针对经济体中由稳定催生的自满以及紧随其后的危机，美国经济学家海曼·明斯基（Hyman Minsky）曾这样总结道："稳定制造不稳定。"

然而，在处理森林火灾和细菌感染时所面临的困境，与处理金融危机的困难如出一辙。明知政府干预会使公众产生错误预期以为银行、对冲基金和国家永远不会破产，政府还应该出手吗？伊普将那些总喜欢插手干预的人称为"工程派"，而把那些喜欢保持灵活性，从而避免人为干预导致的非预期后果的人称为"生态派"。伊普谨慎地保持着与这两派人士的距离，没有参与他们之间的"拔河比赛"。

对安全性的追求，是个不断变化的目标，"工程派"和"生态派"在相互竞争中不断提出各种解决办法。"工程派"满足人们的控制欲望，消除不确定性给人们带来的焦虑感。他们满足的是文明社会改造环境、处理既有问题并使其变得更好的需求。"工程派"提高了人在发生车祸时的生存率，并让人们在充满危险的地方也能生活和发展。不仅如此，他们还发明了挽救生命的良药和技术，而经济工程师找到了减轻经济衰退和金融危机危害的方法。

不过，伊普提醒人们不应该对他们提出过多要求。他们可以减少灾难和危机的发生频率，提高生存率，但无法阻止灾难和危机的发生。容忍周期性危机的存在，是建立一个鼓励风险、奖励风险的经济体系所必须付出的代价；周期性灾难是人们将城市建在高产之地所应付出的代价。

与此对应，"生态派"很清楚，森林、细菌和经济体具有无法抑制的适应能力。人们为了抑制风险所采取的每一步行动，都可能会放大风险。领导者很自然会去关注过去遭遇过的危险，并为此做好准备，但是风险的本质就是瞄准被人们忽略的脆弱之处，出其不意而攻之，摧毁人们辛苦建立起的安全感。

伊普坚信，只有在风险与稳定间做出正确取舍，才能将每一点不稳定因素所释放出来的创新力量发挥到最大限度。他表示："我们花费100 年才明白，想尽办法扑灭每一场火灾，只会带来更多、更大和更致命的大火。解决办法不是放任不管，而是专注于让小火灾不要伤及附近居民，以便节约资源，对付更大的火灾；我们对待抗生素的态度不应是禁用，而是慎用。只有这样，它们才能在致命细菌出现时派上大用场。"

在伊普的研究视野中，美联储是具有"生态派"基因的组织，它的使命就是结束恐慌、衰退和通胀。然而，在实现这些目标的过程中，美联储常常为下一场危机或衰退的到来埋下隐患。它不应停下抗击经济衰退和危机的步伐，也不应该干预所有危机。一旦那些大银行可以正常破产，整个金融系统就会很快复苏。

"工程派"和"生态派"各自以不同的方式，展示着人类最优秀的文明。伊普认为，我们没有必要选择支持哪一方，而应该综合利用两个学派的优势，致力于消除重大灾难（而不是小规模灾难），接受适当的风险和不稳定，以获得长期的收益和稳定。

# 第三章

# 创新的另一种可能

　　随着创新工具的普及，用户对科学技术的使用越来越如鱼得水。在扁平化世界的全球数字经济背景下，"我"经济成为越来越重要的支柱产业。成功的企业都非常清楚，在这种瞬息万变的时代背景下，要想维持商业界的繁荣，要想在全球数字经济中占有一席之地，就要抓住各种创新机会，不断培养创新能力。

——金姆·钱德勒·麦克唐纳（Kim Chandler McDonald），

世界扁平化研究先驱

人们对新事物的害怕往往会阻碍创新的发展。人们害怕是因为创新有风险，就这一点而言，一般人并没有什么错，创新的确是有风险的。比起那些司空见惯的事情来，全新事物、从未做过的事情往往风险要大很多，所以人们往往喜欢让自己处在比较舒适的环境里。

然而，没有创新的国家将会被时代抛弃，身陷经济困境无法自拔。一个国家的创新可以从对民众社会福利所做的贡献、是否有足够的物质基础保证人人受教育、协同合作的技术基础设施的使用率、是否意识到某一个创新想法的失败不等同于整个创新理念的失败等方面来进行评判。

# 颠覆性创新"操之在我"

扎克伯格还没开始编写 Facebook（脸书）的代码之前，柯达就在 2001 年收购了一个名叫 Ofoto 的照片共享网站；价值 10 亿美元的酸奶品牌 Chobani 尚未成立时，酸奶巨头们早已明了市场上有对希腊酸奶的需求并进行了尝试；在 1964 年的世界博览会上，美国电话电报公司 AT&T 就发布了"图像电话"，比 iPhone 早了数十年。大部分人总是运气不好，只能与商业史上的伟大创新失之交臂，即便用美国经济学教授克莱顿·克里斯坦森（Clayton M. Christensen）提出的"颠覆式创新"的战术——关注"简单、方便、便宜"的破坏性新技术，他们依然不幸地遭遇失败，而相似的思路和手段却被后来的"幸运儿"俘获无限商机。如此看来，成功的确是件"撞大运"的事。

创新理论奠基人、美国政治经济学家约瑟夫·熊彼特（Joseph Schumpeter）曾经鲜明地提出，在经济领域，实现创新活动的主体是"企业家"，企业家的核心职能并非日常的经营或管理，而是看其能否实现生产过程中"新的组合"，这就引出后来广为使用的"企业家精神"的概念。熊彼特同时还强调了创新活动的内生性，即创新是从体系内部发生的，而不是从外部强加于它的。因此，许多人也认为，创新者所获得的"先天基因"在创新过程中发挥了重要作用——这种创新者包括企业家及创新型企业。

由此，市场上时不时会出现"爆款"，偶尔也会出现对整个行业搅局的"颠覆性创新"。实际的情况常常是，"爆款"之后难再有爆款，"搅局"之后，泯然众人。这也正是克里斯坦森教授联合美国学者泰迪·霍尔（Taddy Hall）、凯伦·迪伦（Karen Dillon）和戴维·S. 邓肯（David S. Duncan）等人构思《创新者的任务：运用用户目标达成理论，进行精准创新》的基本焦虑和基本困惑：颠覆性创新如何避免"撞大运"的命运？颠覆性产品真的是可遇不可求的吗？

曾多次获得"麦肯锡奖"，以《创新者的窘境》《创新者的解答》《创新者的基因》等代表作为众人所熟知的克里斯坦森教授，和自己的研究团队经过长期、大量的案例研究得出结论：颠覆性创新可遇且可求。一个产品之所以能实现颠覆，一定是做对了什么。只不过人们常常是侥幸、碰巧做对。对在哪里？到底有多对？人们常常茫然不知，而且常常将无关紧要甚至起反作用的"原因"归结为原因。可想而知，这样的好运气只能是一次性的，想复制这样的好运，成功率与守株待兔一样低。

克里斯坦森教授和他的研究团队在《创新者的任务》一书中始终在说一件事：如何让颠覆性创新"操之在我"而不是"撞大运"，如何有方向、有策略、有方法、有流程地实施颠覆，创造可持续的"爆品"。克里斯坦森教授的这个创新方法论即"用户目标达成理论"。所谓"用户目标达成理论"，是指企业只有搞清楚自己的任务是什么，即用户为什么要"雇用"或不"雇用"它们的产品或服务，用户在特定的情境中需要达成什么任务（或获得什么进步）才会购买这些产品或服务，这样企业才能重新定义所处的行业、市场以及竞争对手，重新找到商机，进行精准创新。

## 寻找需要完成的 "任务"

创新一直是全球各个企业最关注的课题，但它也总是令人大失所望。最近的麦肯锡调查显示，有 84% 的全球企业高管认为，创新对企业的成长策略极其重要；但仍有高达 94% 的受访者并不满意他们自己的创新绩效。大部分人也同意，绝大多数的创新远不及最初的理想抱负，这种现象已经持续数十年了。

理论上，这个现象实在没有道理。在今天，企业可以自由运用的工具和技术远比以前更精密，企业投注于创新目标的资源也远比以前更多。2015 年，美国权威商业杂志《战略与经营》的一篇文章指出，1000 家上市公司光是研发支出就高达 6800 亿美元，比前一年多了 5.1%。

但企业并未因此变得更了解用户，大数据革命大幅增加了数据搜集的多元性、数量和速度，也提升了分析工具的复杂性，大家对这些数据的期待更胜以往。2008 年，时任《连线》杂志总编辑的克里斯·安德森（Chris Anderson）甚至宣称："有相关性就够了。"他这句话隐藏的意思是，只要凭借大量的数据就足以破解创新问题。自从美国当代报告文学作家迈克尔·刘易斯（Michael Lewis）在《点球成金》一书中描述了奥克兰运动家队的奇迹式成就后（谁会料到上垒率竟然比打击率更能预测球队表现呢？），各类组织就一直在寻找可以指点创新迷津的"点球成金版"用户数据，但很少有人找得到。

许多公司的创新流程有着自己的结构与纪律，而且应用这些流程的人都有娴熟的技巧，包括门径管理系统①、快速迭代，以及制衡原则的精致设计。所有风险都经过精心估算与削减，企业在创新流程的设计中，普遍内建六西格玛②等体系，新产品在每个阶段的发展应该达到哪些标准，都要设定精确的衡量指标及严格的要求。从表面上看来，这些公司似乎掌握了非常精确、科学的流程。

但是对大多数人来说，创新依然是"碰运气"的事。最糟糕的是，这一切的创新行动都给人一种"有进步"的错觉，实际上却并非如此。企业为了达到适度的创新，投入成倍的心力和成本，但是在关乎长期成长的突破性创新方面却乏善可陈。就像美国职棒大联盟前传奇捕手劳伦斯·彼得·贝拉（Lawrence Peter Berra）的一句名言："我们迷路了，但我们开得很顺，正在快速前进！"

为什么会错得如此离谱呢？克里斯坦森教授认为，根本的问题在于：企业累积的大量资料并未被妥善整理，因此无法据此可靠地预测哪种创意可行。

好的理论可以帮助我们理解"如何"以及"为什么"，也可以帮助我们理解世界的运作，并且预测我们的决策和行为可能衍生的结果。克里斯坦森教授认为，"用户目标达成理论"可以让公司从"认为有相关性就够了"变成"注重成功创新的因果机制"。我们可以将顾客与产品

---

① 门径管理系统（Stage-Gate System，简称 SGS）是由罗勃特·G. 库珀（Robert G. Cooper）于 20 世纪 80 年代创立的一种新产品开发流程管理技术。这一技术广泛应用于美国、欧洲、日本的企业指导新产品开发，被视为新产品发展过程中的一项基础程序和产品创新的过程管理工具。

② 六西格玛（Six Sigma）是一种管理策略，它是由当时在摩托罗拉任职的工程师比尔·史密斯（Bill Smith）于 1986 年提出的。这种策略主要强调制定极高的目标、收集数据以及分析结果，通过这些来减少产品和服务的缺陷。六西格玛背后的原理就是如果你检测到你的项目中有缺陷，你就可以找出如何系统地减少缺陷，使你的项目尽量完美的方法。

或服务之间的这种关系形容为"雇佣"——产品或服务应该去寻找自己需要完成的"任务"。当用户购买某种产品或服务时，他们就是在"雇用"产品或服务来完成一项任务。如果这种产品或服务能够胜任，用户便会再次购买或使用；如果这种产品或服务无法胜任，那么用户就会转向雇用其他产品或服务。

质量管理大师爱德华兹·戴明（Edwards Deming）曾说过，"每道工序都是为了得到一个结果而做出的完美设计"。如果我们认为创新是混乱、不完善、不可知的，我们也会设计相关流程去落实这些想法，这正是很多公司的做法：它们无意间设计了粗制滥造的产品创新流程。它们花了许多时间和金钱，从大量的数据中编辑整理出模型，这使得它们精于描述事实，却无法预测未来。

克里斯坦森教授说，大部分创新到"产品或服务卖给用户"阶段就终止了，企业只专注于产品（或服务）功能和交付能力，却忘了追问一个更根本的问题：用户要拿你的产品（或服务）做什么？

在克里斯坦森教授看来，我们不需要勉强接受这种平庸的状态，我们可以提出更好的问题："你为什么'雇用'这个产品或服务？"这个问题可以帮助我们了解用户决定雇用新产品（或服务）的因果关系。如果规划策略时，你从了解产品（或服务）的"用户目标"着手，那么你在市场竞争中就不需要"碰运气"了。事实上，当别人还在靠运气竞争时，你已经稳操胜券了。你将以全新的视角观察世界，关注不同的竞争对手、不同的优先要务，最重要的是，这将产生不同的结果。从此以后，创新再也不需要"碰运气"了。

换句话说，"用户目标达成理论"不仅是一个框架或一种营销手段，而且是一副眼镜。正是在这副眼镜的帮助下，各领域中一部分最成功的企业都可以实现颠覆性的创新和增长。Sargento 食品公司的超薄切片奶酪就是一个典型例子。

一家奶酪公司生产了一种新奶酪，这听上去是一种老掉牙的惯常操作。然而，Sargento 食品公司却将奶酪变成包装好的超薄切片，在推出第一年就获得了 5000 万美元的利润。其实，Sargento 食品公司同年还推出其他 34 种产品，但这些产品在市场上连最初的 12 个月都没能熬过去，而超薄切片奶酪第二年进一步为公司带来了超过 1.5 亿美元的收益。

为什么唯有这款超薄切片奶酪如此有生命力呢？其实，它完成了一个让消费者头疼的任务："我怎样才能在日常生活中既享受到三明治中美味的奶酪，又不必担心卡路里、脂肪以及随之而来的罪恶感呢？"Sargento 食品公司新业务研发部门的副总裁罗德·霍根说：去思考企业需要完成的"任务"，"会迫使你以一个非常具体的用户难题作为背景来定义产品。但是，这种做法在绝大多数的大企业看来，既不容易，也不符合习惯"。

## 把复杂的东西分解

20 年前，美国底特律的房地产行业开始不景气，一家当地的中型开发商聘请创新顾问鲍勃·莫埃斯塔（Bob Moesta）帮忙提高新房的销售业绩。这家开发商锁定的客户群是小户型购房者，例如想搬离家人的退休者、离婚的单亲家庭。房屋的定价也是为了吸引这个群体而设定的，介于 12 万到 20 万美元之间，并增添了一些高级的装潢以营造奢华感，例如静音地板、泰维克材质（杜邦研发的高科技材料）的防水地下室、花岗岩台面和不锈钢厨具。买家可以在细节上进行定制，从橱柜的门把手到浴室的瓷砖皆可自行挑选，开发商为此提供了 30 页的选择清单。每周六天，服务周到的销售团队都会在现场等着潜在买家上门。此外，开发商还在各大报纸的周日地产版上大打广告。

然而，即使这些宣传吸引了不少人来参观，但成交量依然乏善可陈。也许采用飘窗设计会好一些？或是加点儿花哨的装潢更有吸引力？进行焦点团体访谈时，参加的人认为这些额外的东西听起来都不错，于是设计师连忙为几间样板房增添了飘窗设计，但业绩依然毫无起色，开发商对于刺激销量已经束手无策。当时，底特律地区在全美房地产市场陷入低迷以前已经冷清了太久，底特律汽车业的就业机会已经萎缩了数十年，2005 年前后的底特律失业率居全美之冠，几乎是全美平均失业率的 3 倍。由于这家开发商在 14 个区域还有新楼盘正在兴建，所以它必须尽快出售这个楼盘。

开发商虽然为每间公寓的所有细节做了成本效益分析，但实际上它并不清楚"只看不买"和"确实有意购房"的潜在买家有什么差别。随便臆测销售不佳的原因其实不难，例如天气不好、业务人员推销不力、经济即将陷入萧条、假期人气低迷、竞争对手的楼盘更好、位置不佳等。开发商把焦点全都放在要为房子增添什么功能才会吸引买家上，但费尽心思，却依然毫无效果。

莫埃斯塔则采用了不同的方法，他先思考已经购房的人完成了哪些任务，才会在这里买下新房。他访问了数十人，接着从这些访谈中寻找一种模式。他第一个注意到的现象是，没有任何因素可以解释谁最有可能买房。这些业主虽然都想要小户型的居住空间，但他们并没有清晰的个人特质或心理特质；新房中也没有什么特点值得他们非常重视，成为他们决定购房的关键。事实上，新房的特点反而是障碍，他们觉得新房的每个细节都要自己去选择实在太伤神了。

不过，访谈中倒是出现了一个不寻常的线索：餐桌。来参观样板房的潜在买家大多对开发商说，他们想要宽敞的客厅，一个让来访者使用的次卧，以及一个可以轻松招待访客的早餐吧台，但他们不知如何处理旧家的餐桌。"他们一直说：'等我想好怎样处理那张餐桌以后，我就可以搬进来了。'"莫埃斯塔和同事不太明白，为什么他们这么在乎餐桌的处置，这又不是什么大不了的事。这些业主提到的餐桌大多是使用了多年的旧家具，其实送给慈善机构或是丢到垃圾回收站可能是最好的处置方式。

但是到了圣诞节，莫埃斯塔和家人围坐在餐桌边，他恍然大悟。每年，大家都会围在桌子旁为家人庆祝生日，每年的圣诞节也是如此；孩子们的家庭作业也是摊在这张桌子上写的，他们在桌子底下修筑城堡，连桌子的每一个凹痕和刮痕都有故事。这张桌子代表了一家人一起打造的生活。

买家之所以无法做出搬家的决定，并不是因为开发商没有提供什么，而是因为他们将放弃某个意义深远的东西所产生的焦虑。一位女性受访者提到，她需要好几天以及好几盒纸巾，才能清空旧房里的一个衣橱。判断新房是否有空间容纳某个东西令她充满感伤——老照片、孩子一年级的手工作品、剪贴簿等都难以割舍。莫埃斯塔说："她正在回顾人生，每个选择都像是在抛弃回忆。"这番顿悟帮助莫埃斯塔和他的团队开始了解那些潜在购房者所面临的挣扎。"一开始，我以为我们的事业是兴建房屋，后来才发现，我们的事业是迁徙人生。"

了解到数十个很小但很重要的用户目标以后，设计师开始对房屋进行改造。例如，设计师将次卧缩小 20%，以便在屋内为传统样式的餐桌腾出空间，开发商也把焦点放在协助买家应对搬家的焦虑上，例如提供搬家服务、给予两年的仓库使用权，以及腾出一间分类室，让业主暂时摆放东西，让他们在没有搬家的压力下，好整以暇地决定每一件物品的去留；另外，30 页的自选方案让买家感到无所适从，开发商因此改换成三种样板房让买家自己挑选。这样一改之后，临时取消合约的数量马上从每个月五六笔缩减成一笔。

开发商所做的这一切都是为了让买家知道："我们懂你。我们了解你想要的进步，以及为了达到目标所面对的挣扎。"了解用户目标让开发商知道买家选择这项方案的因果机制。这很复杂，但并不难懂。这番认知也让开发商以竞争对手不太可能模仿或了解的方式，把产品差异化了。用户目标观点改变了这一切，开发商甚至把房屋售价提高了 3500 美元，而增加的钱用来支付搬家及仓储成本还有剩余。2007 年，当业界的销量下跌 49%，全美房地产市场普遍暴跌时，这家开发商的业绩却逆势上涨了 25%。

在克里斯坦森教授看来，用户目标达成理论是一个整合的工具，是一种了解复杂需求组合的方法。这些需求组合在特定的情境中，影响着消费者的选择。它会告诉你需要哪些信息、信息之间的关系，以及如何运用这些信息来创造完美完成任务的产品。用户目标达成理论之所以有效，是因为它使你专注于正确的复杂性，并把复杂的东西分解为成功创新必须了解的元素。这就像是"完整、全面的电影叙事"和"随机挑选几个零星画面作为亮点"之间的差别。用户目标达成理论显然可以描述出故事的全貌。

## 发掘用户目标的五个策略

在一些重大的科技进步出现以前，很多聪明人以同样的工具，年复一年观察同样的东西。后来，因为有人采取了全新的观点，才出现了重大突破。托马斯·库恩在《科学革命的结构》一书中探索过这个现象。库恩认为，这些突破性的时刻代表着"范式转移"，即"科学家用熟悉的工具，在观察曾经看过的东西时，他看到了全然不同的新风貌"。

与库恩的看法和观点相似，克里斯坦森教授认为，发掘用户目标也是如此。问题不在于所使用的工具，而是寻找什么，以及如何把观察到的东西拼组在一起。用户目标分析不需要你抛弃已经搜集到的数据和研究；人物、人种研究、焦点团体访谈、用户访谈、竞争分析等，都可以作为发掘重要观点的起点，只要你从恰当的视角观察就行了。对此，克里斯坦森教授专门列举了发掘用户目标的五个策略。

### 策略一：从生活中寻找

一些最伟大的创新者只是凭着自己对用户目标的直觉来指引他们创新，在这个沉迷于数据的世界里，这些例子也许令人讶异。索尼的创始人盛田昭夫甚至反对做市场调研，他认为："仔细观察大家怎样生活，凭直觉去了解他们想要什么，然后去做就可以了。"索尼在磁带随身听的技术突破上曾遇到过瓶颈，因为当时的市场调研显示，消费者不可能购买没有录音功能的磁带播放器，他们也不喜欢使用耳机。但盛田昭夫不理会营销部门的警告，而是相信自己的直觉，并毅然推出磁带随身听。结果索尼随身听的销量达到 3.3 亿台以上，在全球开创了个人音乐播放器的流行文化。

生活中尚未解决的任务就是创新的沃土。观察自己，你的生活将清楚地显现出你需要什么。对你来说很重要的事情，对其他人可能也很重要。以可汗学院的创始人萨尔曼·可汗（Salman Khan）最早上传到某视频网站的视频为例，他一开始只是想用视频来教小表妹数学，这甚至都称不上崭新的概念，同网站就有数百个数学的教学视频，而且视听效果大多比可汗做得还好。

但其中有一个关键差异——其他人的视频让人感觉很复杂，教授方法很老套。可汗说："这些视频没有把焦点放在核心概念上，而且毫无乐趣可言。"其实他的小表妹纳迪娅也没有告诉他这些，他回忆道："她才12岁，我不晓得她对流程有什么独到的见解。"纳迪娅觉得学校的数学课听不懂，爸妈想尽办法要帮助她，还要求老师加强辅导，这让她觉得压力很大。相较之下，可汗的这些视频没什么压力。可汗录制这些视频不只是为了教小表妹数学，也是为了和家人保持联系并分享学习的乐趣。小表妹则是运用可汗的视频来学习复杂的数学概念，而且视频很有趣，让她觉得学习很有成就感。

后来可汗发现，很多人和他的小表妹有一样的困扰。如今全球有数百万名学生利用在线的可汗学院，以自己的步调学习。近年来，一些最成功的新创企业也是源自创始人想解决自己面临的问题。例如，Care.com网站创始人因为照看孩子的问题烦恼不已，因此创办了该网站，为托儿、老人护理、宠物寄养等提供在线"配对"服务。如今，这家网站创立不到10年，已在16个国家有近千万名会员，其营业额接近6000万美元。

不过，如果你认为自己并不像这些创业家那样拥有改变人生的灵感，你也不必担心。因为，发掘用户目标不见得要从生活经验中获得启发，通过观察既有的用户或潜在用户也可以学到很多，但你必须知道你应该观察什么。

### 策略二：从"尚未消费"中寻找

从那些没有使用任何产品或服务的人身上，你也可以找到等着你去解决的用户目标。克里斯坦森教授把这称之为"尚未消费"——当用户找不到满意的方案时，他们可能选择不消费。企业往往只考虑如何与竞争对手抢生意，而不是去寻找用户潜在的需求。它们可能根本看不到这些潜在的需求，因为现有的数据不会告诉它们去哪里寻找潜在的需求。但"尚未消费"往往蕴含着最大的机遇。

企业一旦把眼界拓展到同类竞争以外，会发现颠覆性创新的市场可能远比传统的竞争规模还要大。爱彼迎的全球策略总监奇普·康利（Chip Conley）指出，40% 的爱彼迎房客表示，要不是有爱彼迎，他们根本不会开始这段旅行，他们或许会选择借住亲友家。几乎所有的爱彼迎房东都表示，要不是有爱彼迎，他们根本不会考虑出租家中的空房间或整套房屋。对这些游客来说，爱彼迎是在与"尚未消费"竞争。

与爱彼迎案例相似，金佰利公司在成人大小便失禁用品的市场上也发现了前所未见的商机。不同的是，在发现该商机前，金佰利的其他产品早已拥有很高的市场占有率。20 世纪 80 年代，金佰利发现了为大小便失禁的成人（通常是病人或老人）解决痛苦问题的商机，并首度推出了"得伴"产品。从各方面来看，它都是相当成功的产品，但仍有很多用户觉得自己不需要，不想使用这款产品。

金佰利一直很谨慎，并刻意在产品的外包装上标示出"内裤"字样，但是就外观来看这款产品还是很像纸尿裤。包装的大小和形状都很像婴儿纸尿裤，而且最早推出的产品是白色的，穿起来很厚重，更糟的是，还皱皱巴巴的。美国电视节目《周六夜现场》还因此拍了一段嘲讽视频，描述成年人哄着年迈的父母穿上虚构的"得伴名人系列"内裤，上面还印了名人肖像。

金佰利从用户目标的视角观察市场时，发现未开发的商机还很庞大。根据他们的调查，50 岁以上的成年人中，有近 40% 的人有大小便失禁的困扰，而且随着人口老龄化及人类平均寿命的延长，这个数字预计还会持续增加。研究显示，尽管在 18 岁以上的女性中，约 1/3 的人有失禁方面的困扰，但她们使用失禁产品的比例却非常低，许多用户选择不消费，她们不会去商店购买成人纸尿裤。

金佰利一位高管解释说："对有大小便失禁困扰的人来说，羞耻感和焦虑感深深影响着他们的生活质量。"这些人通常隐忍着痛苦长达两年之久，直到撑不下去，才去购买相关产品。用户在无奈之下，变通的做法可能是改买一些替代品，例如以卫生巾来代替纸尿裤。他们或者采取更痛苦的方式——干脆放弃社交活动，不再出游、去餐厅吃饭、看表演，也不再与亲友来往。对这些宁可待在家里也不想冒险出门的人来说，他们显然有明确的任务亟待解决：恢复正常的生活。

这位高管还表示，了解到这些情况以后，金佰利公司不仅努力地开发新产品（女性产品和男性产品），还积极地消除用户因失禁所衍生的羞耻感，帮助用户挽回自尊。为此，公司需要开发一种看起来不像或感觉不像成人纸尿裤的产品，帮助用户克服购买及穿着成人纸尿裤的焦虑。

这不只是美观或营销的议题，公司必须以全新的材质和技术，生产出外观及使用体验都很像普通内裤的产品。产品的包装要设计得跟普通内裤的包装很像，可以让用户直接看到产品外观真的和普通内裤一样。

金佰利花了大量时间了解到用户目标以后（包括重要的情感用户目

标），终于开发出一款热门产品。这款产品不仅赢得了"尼尔森突破创新"大奖，而且上市第一年就创下 6000 万美元的业绩，第二年的业绩又增长了 30%，并且没有影响到既有产品的市场占有率。这也促使金佰利后续在国际市场上推出了更多的"成人护理"产品。

由此可见，用户目标观点可以大大地改变你看世界的方式，让你在原本看不到成长的地方，发现巨大的商机。事实上，一个市场若是看起来没有成长的空间，那么这可能是用户目标界定不当的征兆，全然不同的成长机会可能就在你的眼前。

### 策略三：找出暂时的变通做法

身为创新者，当你看到用户为了解决生活上的难题而采用替代法，或是使用暂时的变通做法时，你的心跳应该会稍稍加速（就像金佰利推出"得伴"纸尿裤一样）。这表示你发现了潜在用户——他们对现有的解决方案并不满意，又非常想解决问题，因此大费周章地自己拼凑解决方案。每次看到这种暂时的变通做法时，你都应该特别注意，因为这可能是一个创新商机，用户可能非常重视这件事。不过，如果你没有完全沉浸在用户所烦恼的情境中，你就不可能看到这些使用暂时的变通做法或替代法的方式。

很多家长希望从小培养孩子的金钱意识，而银行将为孩子开办储蓄账户的过程搞得既冗杂又费钱，父母只能自己建立一个"爸爸银行"——每个月，他们把孩子的零花钱放在自己的抽屉里，然后帮助他们计算利息。

传统的银行常常用尽一切方法将非目标客户拒之门外——要求账户中有最低存款，对所有服务都收取费用甚至罚金，直到荷兰国际集团旗下的直销银行 ING Direct 看到了这项没有完成的"任务"。

ING Direct 开办了一项极其简单的服务：提供了几种储蓄账户、存款证明以及共同基金，且不设最低存款额，只要顾客愿意，拿一美元即可开一个账户。由于这是一家网上银行，其操作成本仅仅是实体竞争者的一小部分，且 ING Direct 也不负担财富管理、贷款，以及国际服务等方面所带来的杂项开支。这就意味着，ING Direct 站在了一个截然不同的角度上关注收益和效率——重点不在于支撑运营的成本，而在于最有效地完成消费者的任务，它迅速吸引了那些被传统银行排斥在外的消费者群体。

ING Direct 很快就成为美国增速最快的银行，2012 年被美国第一资本金融公司以 90 亿美元收购。

此外，美国的网上订餐平台 OpenTable 提供在线实时餐厅订位服务，它也是从常见的暂时的变通做法发展出来的。如果有两个朋友来访，你打算带他们去自己最喜欢的餐厅聚会。你们查阅了自己的时间表，决定了见面的时间，当你打电话去餐厅预约时，却发现你们约好的时段已经没有空位了。餐厅服务员问你可不可以改到晚上 9 点，于是你回头去问朋友那个时段行不行，但其中一人说她的孩子需要照顾，不能在晚上 9 点聚餐。一切还要从头规划，那么还有哪家餐厅可选呢？多年来，人们都曾为了餐厅订位反复改来改去，现在，OpenTable 帮人们解决了这个难题。

### 策略四：关注你不想做的事

克里斯坦森教授把那些自己不想做的事称为"负面用户目标"，根据克里斯坦森教授的经验，负面用户目标往往能带来最佳的创新机遇。

每个家长都能体会到以下的麻烦：孩子一早醒来说喉咙痛，根据以往的经验，你判断这可能是链球菌造成的。你希望孩子舒服点儿，你也知道尽快吃药比较好。但是今天刚好你很忙，没时间找保姆，而且你实在不想大费周章带孩子去看医生——在医院等半天只是让医生看几眼，确定真的感染了链球菌，然后开药。如果你打电话给儿科医生，他会基于医德告诉你，没看到孩子他不能随便开药。你好不容易给孩子挂上号，还要坐在候诊室里等很久。最后，在挂号几小时后，终于轮到你们进入诊室。医生进行了检查，迅速进行化验，判断这确实是链球菌喉炎。他开了药，但你必须等 30 分钟才能去药房取药，整个上午就这样泡汤了。在这个例子中，你想解决的问题是："我不想去找医生。"

克里斯坦森教授哈佛商学院的校友瑞克·克里格（Rick Krieger）带儿子去急诊室检查链球菌喉炎，为此等了几个小时。这次经历促使克里格和几位合伙人一起创立了快医疗（QuickMedx）保健中心，这是"CVS 一分钟诊所"的前身。CVS 一分钟诊所可以立即为上门的患者看病，由执业护士为一些常见的病痛开药，例如结膜炎、耳道感染、咽喉炎等。由于一般人都不想去医院看病，因此美国的 33 个州目前已有上千家 CVS 药房内设有一分钟诊所。

**策略五：找出产品不同寻常的用法**

通过观察用户如何使用你的产品，你也可以发现很多新的商机，尤其是在用户的用法和公司预期的用法大相径庭的时候。切迟杜威公司的小苏打产品就是一个富有代表性的例子。

近百年来，切迟杜威公司的招牌商品铁锤牌苏打粉一直是美国家庭的厨房必备用品，也是烘焙的必要材料。20 世纪 60 年代后期，该公司的高管发现，消费者会在多种情况下使用这款苏打粉，例如加入洗衣粉、混入牙膏、撒在地毯上，或是打开盒子放在冰箱里除臭，还有其他各种不同寻常的用户目标。在这之前，高管们没想到这个家常用品除了烘焙以外还有其他的作用。公司高管看到消费者的创意运用后，便开始使用用户目标达成理论，公司首先推出了无磷洗衣粉，接着又推出一系列非常成功的新产品，例如猫砂、地毯清洁剂、空气清新剂、除臭剂等。

如今，我们在很多产品上都可以看到铁锤牌的踪影，但每种产品都有不同的用户目标，例如保持口气清新、冰箱除臭、清洁泳池和房间、保持腋下干爽、清洗地毯、去除宠物窝臭味、保持屋内空气清新、卫浴除渍及除霉等。

这些任务都不是新产生的，它们很早就存在了，只是切迟杜威公司以前没发现罢了，现在这个橘色盒装的烘焙用小苏打在铁锤牌消费产品的总收入中所占比例已不到7%。通过观察不同寻常的用户目标，新产品已经为公司创造出数额不小的盈利。

近几年来，一些最成功的消费性包装商品并非花哨的新产品，而是来自老字号商品的新用户目标。例如，某感冒药已经在美国上市几十年了，后来药品生产商发现，有些消费者即使没生病，也会把它拿来当安眠药使用。于是，另一种相关药物应运而生，它去掉了消费者不需要的活性成分，只提供消费者想要的安眠效果。

如果营销人员从用户目标的角度了解市场结构，而不是从产品或用户的类别去了解市场，那么眼前的潜在市场规模就会大不相同——原本看起来没有商机的市场，也会突然出现很多成长的机遇。

## "旧方案产生的惯性"和"新方案衍生的焦虑"

　　大多数公司都希望与用户维持紧密的联系，以确保它们开发的产品或服务是用户想要的。但是，很少有用户能够明确或完整地说出他们的需求。用户的动机很复杂，决定购买的流程比他们能描述的还要细致。但是说到用户雇用了什么，或淘汰了什么，这背后其实都有故事。

　　克里斯坦森教授研究发现，雇用产品或服务时，有两个关键时刻，大多数数据只追踪其中一个。最常被追踪的时刻是所谓的"大雇用"，也就是用户购买产品或服务的时刻。但另一个同样重要的时刻则不会出现在多数的销售数据中，那就是用户实际"使用"的时刻。用户把产品或服务带回家或带到公司的那一刻，它仍等着"被雇用"，克里斯坦森教授将用户真正使用的时刻称为"小雇用"。如果产品或服务真的能让用户完成任务，以后就会有更多的使用时刻，用户会一再雇用它。但人们搜集到的资料往往只反映了"大雇用"，而非产品或服务是否在现实中帮助用户完成了任务。

　　例如，A 女生可能买了一条裙子，但她要等到把标签剪掉，穿上这条裙子，才算是真正使用了这条裙子。相比她为什么选购蓝色裙子而不是绿色裙子，人们更需要了解她最后为什么决定穿上这条裙子，而不是衣橱里的其他衣服。你的手机里有多少应用程序，当初你觉得不错，但下载后很少或从没用过？如果应用程序的卖家只追踪下载数量，那么他不会知道这个应用程序是否帮你达到了你想要的进步。

　　用户目标一直存在，人们越发懂得以创新发明来应对这些用户目标。无论你的产品（或服务）概念多么新颖多么有革命性，用户烦恼的情境早就存在了。为了雇用你的新方案，用户必须先停止目前的权宜之

计，或淘汰现有不理想的方案，包括未消费时所采取的应对措施。比
如，大家习惯随身携带手机后，很多人就不戴手表了，因为手机不仅可
以显示时间，还可以和日程表同步，并推送通知和提醒。

"如果让用户雇用我的产品或服务，那么需要先让他们淘汰什么？"
对于这个问题，不少企业的思考往往不够深入。企业只想把产品或服务
做得越来越有吸引力，却没有深入思考这个产品或服务是为了取代什
么。克里斯坦森教授研究也发现，用户淘汰及购买的决策流程往往在踏
进店里之前就开始了，而且这个流程很复杂。总是有两股对立的力量争
着抢着去主宰他的决策，而且两股力量都扮演着重要的角色。

其一，催他更换新方案的力量。首先，用户不满的现状或是想解决
的问题必须大到让他想要采取行动。一个纠缠不休或恼人的问题可能还
不足以让他采取不同的对策。其次，新产品或服务解决问题的能力必须
有强烈的吸引力。新方案必须做到帮助用户进步，使其生活有所改善。
公司通常会把焦点放在询问用户想要什么功能和效益上，它们常以为这
就是创新指南。那么，我们如何把产品或服务做得更有吸引力，让用户
难以抗拒呢？

其二，反对改变的力量。很多公司完全忽略了当下还有两股看不见
却非常强烈的力量正在运作，从而阻碍用户购买产品或服务。第一股力
量是"现有习惯"，它对用户有很大的影响，例如"我习惯这样做了"；
或是已经对问题习以为常，例如"我不喜欢这个东西，但至少现在用起
来还算习惯"。第二股力量可能比现有的习惯更强大，那就是挑选新东
西时的焦虑感，例如"万一更换了没有改善怎么办"？

用户往往会受到现有习惯的牵制，想到要切换成新方案就会觉得
很麻烦。继续使用已经习惯的东西，即使不完美，至少也能忍受。这几

年，我的同事一直告诉我新手机的功能有多好，但我迟迟不肯换，因为我觉得现在的手机用得很习惯。这主要是因为既有的东西用起来不需要深思熟虑，甚至可以凭直觉使用。2002 年诺贝尔经济学奖得主丹尼尔·卡尼曼（Daniel Kahneman）和美国行为科学家阿莫斯·特沃斯基（Amos Tversky）就证明了这一点：一般人"趋避损失"的心态（即想避免损失的天性）是"追求得利"的两倍。

新方案所带来的焦虑感可能很强，例如担心成本增加、担心要学习新东西、担心未知的状况让人难以承受等。为什么很多用户明明可以用旧手机换购新手机，却依然使用旧手机？"万一新手机突然出现问题怎么办？""万一我遇到意外情况，临时需要备用手机怎么办？""万一……"某健身俱乐部最近发现，要求用户办理年卡会让人产生不必要的焦虑，因此有碍用户加入。创新者往往只把焦点放在推动改变的力量上，也就是确保新方案有足够的吸引力，促使用户更换产品，但他们却完全忽略了阻碍改变的力量也很强大。

例如，ING Direct 银行专门在美国和加拿大各地开设了"咖啡馆"，以缓解客户对虚拟银行的焦虑。你可以去那些咖啡馆坐坐，但里面没有传统的柜员让你进行现金交易。你可以跟里面的员工聊聊天或使用自动取款机，但银行设立咖啡馆的主要目的是向用户保证它是"真正"的银行，同时也是在打造品牌。南新罕布什尔大学是一家非营利机构，再加上有真实的校园，这就缓解了学生担心遇到黑心学校的焦虑。可见，缓解用户的焦虑感确实非常重要。

你可以这样想：产品用户目标必须对用户有足够的重要性，才能促使他们做出改变。例如"我觉得现在的方案很难用，我想要比现在更好的方案"，但新方案的吸引力必须远大于"旧方案产生的惯性"以及

"新方案衍生的焦虑"。更换产品一定会遇到一些阻力，但创新者往往觉得自己的产品非常好，足以消除这些担忧，因此轻视了那些存在的阻力。如果一件产品只有功能层面的用户目标，那么要淘汰这个东西就很简单，但是如果它还涉及情感和社会层面的用户目标，那就比较难淘汰了。无论我们对当前的情境有多么失望，无论新产品多么诱人，只要吸引我们雇用新产品的力量没有大于阻力，我们就不会考虑以旧换新。

用户想要的进步，我们必须从生活场景中去理解。对此，克里斯坦森教授也特别告诫创新者：每一个清楚定义的用户目标都有其重要的情感层面和社会层面的力量，或是不受吸引力和阻力的拉扯。如果用户勉强使用不完美的方案已经很久了，那么除非你能确保新的方案更好，否则他们不会愿意淘汰旧方案。"创新者对'大雇用'和'小雇用'所衍生的神经紧张、挣扎、压力和焦虑，必须有敏锐的感知力。我们寻找创新机会时，应该像一个能把一切丰富的情感拼组成复杂故事的侦探，因为唯有构建出故事，我们的创新才能改变结局。"

## "V8"品牌的启示和创新数据三大谬误

"人们想要的不是 14 英寸的钻头，而是 14 英寸的洞"，这个相当深刻的观点是美国哈佛大学教授西奥多·莱维特（Theodore Levitt）数十年前首度提出的名言。用户想要的不是产品，而是解决问题的方案。现代管理学之父彼得·F. 德鲁克（Peter F. Drucker）也曾经提出过警告：用户花钱买下的东西，通常不是公司自以为卖出的东西。诚如这两位智者所言，公司和用户的想法往往南辕北辙，严重脱节。这是 20 世纪的两大营销观点，很少有人对此提出过异议。

但营销人士所展现的行动，却又是另一回事。克里斯坦森教授认为，最成功的公司正是以这个观点为基础创立的，而且，它们确实找到了用户想要完成的任务。但在市场获得成功以后，这些公司似乎就逐渐忘记了莱维特和德鲁克的智慧。情况开始改变，即使在最卓越的公司里，当初在市场上一战成名的用户目标，也可能因为众人忙于业务运营及追求增长而变得无人问津。这些公司开始以产品来定义自己，而不是用户目标，这会产生很大的影响。

北美与西欧的多数消费者都听过 V8 蔬菜汁，1933 年 V8 蔬菜汁首度上市，1948 年金宝汤公司收购了 V8 蔬菜汁，现在它依然在金宝汤公司的旗下。

在超市摆放饮品的货架上，V8 蔬菜汁就摆在西红柿汁旁边。同一货架上还有其他的对手，例如葡萄汁、橙汁、柚子汁、胡萝卜汁、石榴汁。约一半的货架上摆着来自异域的瓶装水，例如美国缅因州的 Poland Spring、冰岛的冰川水、斐济的泉水，百事旗下的"佳得乐"运动饮料也摆在那里，跟可口可乐旗下的"动乐"一较高下。另一货架上则是各种含糖饮品，包括可口可乐、百事可乐、红牛等。如果你觉得这些品种还不够多，那么你可以去星巴克买一杯拿铁、卡布奇诺、星冰乐或焦糖玛奇朵。

饮品市场的竞争相当激烈，要做到产品差异化更为困难。根据定义，饮品市场的增长不能比人口增长的速度还快，这表示一个品牌要想成长，只能去抢夺其他对手的客户。为了在这个拥挤的类别中做到差异化，多年前，V8 蔬菜汁的产品经理想出了"早知道就喝 V8！"的广告语，暗指比起超市的其他饮品，V8 蔬菜汁是令人耳目一新的好选项。

　　通过用户目标的视角，V8 蔬菜汁不必再跟健怡可乐和卡布奇诺一争高下，它只要跟蔬菜竞争就好了。就像开车上班族觉得奶昔比香蕉和贝果面包圈更适合在上班途中享用一样，喝 V8 蔬菜汁也比削胡萝卜皮、煮菠菜，或是用牙线清除牙缝里的菜渣方便多了。于是，V8 蔬菜汁的管理团队迅速改变广告，将 V8 蔬菜汁与上班族烹煮蔬菜的麻烦做对比。不到一年内，V8 蔬菜汁的销售量翻了 4 倍。V8 蔬菜汁和蔬菜竞争时，简直易如反掌，V8 蔬菜汁因此成了完美的目标品牌。

　　但后来 V8 蔬菜汁的发展令人遗憾，因为这个管理团队的重心转移了。V8 果蔬汁、V8 呛辣汁、V8 柠檬汁、V8 香辣汁、V8 烤鸡汁、V8 低盐汁、V8 有机汁、V8 Splash（由蔬果和高果糖玉米糖浆制成）、V8 茶饮料等产品都出现了，这家公司几乎在一夜之间重新规划了产品线，用五花八门的果蔬汁和其他品牌的饮品竞争，这让消费者更加眼花缭乱，而不是更加明确自己想要什么。目标品牌不再明确以后，消费者不得不问："V8 蔬菜汁的用户目标是什么？"

　　借助上述案例，克里斯坦森教授想要说明的是：自产品或服务上市那天起，企业管理者周围的一切都改变了。业绩增长的压力很大，你可能忘了当初用户为什么要用你的产品或服务。即使是卓越的公司也可能偏离用户想要完成的任务，转而专注在自己的任务上。根据克里斯坦森教授和他团队的研究与经验，这种情况之所以会发生，是因为公司对于产品或服务的数据产生了三种谬误。

　　第一，主动数据与被动数据之比谬误。是指企业不再关注与用户目标复杂性相关的数据（被动数据），而是开始制造与运营相关的数据（主动数据）。主动数据表面上看客观且严谨，但它通常以产品和用户特色为核心，而不是以用户目标为核心。

以批发零售业为例，这个行业不是以用户目标为核心，而是以产品和价格为基础的。所以过去几十年间，这个行业非常拥挤，人们看到沃尔玛、塔吉特、凯马特等商家为了称霸业界拼得你死我活。这些零售商不可能全部存活在市场上，因此，这是一场优胜劣汰的淘汰赛——谁卖得多，谁就撑得久。

数十年前，美国哈佛大学商学院教授西奥多·莱维特在《哈佛商业评论》中曾撰文指出，铁路行业的衰退并不是因为客运和货运的需求下滑了。事实上，客运和货运的需求都增加了，只是汽车、卡车、飞机和电话把乘客想要完成的任务处理得更好了。1960 年，莱维特写道，铁路公司陷入困境是因为"它们认为自己属于铁路业，而不是运输业"。换句话说，铁路公司让产品来定义它们所在的市场，而不是以乘客想要完成的任务来定义自己。它们组织、监测、评测自己的方式，仿佛是在卖钻头，而不是帮助用户钻孔。

当运营数据大张旗鼓，抢着获得管理者的关注时，管理者很容易去管理数字，从而忽略了用户目标，尤其是当组织层级越来越多的时候。美国公立学校的教学方式就是一个很好的例子：它们把教学重点放在让学生通过必要的测试上，因为美国政府要求学校必须达到某些评测标准。医疗界也有类似的现象，医生通常只是治疗症状，而不是找出病因。例如，高血压是许多疾病的病征，但高血压患者所服用的药物大多是用来降血压，而不是治疗病因的。很多公司也常有这种治标不治本的现象，它们管理数字，思考每股盈余和公司股价之间的关联。这些公司在市场上买回自家股票时，可以提升每股盈余，股价通常也会因此上扬。但是，这样做对公司的创新或效益毫无帮助，只是数字的改变而已。

第二，表面增长谬误。企业为了培养用户关系而投入大量的资金后，便开始把焦点放在销售更多的产品给既有的用户上，或是为用户提供多元化的用户目标以追求增长，克里斯坦森教授将此种做法称为追求"表面增长"，企业并没有专心地把核心用户目标做得更好。

第三，数据确认谬误。是指管理者努力制造出呼应既有商业模式的数据。

"汽车大王"亨利·福特（Henry Ford）曾说过："如果最初我问消费者他们想要什么，他们会告诉我'要一匹更快的马'，而不是想要一辆汽车。"没有哪一家公司不想跟自己的用户保持紧密联系，以确保生产出来的产品或服务是用户真正想要的。然而，有不少企业的运营在进入正轨之后，就开始慢慢偏离用户目标。了解这些谬误是预防创新陷入谬误的第一步，但企业需要随时提高警觉及介入干预，或许才能避免陷入谬误。

# 多样性 > 能力

思维方式的多样性、认知工具的多样性、观点和视角的多样性……毋庸置疑，"多样性"是复杂性科学中的一个核心概念。对此，1972 年诺贝尔经济学奖得主、美国经济学家肯尼斯·约瑟夫·阿罗（Kenneth J. Arrow）早前就曾富有洞见地指出："无论是解决个人层面的难题，还是团队层面的难题，认知多样性都显得尤为重要。对致力于解决问题的团队来说，多样性比出众的才华重要得多。"

在美国密歇根大学复杂性研究中心"掌门人"斯科特·佩奇（Scott Page）教授的模型中，多样性指的是问题解决者对问题进行编码和寻找解决方案之间的差异，佩奇将此种解决问题的方法称为"工具"。他在挖掘这个模型的内在意义时，偶然得到了两个反直觉的发现——"多样性优于能力"（多样性 > 能力）和"群体能力 = 平均个人能力 + 多样性"。他在专著《多样性红利：工作与生活中最有价值的认知工具》中，以多学科交叉研究为基本和引子，反复推导"多样性"认知模型工具，一步一个脚印地证明：多样性视角、启发性、解释和预测模型是如何提高解决问题、做出准确预测的群体能力的，多样性又是如何提高工作效率和促进创新的。

## 需要多样性的三个宽泛情景

佩奇教授在推导研究中发现，多样性具有三个优点：第一个优点是运用逻辑推理，就是它能给出明确的条件——"如果以下条件成立，那么这个结果也将成立"。第二个优点是它能够使头脑中被"概念化的思想"击中的机会最大化。通常，使用模型和逻辑也有成本，它们会限制可以给出的结论，我们将被束缚在自己提出的假设上。第三个优点是它使涌现出专家的可能性大为增加。如果扩大搜索人群的范围，那么显然我们更有机会找到一个能够解决问题或者取得重大突破的人。

在过去几十年里，越来越多的企业领导人正在向着有利于多样性的方向前进。两个根本性的变化导致了这个方向性的转变：商业活动变得更加全球化了，因此企业领导人更多地意识到了种族多样性；工作实践也变得更加以团队为核心了。很显然，同质性的等级结构已经让位于多样性的团队，多样性是可以提高绩效的东西。当然，多样性也有其局限性，多样性本身并不会神奇地转化为效益，但多样性会带来极大的益处。

早在 2001 年，美国礼来公司曾组建了一家名叫"创新中心"的新公司。这家新公司到 2005 年拥有 8 万名作为"问题解决者"的科研人员，帮助像宝洁那样的公司。而宝洁本身也拥有 9000 名研发人员，其中拥有博士学位的有 1200 名，每年的研发经费支出高达 20 亿美元。如此大规模的人力和财力投资，结果能有 1/3 的成功率就很不错了。宝洁公司之所以寻求创新中心的帮助，是因为"有很多问题是公司内部力量所无法解决的"。

那些被成功解决的问题往往有这样的一个共同特点：它们能够吸引多样性的问题解决者。如果一个问题吸引了一个物理化学家、一个分子生物学家和一个生物物理学家的关注，那么这个问题就会比只能吸引化学家的问题更有可能被成功解决，这说明了实现"解决者"群体多样化的重要性。依靠集体创建一个市场是集合信息、解决问题的另一种有效途径。这种方法并不是把问题和具体的解决方案匹配在一起，而是通过群体群策群力地共同解决问题，但解决方案的质量显然要高于任何个体，甚至专家也只能自叹弗如。这就是"群体的智慧"。

在佩奇教授看来，当今世界之所以需要多样性，是基于三个宽泛的情景。

其一，全球化。多样性的内在逻辑表明，劳动全球化带来的益处远远超出了视野仅囿于当地的市场所带来的益处。拥有不同生活经历、接受不同训练、来自不同文化背景的人，可能会以不同的方式看待世界。而这种多样性视野对解决问题和进行预测来说是非常有价值的。

其二，这种逻辑也可以且应该被视为对跨学科研究的支持。面对同样的问题，接受过不同学科训练的人自然会有不同的理解方式和解决问题的工具。工具多样性可能会带来某些在单一学科环境下本来不会发生的突破，或者说即使突破终究会发生，也肯定会慢得多。

其三，这种逻辑还可以用来为平权行动政策辩护。平权行动有多种政策表现形式，不过其本身的理据却已经随着时间的推移而转变，至少从国家的角度看是如此。

## 理清问题解决者和局部最优解的关系

有一项科学记录表明，在思考和看待问题的时候，愿意采用多元视角的人，往往比那些只从自己视角出发的人获得更多成功。佩奇教授也认定："对任何一个问题，都存在一个能让答案一目了然、脱颖而出的视角。"

虽然很多共同的视角是因为模仿和交流的需要而出现的，但这种情况也经常因为效率低的原因而出现。通常，试图解决问题时，就是在一个个"景观"内攀登。个人、团队和组织都在攀登。然而不幸的是，有人攀登的景观却比他们所需要的更加崎岖。我们由此可能会陷入看待问题的某种特殊方式无法自拔，可能会用错误的方式去对所面对的问题进行编码，也就是使用了错误的视角。

在一个组织中，共同的视角能够促进交流、推动更先进的启发式发展，但是它们也会产生共同的局部最优解。如果所有人都以同样的方式思考，就会导致这样一个结果，也就是说，如果群体中的某一个人被卡住了，所有人也就都被卡住了。这些共同的视角可能就是"群体迷思"的一种形式。"群体迷思"的逻辑依赖于"随大流"的愿望。在一个团队中，如果大多数人都以某种方式去思考问题，他们经常会强迫别人也要以这样的方式思考。无论如何，此种"群体迷思"将减少视角的多样性，并扼杀全体寻找更好解决方案的群体能力。

佩奇教授研究发现，不同的视角创造了不同的景观，不同的景观有不同的高峰，不同的高峰防止人们被锁定在同一点上。以各自的局部最优解，也就是景观中的高峰来表示问题解决者。问题解决者（或问题解决程序）通常拥有许多局部最优解，而且他总会有一个最优的解决方案。"所有人都同意珠穆朗玛峰是世界最高峰！问题解决者可能找不到珠穆朗玛峰，但是如果把他放上珠穆朗玛峰，他会认出这是一个高峰。"

由此在厘清问题解决者和局部最优解之间的内在关系时，佩奇教授有三个新的发现。

第一，个人表现更好的问题解决者有更好的局部最优解，那些个人表现更好的问题解决者往往会被锁定在价值相对较高的局部最优解上。

第二，更好的问题解决者所拥有的局部最优解较少，那些个人表现更好的问题解决者倾向于拥有更少的局部最优解。

第三，吸引盆的大小是重要的，好的问题解决者往往有更大的吸引盆，从而更容易到达更好的局部最优解。

前两个发现颇易于理解，为了形象地说明第三个发现，佩奇教授做了一个有趣的假设：试想一下，把一个超级弹跳球扔进一个放满各种大小和形状水槽的房间里会怎样？球将从一个水槽跳到另一个水槽，最后停留在某个水槽底部。在其他所有条件都相同的情况下，可以预测，一个水槽越大、越深，球落在这个水槽底部的可能性就越大。也可以将同样的直觉应用于登山，但是必须将画面颠倒过来看。一个局部最优解吸引盆的大小，等于问题解决者被卡在那个峰值上的概率。"吸引盆"这个术语源于物理学，物理学家经常讲最小化，问题解决者则希望实现最大化。因此，对于问题解决者来说，"盆"的深度和大小，可以用来类比山峰的高度和宽度。

甲和乙是两个在南美洲种植香蕉的农场主，他们正在尝试培育一种保质期更长的香蕉。假设，最好的香蕉在被采摘后有 30 天的保质期。甲使用的是传统的遗传育种技术，这是她的启发式。假设这种技术会导致三个局部最优解：最好的解决方案，保质期为 30 天；次好的解决方案，保质期为 24 天；再次的解决方案，保质期为 12 天。乙则依赖于转基因技术。他的启发式也有三个局部最优解能够分别生产出保质期为

30 天、25 天和 20 天的香蕉。如果这两个问题解决者能够找到他们的每个局部最优解，那么乙的表现将比甲更好。

甲解决方案的期望价值：22=1/3×（30+24+12）。

乙解决方案的期望价值：25=1/3×（30+25+20）。

为了说明吸引盆大小的重要性，再假设甲的最佳解决方案有一个更大的吸引盆，这就是说，她在 2/3 的时间内都能够找到最优的解决方案，而只在 1/6 的时间内会以发现其他两个非最优解决方案中的某一个而告终，同时假设乙找到他的三个解决方案的机会都相等。在这些假设下，甲的平均表现将更好。

甲解决方案的期望价值：26=2/3×（30）+1/6×（24+12）。

乙解决方案的期望价值：25=1/3×（30+25+20）。

把握好问题解决者和局部最优解的内在关系，显然可以使问题变得更容易解决。从历史中已经看到，大多数科学突破和商业创新都是从某个人以不同的方式看问题开始的。我们现在都知道制针厂的故事以及它的高效。但是，许多人却未必知道，第一个制针厂本来是生产坚硬的钢刷子的。当有人意识到，可以将钢刷毛切断并制成针的时候，这家工厂就开始生产针了。多样性视角将一个个刷子视为一丛一丛的针，以不同的视角看待世界为创新提供了"种子"。


## 新视角的提出与新启发式的建构


如果一个新的解决方案比旧的解决方案具有更高的价值，就应该接受它。不过，如果新的解决方案的价值反而较低，是否接受它就需要进行更深入的思考。在这种情况下，一方面接受新的解决方案，意味着牺牲一定的价值；另一方面，新的解决方案以不同的方式进一步提供了再次应用启发式去搜索解决方案其余部分的机会，启发式的进一步应用可能会带来更好的解决方案。所谓的启发式是告诉我们如何寻找解决方案。

在美剧《宋飞正传》中有一个经典情节是，杰瑞·宋飞（Jerry Seinfeld）的"倒霉蛋朋友"乔治·科斯坦萨（George Costanza）认识到，自己在生活中做出的每个决定都是错误的：应该向左走的时候，却向右走了；应该选择开门的时候，却关上了门；应该一走了之的时候，却留下来了；本该留下来坚守的时候，却溜之大吉了。多次试错后，科斯坦萨终于顿悟了，他应该反其道而行之，做与认知相反的事情。如果脑子里的规矩告诉他要善良，那就应该粗鲁；如果大脑告诉他要早点到，那就应该迟点到；如果规矩告诉他可以随便穿着，那就应该穿得正式一些。在那一季快结束的时候，科斯坦萨已经"重生"了。他找到了一个女朋友，还拥有了一份在纽约洋基队的正式工作。

科斯坦萨这个"反其道而行之"的方法就是一个启发式。在美国耶鲁大学管理学院教授巴里·纳莱巴夫（Barry Nalebuff）与伊恩·艾尔斯（Ian Ayres）看来，"反其道而行之"这个启发式确实是寻找创新解决方案的一种有效方法。他们举例子说：如果有 900 个电话号码是由你付费打给他们，为什么不能有 9 个电话号码是他们付费打给你？

佩奇教授以"反其道而行之"这个启发式为例来说明：启发式是如何依赖于视角的。假设要解决的问题有 32 个可能的解决方案，这 32 个解决方案可以用数字 1 至 32 来表示，或者也可以用 5 个由 0 和 1 组成的 32 个字符串来表示：第一个是 00000，最后一个是 11111，中间还有 30 个字符串。"反其道而行之"这个启发式不能应用于用 1 至 32 来编号的视角。例如 15 的相反数等于 –15，而 –15 不在 1 至 32 之内，这并不是问题的解决方案。但是"反其道而行之"这个启发式却可以应用于用二进制字符串编码的解决方案。与解决方案第 00000 号相反的是解决方案第 11111 号；与解决方案第 10101 号相反的是解决方案第 01010 号。正如这个例子所表明的，启发式往往可以跨越不同的视角。《宋飞正传》中科斯坦萨在运用他的启发式时，脑袋里可能并没有考虑过二进制编码，但是它也适用于那个领域。

佩奇教授由此特别提醒人们：在应用某种启发式时，找到某个新的解决方案后，必须进行评估。因此，除了需要一个视角之外，启发式还需要某种评估标准，这样才能确定它们是否有效。评估标准通常表现为价值函数的形式，给每个解决方案分配一个数字也就是一个值。对于一个政治家来说，价值函数可能就等于政治家所获得选票的数量；对于一家公司来说，它可能就等于利润；而对于一位统计学家来说，它可能等于预测正确结果的数量。价值函数不一定是一维的。一个政治家可能既关心获得的选票，也坚守自己的原则；一家公司可能同时关注市场份额、声誉和利润。

对于某些问题，启发式几乎总能找到最佳的解决方案；而对于一些问题，却可能是无效的。"72 法则"就是这样一个启发式，它可以将利率信息组织起来，帮助人们制定良好的投资策略。"72 法则"是以 X% 的利率进行投资，本金翻倍所需的年数大于等于 72 除以 X。这个法则意味着如果利率为 9%，那么投资金额在 8 年内可以翻一倍；如果利率为 6%，那么资金翻倍所需要的时间为 12 年。虽然这个法则简洁有用但它并不能为投资问题提供新的解决方案。

在学术领域，新启发式的构建是一个永恒的事业。数学、物理学、统计学、经济学和会计学等各门学科都有一套各自的核心视角，同时每一个核心视角都与各学科专业人士经常应用的一整套启发式有关。视角和启发式的积累过程也同样发生在学术界之外的公司和其他组织机构当中。例如，很多咨询公司都有一整套核心视角和启发式，所有员工都必须掌握。

一个典型例子是，贝恩公司依靠的一个启发式，被称为"80/20 视角"。这个启发式建立在这样一种信念的基础上：80% 的效益都可以归因于 20% 的事物（如员工或努力），用标准的启发式来说就是关注最重要的前五分之一。贝恩公司的员工在向外界提供咨询服务的时候，都会应用这个启发式（以及其他许多启发式）去解决企业和其他组织在现实世界中面临的问题。事实上，贝恩公司的咨询顾问还拥有许多其他工具。企业或组织构建和创造视角和启发式，"封装"了它们自身的竞争力。更好的公司和组织可以使用更多、更好的启发式，从而更有利于自身的发展。

依据佩奇教授的最新研究成果，视角和启发式框架还可以用来对"跳出框框思考"这个既流行又陈腐的观念进行深入的精炼。一方面，视角是对现实的完整表征，而且事实上并没有任何东西出现在"框框"之外，所以实际上是不能在"框框"之外思考的。相反，应该做的是，提出新的视角来对"框框"之内的东西进行重新安排。元素周期律创始人门捷列夫当年在探索元素的结构时，没有在"框框"之外思考，他所考虑的原子量和元素性质都是已知的，但是他确实以一种奇妙绝顶的方式重新排列了"框框"之内的东西。另一方面，新的启发式则会在视角创建的"框框"之内产生意想不到的后果，当启发式改变了某一个被其他人所忽略的维度时，就会发生这种情况。

长期以来，人们把可口可乐的市场优势部分归因于它极具标志意义的玻璃瓶。当百事可乐推出两升塑料瓶装饮料时，百事可乐并没有跳出"框框"之外，因为所有人都知道不同的瓶子有不同的材质。但是，百事可乐采用的启发式改变了一个维度，也就是瓶子的容量，这是之前没有人考虑过的。这导致可口可乐失去了部分市场优势。

绿色番茄酱是另一个例子，它也改变了"框框"之内人们意想不到的一个角落。创新来自启发式的应用：改变颜色能够吸引更多的孩子，这种创新在糖果市场上已经被证明是有效的。例如，引入蓝色的 M & M 豆和蓝色的"聪明豆"都极大地刺激了这些产品的销量。有人认识到，儿童是番茄酱市场的一股"重要力量"，同时也意识到番茄酱与其他儿童食品一样，也可以有不同的颜色。

这几个事例再一次反映了创新与多样性之间的联系。创新，既可以通过重新安排"框框"内的东西来实现，也可以通过探索"框框"内以往被忽视的那些部分来进行，这就是所谓新视角的提出与新启发式的建构。而且，创新也源于创建更精细的分区，例如，将整数分成一半、四分之一和八分之一；创新还源于看到了其他人都忽略的某些维度。

## 解释的质量往往取决于精细程度

有了多样性视角，就可以区分不同的解释，那就是多样性解释。多样性解释可以对情景、事件、对象和问题进行部分表示。解释是对现实分类，两个人可以使用相同的视角，并且在共同的视角下，创建出不同的类别。

比如，一个人可以通过颜色来识别鸟类，另一个人就可以通过鸣叫声来识别。对于任何一个创建了多个维度的视角来说，那些维度的任何一个子集都可以成为一种解释。因此，对一个人来说很重要的差异，对另一个人可能根本无法区分。事实上，解释比视角更容易创建。对每一个可以创建出来的视角，都存在大量可能的解释。一个解释可以忽略视角的某个维度，也可以忽略视角的一组维度的某个分支，或者说它可以形成微乎其微的差别。

佩奇教授分析研究发现，解释的质量往往取决于它的精细程度，专家往往能够给出比新手更好的解释。专家会忽略某些维度，并将另外一些维度进行分离剖析，在有意忽略某些维度的同时，细致地精炼另一些维度，这两者是相关的。忽略某些维度可以保证专家专注于其他维度，从而获得更深入的理解，找到更好的解决方案。以同样的基本方式看待这个世界，但是却以不同的方式将它分类，这就创造了丰富的多样性。这种多样性会影响预测结果和推断因果关系。

例如，对于公司的分类，一位财务分析师很可能会将公司按股权价值分类，而另一位财务分析师则可能按行业分类。美国的一个选民可能会根据参议员的意识形态立场对参议员进行分类，另一个选民则可能会根据他们所属的州进行分类；根据第一种分类方法，A 是一名共和党参议员；而根据第二种分类方法，A 可能被称为缅因州参议员。正式来说，解释创建了从组备选项（它们组成了特定的"分类表"）到解释对象的"多对一"映射。而非正式说法则是，解释会把很多事物都归并到一起。

又如，如果我们怕狗，那么可能首先会将所有的狗都归入"可怕的狗"的类别，然后再改进为只把体形庞大的狗归入"可怕的狗"的类别。随着时间的推移，这种推论还可以进一步改进为不愿意去追逐网球玩的大狗是"可怕的狗"；而小狗，除了杰克罗素梗犬之外，则都是可爱的。

## 预测模型和独特工具箱

预测模型是理解世界的一种简化手段。当有人说，内布拉斯加州人是好人，或者说福特牌卡车特别耐用时，就已经将内布拉斯加州人分类到了"好人"这个类别中、把福特牌卡车分类到了"耐用的机器"这个类别中。

在佩奇教授的研究视野中，预测模型是根据解释来描述在某种情况下会发生的事情。预测模型需要不断磨砺和完善，但是不一定会导致不同的人的解释完全趋同。只有在得到足够丰富数据的情况下，预测才可能会趋同。美国杂志《纽约客》特约撰稿人马尔科姆·格拉德威尔（Malcolm Gladwell）曾在《眨眼之间》一书中阐明，要成为专家，就要学会只根据几个特征就做出专家级的预测。不难看出，格拉德威尔其实是在描述基于简单解释的预测模型，其著作普及了关于理性的思考。运用预测模型框架，不仅可以说明这种快速判断为什么能够做到如此准确，而且可以揭示出为什么在某些情景下，即便是最擅长"灵光一闪"的人都无法做出准确的预测。

正如格拉德威尔举的众多例子表明，不应该认为预测模型只适用于重要事件，比如股票价格的变化或疾病的起因。事实上，我们几乎每次思考时都在运用预测模型，而预测模型依赖于解释。一种解释，即使它对特定对象和事件的表示是有意义的，仅凭这种解释本身也是不够的。一种解释可能刻画一些维度或属性，它可以揭示潜在的因果关系或相关关系，但除非这种解释与另一个准确的有经验锤炼过的预测模型相结合，否则它也不一定是有用的。

对于某个给定的预测任务，单一维度很可能是不存在的。举一个简单的例子，假设要预测一家上市公司的股票价格是上涨还是下跌，如果仅根据该公司的市盈率、销售增长率、过去一年来股票价格变化的趋势等维度中的某个维度，我们对它的股票价格将会上涨还是下跌的预测准确度，将与随机抛硬币没什么区别。任何单一维度都没有很高的预测价值，这是由市场逻辑所决定的。如果真的存在某一个能够预测股价上涨的简单方法，肯定会有人找到它、利用它，从而拉高被低估的股票价格。出于这个显而易见的原因，股票市场上成功的投资者都要运用复杂的预测模型，而我们无法在"眨眼之间"判断股票价格将会上涨还是下跌。

近年大量研究证据进一步表明：大多数人的预测，甚至是专家的预测，都不如基于数据的回归模型预测准确。在《点球成金》一书中，美国作家迈克尔·刘易斯（Michael Lewis）通过引用比利·比恩（Billy Beane）的例子，使这个特征广为人知。比利·比恩利用回归分析来管理球队，结果将其他棒球队远远地抛在后面。欧美几十家知名科研机构里多达 200 余项研究也表明，简单的线性回归模型对未来的预测远远优于专家。

在一项前后持续 10 年之久的研究中，美国心理学家菲利普·泰洛克（Philip Tetlock）发现，专家无法预测复杂的经济和政治过程的结果。在进一步研究中，他还发现那些囿于僵硬意识形态立场的专家，即所谓的"刺猬"型专家，远比那些灵活的专家的表现更加糟糕。而且，总的来说，大多数专家都过度自信，都觉得自己在大多数情况下应该高于平均水平。其实即便是专家，头脑里也只能装下有限的信息。在进行预测时，专家最多也只能考虑几个维度。他们可能会忽视重要的变量，有时候又会把不重要的变量包括进自己的预测模型。因此，当推断任务变得非常困难时，即便是专家也不得不依靠猜测，这时他们的预测可能不会比抛硬币好多少。

佩奇教授对比研究还发现，成功的投资者、预测者和赔率制定者，这些真正的专家不仅仅拥有一种神秘的能力，也就是他们能够预感到可能会发生的事情，而且会大量收集和利用数据，他们一直在进行回归分析。但是，这些回归分析仍然基于人们所选择的变量，也就是我们所称的"解释"。因此，回归模型同样渗透了人的因素。回归模型的解释也会忽略某些变量，而将其他一些变量包括在内。鉴于可能存在的多样性解释，我们拥有不同的专家。

一个伟大的发现可能只是一次意外好运的结果。但是，如果看到某个人持续地做出贡献，就可以断定这个人拥有一个非常强大的工具箱，或者至少拥有一个独特的工具箱。

应用不同解释框架的人组成的群体预测，会比基于独立信号模型的预测更加准确。以野牛为例，野牛在翻山越岭的时候会走不同的线路，每头野牛都会留下一条小路，事实上是两条，一条由连续的足迹构成，另一条由被忽略的离散足迹构成。走同样线路的野牛越多，那条线路就会变得越明显，这样的线路体现了野牛的群体智慧。随着时间的推移，野牛群体留下的足迹变得越来越有规律。

任意一个多样性的预测模型集合，群体预测必定比平均个体预测更加准确。但是，用苏格拉底的话来说，群体很容易"随大流"，也就是说，人们经常改变自己的预测，以便与他人的预测保持一致。因此，不一定能观察到群体智慧的涌现，反而会观察到群体的疯狂。于是，我们会看到投机者以疯狂的价格购买郁金香，但是我们也可以运用多样性预测定理来解释群体的疯狂。当说一群人陷入群体疯狂的时候，说的是一群人采取了同一种行动，而那种行动在反思时会被认为完全没有道理。说一个群体陷入疯狂，意味着这个群体的成员系统性地做出了同样的错误决定，这就是所谓的"同质性"。事实上，只有当群体成员既缺乏准确性又缺乏多样性的时候，才会产生这种令人震惊的错误。

深入研究，佩奇教授认为，个人也可以建立起自己的群体模型。华尔街那些最好的投资者就是这样做的，查理·T. 芒格（Charlie Thomas Munger）和沃伦·E. 巴菲特（Warren E. Buffett）就是如此。他们两人一起为伯克希尔·哈撒韦公司的投资者决定了数十亿美元的投资方向。芒格的投资决策就是基于他的格栅状的心智模型做出的，这是一系列逻辑上一致的多样性模型，芒格在它们的基础上做出了准确的预测。在这里，芒格的心智模型群体必定是一个有智慧的多样性的群体。

美国作家霍华德·雷戈德（Howard Reingoid）的著作《聪明的乌合之众》，描述了涌现出来的"新新人类"群体是如何执行任务、解决问题的。美国作家詹姆斯·索罗维基（James Surowiecki）的著作《群体的智慧》，证明了群体可以做出准确的预测。但是，这两本书的"群体"和"乌合之众"两个词都是有误导性的，因为书中描述的直觉既适用于仅有 10 个成员的团队，也适用于有 1000 个成员的团队。"乌合之众"具有"非同寻常的幻想与群众中癫狂"的特质。但是，董事会可能就不是一群"乌合之众"，也不是一个普通的群体，但是它可以从多样性中受益。换言之，"乌合之众"是没有智慧的，但有模型的群体却是有智慧的。

借用佩奇教授的话来说，"保持这种多样性的一种方法是模仿进化"。从进化的角度来看，多样性再加上强大的选择压力可以解决困难的问题。在生物进化中，是基因突变保证了多样性。那些提高了生物体适合度的突变存活了下来，没有做到这一点的那些突变则被弃置在进化之路的旁边。

# 经济发展荣衰的秘密

当我们审视当今各国经济数据时，最为直观的印象莫过于世界经济发展的极端不平衡。这种差异形成的根源可以追溯到 16 至 18 世纪期间的人类文明"大分流"：世界各国在进入近现代社会后，在工业革命的强大推动下，西欧诸国及其衍生国家（美国、加拿大、澳大利亚和新西兰）的经济出现了快速增长，人均国内生产总值不断提高，人们的生活水平和生存条件也不断提高和改善。而自 19 世纪以来，在亚洲、非洲、拉美和世界上的其他许多国家和地区，经济则在传统社会的"制度内卷"中增长缓慢乃至停滞。

毋庸置疑，东西方生产力水平和人均收入差距持续扩大的"大分流"问题一直吸引着经济学、政治学、社会学和哲学领域的研究者持续不断地探寻其答案。与第一次"大分流"相映成趣的是，亚洲"四小龙"自 20 世纪 60 年代后的快速经济成长和 1978 年中国市场化改革后经济的迅速起飞；相对而言，独联体国家转制后经济相对衰退和停滞，而西方国家则保持了"大缓和"之后的相对平稳增长，世界上其他第三世界国家包括印度经济增长仍然相对缓慢。基于此，有的学者甚至将这总结为继中西经济"大分流"后的又一个"小分流"。

为什么西方国家先富起来了？为什么有些发展中国家抓住了赶超的机会，而有些却没有？为什么俄罗斯在经济改革后走向了崩溃和衰落，但中国却一路高歌，不仅顺利地逃离了"马尔萨斯陷阱"①，还创造出了"中国奇迹"？联合国经济与社会事务部顾问、莫斯科新经济学学校荣誉教授弗拉基米尔·波波夫（Vladimir Popov）在综合分析和比较了西方国家和发展中国家的发展轨迹之后，出版了《荣衰互鉴：中国、俄罗斯以及西方的经济史》，从制度层面解密"李约瑟难题"②，并对这些问题给出了颇多独特的见解。

## 逃离"马尔萨斯陷阱"的两条不同路线

按照马尔萨斯增长体制的内在要求，"亚洲价值观"（即以"社会利益高于个人利益"或"群体利益高于个人利益"为根基）制度之所以被农业社会或国家广泛采用，是因为该制度既能确保收入和财富分配的高度平等，同时又是确保穷人生存、保持并增加人口的先决条件。"因为更多的人口就意味着更多的士兵，所以人口才是军事力量的根基。"

美国著名历史学家威尔·杜兰（Will Durant）曾言："一个伟大文明的衰亡只能始于自身内部的瓦解。"但显而易见的是这一论断仅可以解

---

① 马尔萨斯陷阱，又称为"马尔萨斯灾难""马尔萨斯停滞"，以英国政治经济学家托马斯·罗伯特·马尔萨斯（Thomas Robert Malthus）命名。指出人口增长是按照几何级数增长的，而生存资料仅仅是按照算术级数增长的，多增加的人口总是要以某种方式被消灭掉，人口不能超出相应的农业发展水平。

② 英国学者李约瑟（Joseph Needham）在其编著的15卷《中国科学技术史》中提出主题为"尽管中国古代对人类科技发展做出了很多重要贡献，但为什么科学和工业革命没有在近代的中国发生"的问题，1976年，美国经济学家肯尼思·博尔丁（Kenneth Boulding）称之为"李约瑟难题"。很多人把李约瑟难题进一步推广，出现"中国近代科学为什么落后""中国为什么在近代落后了"等问题。学者们对此问题的争论一直非常热烈。著名科学泰斗钱学森曾提出著名的"钱学森之问"，与李约瑟难题一样同是对中国科学技术的关怀。

释很多野心文明的衰亡。以集体利益和高度平等为代价，确认个人权利高于群体权利的早期尝试（希腊、罗马和拜占庭）导致了大众的贫苦、较高的道德水准以及与外国的征战。另外，公社的破坏和不平等的不断加剧导致了大规模贫困、社会冲突、国家机构遭到削弱、死亡率增加和人口减少。用儒家学派创始人孔子的话来说："盖均无贫，和无寡，安无倾。"

借用美国哥伦比亚大学经济学教授罗恩·芬德利（Ronald Findlay）的解释，虽用处不同，但某种程度上却有相似的语境：以牺牲集体利益得来的个人权利就如同浮士德与魔鬼进行的交易。许多国家和文明都试图完成这种浮士德式的交易，但只有 15 世纪到 18 世纪的欧洲西北部，这一政策在人类历史上才第一次得以相对成功地实施。

基于此，波波夫教授认定，随着社会和经济的发展，个人权利导致生产力的增长或西方劳动生产率的提高并不是因为缺乏市场竞争、企业家精神或是技术创新思想。首要原因应该是，由收入不平等的加剧、资本 – 劳动比率的增长以及对新产品和新技术的强烈追求而带来的丰裕储蓄和投资。换个角度而言，西方变得富裕并不是源于其创造性和企业家精神，而是源于对率先为穷苦阶层提供了社会保障的群体粗暴而残忍的解散。

以英国为例，尽管从 1500 年到 1800 年英国的生产力加速增长，大约达到每年 0.2% 的增长率，在这三个世纪内英国的人均国内生产总值翻了一番，但工人的生活标准却没有提高，实际工资在这三个世纪里还下降了。这与逐渐扩大的收入不平等、手中财富的积累以及逐渐增长的储蓄和投资利率（投资利率在工业革命期间从 1760 年的仅仅 6% 增加到 1831 年的 12%）一致。这也符合 18 世纪中国的生活标准与欧洲可相提并论甚至优于欧洲：在公共健康和卫生、医学、热量摄入、寿命和国内消费等方面，当时中国几乎与欧洲处于相同水平。

那一时期，中国与欧洲的不同道路并未明显体现在消费动力上，而是体现在收入不平等、储蓄和积累（投资）动力上。在英国，到 1800 年，2/3 的劳动力是无产阶级，在中国只有 10%。引人注目的资产（土地）再分配被一些学者这样记录下来：在英国，农场平均规模由 1200 至 1300 年的 14 英亩增加到 1600 至 1700 年的约 75 英亩，再到 1800 年的 151 英亩。但是在中国，农场平均规模由 1400 年的 4 英亩减少到 1650 年的 3.4 英亩，再到 1800 年的 2.5 英亩（在大长江三角洲，从 1400 年的 4 英亩，到 1600 至 1700 年的 2 英亩，再到 1800 年的 1 英亩）。在中国，分配到农村增长的人口上的土地是以牺牲现有土地所有者为代价的；在英国，农民被剥夺了土地后成为无产阶级。英国城市人口所占比率从 1600 年的 6% 增长到 1700 年的 13%，1800 年达到 24%；但是在中国，从 13 世纪的 20% 之多下降到 19 世纪早期的 5%。

换句话说，英国对"马尔萨斯陷阱"的避免和向现代经济增长体制的过渡，以及其他西方国家向现代经济增长体制的过渡，并不全是因为发明创造加速了科技进步。过渡期必要的条件是集体主义制度的根除和由不平等造成的增长，这种增长导致储蓄和投资的增加，增长到有形资本的积累超过人口的增长，因此资本 – 劳动比率开始上升。诚如波波夫教授所言："传统制度的消亡增加了收入不平等，导致了高储蓄和高投资率，反过来导致了资本 – 劳动比率和技术进步两方面的增长。"

当相同的路径被应用在发展中国家，则依照这样的两条不同发展路线。

其一，拉丁美洲、撒哈拉以南非洲以及俄罗斯通过废除集体主义制度，允许不平等蔓延，提高储蓄与投资的方法，复制了西方逃离"马尔萨斯陷阱"的过程，即都经历了迅速的贫富差距分化、储蓄和投资的高增长以及生产力的迅速提升，但代价却是社会不平等的加剧和制度能力的恶化。

其二，东亚、中东和北非，以及南亚在某种程度上试图保持"亚洲价值观"制度或集体主义制度，不仅抑制不平等、储蓄与投资，此外还保留了"制度能力"与社会秩序。这使得这些发展中国家向现代经济增长的转变推迟至 20 世纪中叶，但也使其拥有了经济增长的良好开端，即较少的不平等和稳固的制度。最终，缓慢的技术进步使这些国家找到了另一个代价较小的逃离"马尔萨斯陷阱"的出口——在收入增加的情况下，允许国内生产总值中储蓄和投资份额的增加，同时却没有带来收入非均等化的加剧、"制度能力"的恶化以及生活期望值的降低。

## 储蓄（投资）率高于 20% 意味着什么？

波波夫教授进一步研究发现，大多数基础科学的发现都不是为了追求利润。人类的好奇心相比于需求更是发现和发明之母。无论是过去还是现在，对基础研究起到很大影响的不是利益的驱使或当下经济的刺激，而是研发的融资数额。如今，美国、日本、韩国和欧洲的一些大国把约占国内生产总值 2% 至 3% 的资金用在研发上（和苏联解体前一样多），但即使一个国家只用不到国内生产总值 1% 的资金在研发上，基础研究的进步也会非常大。

通过对比，波波夫教授发现，在很多古代社会，知识水平和基础研究水平都比支配生产的科技水平要高得多。在中世纪或者更早一些，丝绸、指南针、火药、纸、瓷器和印刷术，所有这些都是由中国发明的，但却没有被广泛传播，因为这些发明的增值主要取决于储蓄（投资）率，储蓄（投资）率决定了想法和工程设计能以多快的速度转化为固定资本存量。人类历史上很多重要的发明都没有被转化成创新或仅仅很有限地应用了几十年或几百年。从第一台蒸汽机的发明到18世纪末，近100年的时间里，蒸汽机除了把水从矿下打出来之外，别无他用。

如果发明和发现能够决定技术进程的速度，那么，发展中国家本可以在很久之前就追上西方国家的生产力水平，或者说已基本追上——大体上说，25年前的发明都没有专利保护。在非洲的农村，用锄头耕作土地，不是因为没有人知道农用拖拉机，而是因为没钱买。

据波波夫教授预估：为了新科技的快速增值，发展中国家的储蓄（投资）率不仅要高于5%（这个水平能够替代报废的固定资本存量和为新就业者进入劳动力市场创造就业机会），更应该高于20%。如果不能达到这个数字，发展中国家的固定资本存量的更新率就不能追赶上发达国家的新事物的发明比率，那么发展中国家就将会落后于或至少追不上发达国家。

借用2008年诺贝尔经济学奖得主保罗·R.克鲁格曼（Paul R. Krugman）的话，这个说法曾被用于另一个不同的场合：西方变得富有依靠的是"汗水"而不是"灵感"。或者更确切地说，依靠的是无情的"大推动"：收入不平等的加剧导致了资本积累的增长。此种情况下，人均收入较低的阶段，就要承担迫使大部分人口生活在最低生活水平以下的痛苦与牺牲。早期的经济学家认为，在内生增长模型中，"灵感"也是要依赖"汗水"的。如果没有"汗水"的支撑，由于不平等的增长，对研发和革新投资的提高使储蓄率增长成为可能，来源于个人自由、企业家精神和思想自由交流等的"灵感"不能使你走得更远。这种对科技进步速度的解释看似平淡无奇，但却有证据可依。

客观事实是，直至 500 年前，发展中国家储蓄（投资）率都非常低，不足国内生产总值的 5%，以至于投资不足以替代固定资本存量的报废和为进入劳动大军的新人创造工作机会。并没有太多余下的投资用于提高资本 - 劳动比率——这一生产力的关键要素，所以实际上人均国内生产总值并没有随着时间而增长。

埃及金字塔、中国长城以及其他令人瞩目的建筑物可能仅依靠 5% 的储蓄率就建成吗？波波夫教授给出了肯定的答案。根据不同的来源，今天对胡夫金字塔的成本估价在 2.5 亿美元到 50 亿美元之间（这个建筑物的土石总量与内华达州的胡佛水坝差不多，后者在 2012 年的估价是 7.29 亿美元）。以 1990 年的价格计算，在第一个千年，埃及的国内生产总值大约是 25 亿至 27 亿美元，相当于 2012 年的 50 亿美元。即便假设金字塔的价格确实是高达 50 亿美元，而且在短短 20 年就建成了，根据历史记录显示（日夜工作，每五分钟能安装一块 2.5 吨的石块），建造这个金字塔需要相当于过去 20 年内国内生产总值 5% 的投资量。国民储蓄率为 5%，基本上就意味着将整整 20 年的所有国民储蓄投入到建造这个金字塔之中，那么用于维修灌溉系统和其他生产性固定资本存量要素的资本就所剩无几了。这确实是胡夫死后，埃及第四王朝也随之灭亡的理论之一。

在秦始皇统治时期，大约有 100 万的劳动力用于长城的修建，他是第一位统一中国并下令开始修建长城的统治者，然而那时的中国估计拥有 2000 多万的人口。这就意味着，大约有 5% 的人口用于修建长城，也就等同于大约 5% 的投资率。这也仅仅可能是那几年，国内的生产固定资本存量完全地减少。在 16 至 17 世纪，估计修建长城的劳动工人有 100 万至 180 万人，而当时中国的人口是 5000 万至 6000 万，也就是仅用了 3% 至 7% 的劳动力。

在 19 世纪后半叶，即使是欧洲主要国家和日本，国民储蓄仅仅占国民生产总值的 10% 至 15%，只有美国在 1874 至 1899 年期间做到了储蓄与投资占国民生产总值的比例同时超过 20%。在 1890 至 1913 年，澳大利亚、加拿大、法国、日本与英国的总储蓄率估计仅在 9% 到 15% 之间。现在，许多发展中国家，尤其是几个靠后的发展中国家，国内储蓄与投资率非常低。通常地，这些国家的经济增长率很低甚至会负增长——储蓄率、投资率和国民生产总值增长率之间的关系是经济增长中用于实证研究的最稳健的数据之一。对于这样的国家，来自国内和国外的储蓄变动及来自传统或创新的资源，显然是成功发展和赶上发达国家的一个前提条件。

## 资本存量的 30 年大限

文学大师列夫·托尔斯泰（Lev Tolstoy）在经典长篇小说《安娜·卡列尼娜》中有言："幸福的家庭都是相似的，不幸的家庭各有各的不幸。"这句至理名言或许很难应用于经济发展成功的国家身上：因为发展和转型的成功例子各有各的不同，偶然发现经济成功的原因自相矛盾也颇为正常。譬如经济自由化和自由贸易据说在某些国家是经济高速增长的基础，但在其他国家却将经济成功归功于产业政策和保护主义。通常被认为是经济增长的一个因素的国外直接投资，并没有在日本、韩国和 20 世纪 90 年代前期的中国的经济发展中起到重要作用。国有企业私有化、对外援助、自由贸易、财务系统自由化、民主政治制度……所有这些因素通常也都被认作是经济成功发展的先决条件，但却很容易发现成功的故事和这些因素没多大联系。

为了能够更近距离地观察两条实现赶超式发展的非西方国家的发展轨迹，波波夫教授从"制度能力"、政府合宜产业政策等角度检视了中国和俄罗斯之间的制度和经济发展差异，考察了社会主义时期和在这之前的长期经济发展情况，以及市场经济改革时期的短期经济表现，进而从更宽广的角度解释了"中国的加速性增长"和"俄罗斯的转型性衰退"的内在"小分流"。

波波夫教授认为，过去 40 年中国经济的成功，得益于：

第一，中国改革与"华盛顿共识"非常不同，并不仅仅依赖于经济的自由化，而在于强大的国家的"制度能力"（即政府执行法律法规的能力），逐渐而非立刻放宽价格，没有大剥夺，强大的产业政策以及通过积累储备来低估汇率。

第二，中国近期的成功（1979 年之后）是基于中华人民共和国成立后（1949—1976 年）的成就：强大的国家制度和有效的政府，完善的基础设施，以及人力资本的增加。

第三，由于采取循序渐进而不是"休克治疗"式的经济自由化和民主化，这些成就才没有在中国被挥霍一空。

第四，或许是最重要的一点：直到今天，中国从未真正与保持较低的收入和财富不平等的"亚洲价值观"制度或集体主义制度分离。一方面，短暂的西化尝试（19 世纪 40 年代—1949 年）被中止；另一方面，自愿和不情愿（殖民主义）被移植西方制度的国家（拉美、苏联以及撒哈拉以南非洲）复制了西方逃出"马尔萨斯陷阱"，最终以高收入不平等和明显缺乏制度能力结束。

与"中国的加速性增长"相比，俄罗斯之所以在其市场化改革后出现了"转型性衰退"，波波夫教授把其中的原因归结为国家"制度能力"的下降。产量的暴跌就是与"制度能力"相关的一个明显的例子，内在原因主要包括：

第一，由过渡前夕的产业结构和对外贸易模式歪曲造成的：在渐进过渡策略下，歪曲本可以克服，但在"休克疗法"下，进一步的衰落不可避免。

第二，由政府及非政府制度的崩溃造成的。这发生在 20 世纪 80 年代末期到 90 年代初期，并且通过危机管理而非有组织的或可管理的过渡导致了混乱。

第三，由糟糕的经济政策——主要包括糟糕的宏观经济政策和以进口替代的产业政策造成的。

强大的"制度能力"是实施妥善的经济政策的一项必要（但不是充分）条件：所有制度弱的国家（加上一些制度强的国家）都执行过糟糕的政策，但是并非所有制度强的国家都成功地采取了妥善的宏观政策和产业政策。

经过深入研究和对比，波波夫教授还发现，工厂、机械、设备、建筑等资本存量是有其使用寿命周期的：一般是 30 年。假设资本存量的使用寿命大约是 20 年，在中央计划经济下的第一个 20 年，尽管资本－产出的比率上升，新的现代化生产能力的建设会使劳动生产率迅速提高。在接下来的 10 年，20 年前投入运营的生产力开始有形报废，导致

经济增长率的放缓，但通过持续的固定资本存量扩张得到补偿。经过
30 年的中央计划经济发展开始进入衰退阶段：超过一半的资本存量破
损和报废（但没有被完全取代），而新创造的生产能力几乎很难弥补由
资本存量老化导致的产出下降。

面对这一客观现实，苏联计划经济的规划者不愿将现有工厂进行
现代化建设，亦即通过投资研发来用更先进的资本存量代替报废资本存
量（因为机械、设备的使用寿命很长，报废数量很少，投资研发得不偿
失）；与此相反，他们把重点放在新建工程上，亦即"通过设定生产份
额和不断地指向性增加产能来执行直接的计划经济"。在这样一种体制
中，短缺是必然的，这种短缺由按照中央计划下生产所引起的比例不均
所造成，尽管资本投资被看作是消除短缺造成的瓶颈的主要手段。因
此，资本投资转向可以扩大稀缺产品生产的新生产产能。整个规划流程
看起来是个无休止的紧急决策的循环链，是在不同货物发生紧急短缺的
速度比制定者消除短缺的速度还要快的情况下被迫做出决策所构成的。

随着资本存量的相继报废，而"新创造的生产能力几乎很难弥补由
资本存量老化导致的产出下降"，苏联经济崩溃，走向了解体的末路。
所以，苏联的经济黄金时期出现在二十世纪五六十年代（资本存量最初
的投资发生在 20 世纪 20 年代），随后便发生了经济增长放缓，这与资
本存量的 30 年大限不无关系。

吊诡的是，与苏联计划经济相比，中国的计划经济从 1949 年到
1979 年恰好是 30 年。在计划经济"荣衰"的分水岭之上，中国政府毅
然决然地开始了改革开放之路，引入市场经济体制，扩大了研发费用，
引进外资并用更先进的资本存量来取代行将报废的最初投资。面对中国
与俄罗斯不同的发展道路及结果，美国乔治梅森大学教授杰克·A. 戈德

斯通（Jack A. Goldstone）曾这样总结："过去 20 年的世界经济，以中国经济成功增长和俄罗斯经济惨败为主要标志。"

中国与俄罗斯，"一荣一衰"，人们可以从中借鉴些什么？波波夫教授认为，当我们试图去解释在计划经济时期（1949 年至 1979 年的中国和 1917 年、1929 年至 1991 年的苏联）或是更近时期，中国和俄罗斯在经济表现方面的不同时，经济制度的改革是最重要的影响因素。然而，这并不是说这些轨迹完全预先决定了全部的经济产出，如或好或坏的政策等其他因素也同样扮演了一定的角色。难得的是，没有什么比政府政策更具内生性——在坏的制度框架下很难有好的政策出炉。在实践层面，却有很多这样的重要历史节点。在这些节点上，我们有机会去改变政策，继而进入制度发展的不同轨道。

## 好的经济政策和情境依赖

当下世界范围内的经济发展疲软、民粹主义抬头等问题依然棘手。对于世界政治经济新格局将向何处去的问题，波波夫教授也给出了鲜明的个人看法。他指出："好的经济政策是有情境依赖的，所以适用于所有处在任何发展阶段的国家的一系列政策是根本不存在的。"这样一个普遍原理一直被大多数的发展经济学家所接受。然而，一旦涉及特定的产业政策，共识就不复存在。

发展经济学将来可能成为一种理论，它能够解释为何在特定的发展阶段（根据人均国内生产总值、制度能力、人力资本、资源丰裕程度等）某一系列的产业政策（如关税保护、外汇储备积累、资本流动管制、资源型企业的国有化等）会优于其他的政策。继而，政策制定者的艺术就在于怎样在特定的时间调整政策以避免陷入发展陷阱。发展理论家的艺术就在于将"经济政策发展时间表"中的各项内容填好，在不同发展阶段采用特定的政策。

随着研究的深入，波波夫教授一直从"发展经济学"维度给出相关有益的政策建议：西方发达国家作为前一发展阶段的原始积累国，仍然具有一定的借债空间，应该担负起拉动发展中国家经济发展的责任，并将着眼点放在帮助发展中国家发展竞争性的产业政策上。除了"接受"全球不平等和发展中国家的外汇储备积累政策，西方也可以"接受"南半球保护主义政策，消除其自身的农业补贴，在一个较少抑制性的智力产权制度框架中分享技术和知识，降低对低技术工人从南半球迁移的障碍，同时补偿发展中国家的"人才流失"，为节能清洁技术提供资金，使发展中国家用更少的能源和温室气体排放达到和西方相同的消耗标准，等等。

波波夫教授也承认，这些"友好的经济增长政策"在南半球国家的广泛接受，意味着国际经济秩序的激进改革。即使南半球国家在世界生产总值的份额逐年增加，这些改革也不会自动发生。只有南半球国家在符合其自身需要的情况下，团结起来共同推动，这些改革才会发生。

"东方是东方，西方是西方，二者永不交汇"——自从英国作家拉迪亚德·吉卜林（Rudyard Kipling）说出这句话开始，他的言辞就被大量地引用和反驳。一个更适中的问题就是：如果中国的发展模式是可复制的，那下一个经济发展奇迹应该出现在哪里？

据波波夫教授预测，若以上"友好的经济增长政策"得到很好落实，则下一个实现成功赶超的大区域将会是中东和北非地区的伊斯兰国家和南亚。这些地区貌似已经做好了接受"中国模式"或"中国道路"的充分准备。但是，最终拉丁美洲、撒哈拉以南非洲和俄罗斯也会随之赶上。如果真会如此，在成功实现赶超式发展的过程中，西方国家当下所推崇的并给南半球国家开出的药方，如放松管制、缩小国家规模、私有化、自由贸易和资本流动等，实际上是阻碍了发展，而不是促进了发展。

# "根"与"翅膀"并驾齐驱

　　二战后的德国，依托出口导向型发展战略，迅速完成了经济重建，稳步实现了经济赶超。但在 1990 年两德统一后的十多年里，德国经济却陷入了增长停滞、失业率高、国际竞争力下降等多重困境，一时被讥为"欧洲病夫"。

　　从 2005 年开始，德国经济又走出了一条亮丽的趋势线：增长率稳定保持在 2% 左右，失业率从 2003 年的 11.3% 降至 4% 以下，跻身全球首屈一指的高附加值出口大国，从 2015 年以来连续 4 年保持大幅财政盈余。尤其自 2008 年全球金融危机爆发以来，美国次贷危机、欧债危机、新兴市场泡沫破裂接踵而至，世界经济发展遭遇了前所未有的巨大挑战，而德国在世界前十大经济体中表现稳健，充满活力，彰显了极强的抗风险能力，成为欧元区经济的"发动机"和"稳定锚"。

　　在全球化、欧元区危机等多重冲击下，德国是如何突出重围实现经济繁荣发展的呢？

　　由德国 WHU– 奥托拜斯海姆管理学院产业经济学和创业学名誉教授戴维·B. 奥德兹（David B. Audretsch）和奥格斯堡大学管理与组织学教授埃里克·E. 莱曼（Erik E. Lehmann）合著的《德国的七个秘密：全球动荡时代德国的经济韧性》，从七个关键层面揭示、解释和剖析德国的经济与社会，探索德国如何摸索出孕育经济繁荣的动力，以及德国又是如何充分利用了全球化携带的契机的奥秘。"小即是美"，积极扶持中小企业发展和重视培育企业家精神；独特的熟练工人养成体系和科技知识生产传播体系；在融合、同化和培育"根"的同时，赋予逃逸的"翅膀"；重视基础设施投资，加强知识和思想的外溢；把经济建立在灵活性与多样性的基石上；构建制造业的良性循环；利用良好的国际形象开发经济利益。这"七个秘密"洞见或许可以启发其他国家，进而驳斥全球化导致生活水平、生活质量、经济发展必然恶化的失败主义论调。

## 两个世界级独特强项

德国将中小企业视为"市场经济的心脏，增长与就业的发动机"，联邦政府、各州政府、德国工业协会等均下设专门负责中小企业的促进机构。过去不少人认为，德国对中小企业的投入和依赖会遏制高科技企业家的活跃发展，然而当代德国一系列实践却证明这能两全其美，以全新模式打造出耀眼、大胆、多变而活力满满的创业型企业。众多中小（家族）企业家群体稳定且有恒心，重视长期发展，懂得渐进变革，关注质量改进，他们扎根于自己的社区，同员工及其他要素建立了深厚的关系，同时借助地方学徒项目获得高技能劳动力，还从当地金融机构取得主要资金资源，成就了全球产品细分利基市场的众多"隐形冠军"，由此成了德国经济的支柱与引擎。不仅如此，新一代有创意、有活力、强烈进取的初创企业在过去十多年大量涌现，更使德国迅速转化为一个注重创业和企业家精神的社会。

长久以来，德国被称为"诗人与思想家的国度"，德国人充满着对科学、思想和艺术的悠久崇敬。相比之下，在人力资本、研究和科学方面，德国表面来看并不突出，实际上却是出类拔萃。德国有两个世界级独特强项。

其一，不断革新的"双元制教育体系"所推进的熟练工人养成体系，这对保持德国制造业品质和服务业竞争力提升贡献颇为巨大。德国实行 12 年义务教育，职业教育也被纳入义务教育范围。环视当今世界各国，除瑞士外，只有德国有完整的在国家监督下的职业培训制度，原则上不经培训不能开始职业生涯。德国 1969 年正式颁布职业培训法，肯定了职业教育的双元化，确定了一套企业与国家共同负责、企业与职业学校密切配合的职业教育体制。年轻人可以努力考大学，也可以为成为高技术工人做准备。德国职业教育涵盖 300 多个职业岗位，为各行各业输送了大量专业人才。他们如同分散在社会各处的"零件"，组合成德国经济发展的"秘密武器"，打造出一个又一个"世界一流"。

其二，以弗劳恩霍夫研究所（下辖 67 家学院）、马普学会（下辖 83 个研究所，5 个在国外）、史太白技术转让机构（下辖约 1000 个分支）、亥姆霍兹科研机构（下辖 18 个中心，7 个研究所）、德国宇航中心（下辖 32 个分支）、莱布尼茨协会（下辖 86 个分支）等德国六大科学联合会为代表的先进科技知识生产并向生产一线进行高效、系统性渗透的知识生产扩散传播体系。在全球化和知识经济时代，这有力地支撑了德国变身为知识创新驱动的经济社会。

大约两个世纪前，歌德犀利地提出"父亲能给儿子的最伟大的礼物是根，第二伟大的礼物是逃离这些根的翅膀"。歌德说的一点没错，德国人重视"根"（乡土），加之基于"区域经济政策"和"秩序政策"建构的社会机构、组织和经济基础（中小企业），"根"成为支撑德国经济竞争力的一大精神根基。在奥德兹和莱曼两位教授看来，区域经济政策与秩序政策是二战后德国经济的两大基石。它们在强大的社会支持下巩固了德国的社会市场经济制度，德国的社会市场经济制度既能保证选择自由和个人主动性，又规定了社会责任。德国社会市场经济一方面注重私营企业与决策，另一方面由政府对国家、区域、地方各级实行调控和干预，追求公平竞争机制，维持经济增长、就业、良好工作环境、社会福利及公共服务之间的平衡。

1998 年，就在德国面对全球化带来的新挑战、陷入经济低迷又逢就业前景黯淡的当口，时任总统罗曼·赫尔佐克（Roman Herzog）发现了一个能让全国专注投入的令人振奋的进步：他的家乡巴伐利亚经济发展势头旺盛，巴伐利亚州尤其是慕尼黑市，正不断展露经济活力。在解释巴伐利亚经济意气风发的原因时，赫尔佐克抓住了两点："笔记本电脑和皮短裤"。

在传统深厚的文化经济体制下，巴伐利亚成功跨入最先进的技术市场。在这个发展过程中，巴伐利亚至少分享了某个路径或蓝图，探索怎样将阻碍经济增长、破坏就业的负担，转化为促成小康生活的机遇。在大多数人的印象里，灵活性似乎跟德国人不沾边，可是，灵活性和应变力正是巴伐利亚转运的关键，其秘诀不仅仅在于扔掉皮短裤、捡起笔记本电脑，而是在关键领域（比如劳动力市场）接受了灵活性，从而利用自身强大坚固的传统创造出适应经济全球化时代的竞争力。

## 制造业和创新并非替代关系

有一种观点将发达国家制造业的衰落归因于全球化，特别是亚洲低成本竞争的出现。美国专栏作家托马斯·弗里德曼（Thomas Friedman）在其著作《世界是平的》中，就曾据此解读全球化进程触动发达国家（包括美国）制造业下滑的经过。但是，这个观点无法解释，为什么德国能承受困扰发达国家制造业"外包与离岸"的双重症状进而保持了竞争力呢？德国、法国以及欧元区其他国家所持都是欧元，为什么制造业在德国能生机勃勃，而在周边国家却衰颓到令人担忧的地步？

奥德兹和莱曼两位教授研究发现，一些政策和体制帮助德国企业获得了生产过程的高效要素，反过来这些又令投资地德国更具制造业领域的吸引力与竞争力。这些政策和制度包括：培养关键翻译协会、机构和组织；促进大学和技术院校新开发技术的应用；重点依靠政府补贴的培训和学徒计划打造出一支高技术型劳动大军；工人和工会愿意接受适度的工资增长以维持就业水平；精良的基础设施；拥有质量优势的独特中小企业集群；焕发活力、魅力和多样性的城市；修改《移民法》，让国外高技能人才能畅通无阻加入德国职场；等等。

近年来德国产学研各界共同制定的德国"工业 4.0"战略，是德国版"再工业化"的战略核心。这一概念问世于 2011 年 4 月在德国举办的汉诺威工业博览会。目前已上升为德国的国家战略，成为德国面向未来高科技战略的十大目标之一。长久以来在政商界学者和思想领袖中流行的一种观点是，制造业与创新之间存在某种必然的权衡，一个城市、地区、州或国家可二选其一。选择了知识和创新的地方所呈现的景象，与坚持生产制造的地方对比鲜明，反差体现在选择两方的收入上。德国一直在驳斥这种制造业与创新之间的权衡观。德国认为，制造业和知识（创新）并非替代关系，而是互补互足的关系。因而，若能利用知识和创新等关键因素来提高制造能力并最终推动企业的比较优势，便能打造从乡镇到城市、地区、州乃至整个国家的竞争力。巴登－符腾堡、斯图加特、慕尼黑等今天德国最繁荣的地方，近年来就一直在力推知识与人力资本的投资策略，志不在替代制造业，而在增强制造能力。

就这样，在应对全球化带来的挑战中，德国表现出超群的灵活性。有些习惯的确根深蒂固，可是已被更改、修正和调整。经过不断调试，德国已然能一面忠于自身的根源和基本价值观，一面紧紧握住当代全球化经济呈现的新挑战与新机遇。就像法国小说家阿尔方斯·卡尔（Alphonse Karr）一个多世纪前评论的那样："世间万物，变化得越多，保留得也越多。"

# 骆驼就是委员会设计出来的马

　　思想人物或大学者往往戴着两副面具活着，常常被人们冠以"经济学界的特蕾莎修女""经济学良心的肩负者""穷人的经济学家"等称谓的 1998 年诺贝尔经济学奖得主阿马蒂亚·森（Amartya Sen）便是如此。他的经济发展学、福利经济学、社会选择理论等广为人文学科读者熟悉，然而鲜有人认识这位独特的经济思想家，他的人生、他的心路历程更是鲜为外人所知，这却是探知阿马蒂亚横跨多个领域的重要背景。

　　杭州师范大学政治经济学院教授汤剑波撰写的《重建经济学的伦理之维——论阿马蒂亚·森的经济伦理思想》，非专业读者可能读起来会吃力，而由《拉丹·塔塔的生活》的作者、印度医学博士利荼·萨克塞纳（Richa Saxena）撰写的《阿马蒂亚·森传》，正好透过斑斓的感性体验，还有阿马蒂亚成长历程中各种事件与其个性的关系，在各种当代社会及人文思潮背景衬托下，向世人展示了一个真实立体而又可读的阿马蒂亚。

## 食物缺乏和分配制度的不平等

　　阿马蒂亚出生于知识分子之家，父亲是印度达卡大学化学教师，母亲则是《孟加拉文学》编辑。在圣蒂尼克坦上完中学后，阿马蒂亚于 1950 年至 1953 年在印度加尔各答管区学院修经济学，辅修数学。那段日子，加尔各答被左翼政治气氛笼罩，那种影响甚至波及了阿马蒂亚的家庭。他的一个叔叔是国大社会党党员，被英国人预防性羁押，未经审判就在监狱里度过了 6 年；另一个表兄是共产党员，也被关进了监狱。这种紧张的氛围在他的心里埋下了为社会的繁荣贡献力量的火种。

在管区学院获得硕士学位后，阿马蒂亚被剑桥大学三一学院录取，攻读第二个硕士学位，专修经济学。他进入剑桥时，英国经济学家以支持和反对凯恩斯经济学为界被严格地划分为两派。这种分歧经常演变为带有攻击性的、甚至斯文扫地的争端。在经济学家的斗争中，三一学院始终是一块净土，三位不同学派的德高望重的经济学家"和平共处"：马克思主义经济学家莫里斯·H. 多布（Maurice H. Dobb）、保守派新古典主义经济学家丹尼斯·罗伯逊（Dennis Robertson）和基本上对所有学派都持怀疑态度的皮埃罗·斯拉法（Piero Sraffa）。阿马蒂亚认为他能成为这些有识之士的门生是非常幸运的。1971 年以后，阿马蒂亚深入研究了他当时最关心的问题——社会选择理论。而他当时研究社会选择理论显然是个"黄金时期"，伦敦则是黄金地点。这座城市云集了众多的经济学家、研究者、历史学家和各个领域的学者，其中许多人跟阿马蒂亚住得很近。由此，阿马蒂亚从一些杰出的同事那里得到了许多灵感和帮助。

社会选择理论本身包含了"与贫困、不平等、失业、国民收入和生活水平有关的经济评价和政策制定"的集合。因此，它结合了福利经济学和投票理论的要素。为了解释社会选择理论的关联性，阿马蒂亚引用过一个老笑话："骆驼就是委员会设计出来的马。"说明少数人做出的决策很少能反映多数人的需要。当真正被大多数人需要的是马时，为了保证所有可能的需求都被满足，委员会最后设计了骆驼。在大多数情况下，他们得到的可能是半人马——融合了各种特性的"怪胎"，对任何人都没有用。这是社会选择理论的关键，它提出了问题：在大量人群极端多样化的条件下，得出集体观点是否可能？

阿马蒂亚对这一问题的分析进一步将他引向其他相关问题，如饥饿和贫困的成因和预防，以及性别平等、贫困和剥夺的形式和后果。如此看来，阿马蒂亚确实是因为社会繁荣而进入社会选择理论的思考，并进而寻求经济学这个十分技术性的工具来帮助解答诸多社会问题的思想轨迹就异常清晰了。

阿马蒂亚是个天生的老师，有办法把最严肃的经济学理论讲得生动有趣。他的课堂从来不是正襟危坐式的，相比单向的知识灌输，他更鼓励互动和讨论。《阿马蒂亚·森传》第 8 章"孟加拉大饥荒"中提到的阿马蒂亚和学生们在课堂上的辩论最为精彩。

年仅 10 岁时，阿马蒂亚就目睹了 1943 年的孟加拉大饥荒夺走许多人的生命，当时他不明白，为什么他的外祖父只允许他给每个沿街乞讨食物的饥民一罐米。阿马蒂亚一家是没有受到饥荒影响的众多富裕家庭之一，他们家的米足够吃。那为什么只能给一罐？许多年后，作为经济学家，阿马蒂亚对这种现象作了分析，即尽管存在足够的食物，社会的某些群体却因为缺乏获得食物的手段而挨饿。是什么造成了孟加拉国那场夺去数百万人生命的饥荒？这是否又是一个本来存在足够的食物，但大量饥民却无法得到食物的例子？究竟有多少人饿死？除了平时和学生们在课堂上辩论外，在阿马蒂亚关于饥荒、贫困、饥饿三者之间内在联系的诸多著作、论文和演讲中，也经常用 1943 年孟加拉大饥荒作为例子，从中寻找这些问题的答案。

阿马蒂亚进而研究了世界多国的饥荒成因，如果把他的理论简单总结，那就是"权利的失败"。在许多饥荒的实例中，食物供应能力实际上并未显著减少。相反，正是另外的社会和经济因素，如工资降低、失业、食物价格昂贵、食物分配系统崩溃等，造成了社会中某些群体的人们陷于饥饿。换句话说，饥荒的形成并不是没有粮食，而是饥饿的人有需求而无消费——这些人的粮食消费权利被废止了。这样的饥饿群体，总是无钱无权的底层民众。阿马蒂亚用他少时的经验告诉人们，灾荒年代受苦最深，乃至大量死亡的，永远是在社会阶梯上处于低端地位的人，特别是那些根本无阶梯可上的农业劳动者。他们处于完全无法采取行动的状态——既无从获得食物，也无力逃避灾祸。一个国家的阶级特征在灾荒年代表现得就是这样突出。阿马蒂亚的结论是：饥荒不仅源于食物的缺乏，更源于食物分配机制上的不平等。

作为经济学家的同时，阿马蒂亚也一直是个思想者。他对逻辑学和认识论的兴趣让他做出了一个激进的决定，去学习哲学。虽然有人认为这彻底脱离他的经济学研究，但在他看来，哲学与社会选择理论、不平等和贫困这些他正在研究的问题密切相关。而且，阿马蒂亚一直坚信：经济学是一门"完整的"科学，其范畴涵盖了哲学逻辑、伦理学和人道主义价值观。除了这两个学科的相似之处，阿马蒂亚曾一如既往地渴求知识也是学习哲学的动力之一，学习哲学本身就令他获益匪浅。

## "志同道合的伴侣"和拒绝丧失独立性的邀请

在《阿马蒂亚·森传》一书中，萨克塞纳除了叙述阿马蒂亚的成长历程和学术研究生涯外，还耐人寻味地叙述了阿马蒂亚的婚姻家庭生活。

按照萨克塞纳叙述，阿马蒂亚有过三次婚姻经历。他的第一任妻子纳巴妮塔·德夫（Nabanita Dev）（1960 年结婚）是一位文学博士、诗人、小说家和文学批评家，是当代最受欢迎的孟加拉语作家之一，常有诗人带着自己的作品当面给她朗读，征求她的意见。早年她还同阿马蒂亚一起研究过《罗摩衍那》等梵语史诗的风格和创作特点等问题。他们的婚姻在 1971 年去伦敦后结束。而他们的离婚在当时曾激起了轩然大波，特别是当纳巴妮塔作为单身母亲，带着两个女儿回到贾达普。纳巴妮塔不仅是纸面上的女权主义者，现实中也以大无畏的精神面对一切。

回顾两人的关系，纳巴妮塔留下的都是美好的回忆："这么多年过去，我已经有些超然事外，但是那种温暖和善意始终都在。"拥有绅士风度的阿马蒂亚则把前妻描述为"孟加拉文学史上最著名的作家、诗人和小说家"，关于诗歌，她教给他很多。纳巴妮塔绝对符合她令人钦佩的女性形象，从来没有被生活中的困难击倒，不难理解为什么阿马蒂亚选择与她共度生命中重要的成长期。

1978 年阿马蒂亚·森和伊娃·科洛尔尼（Eva Colorni）结婚。跟阿马蒂亚一样，伊娃也在浓厚的学术氛围中长大，她是哲学家欧金尼奥·科洛尔尼（Eugenio Colorni）和作家厄休拉·赫希曼（Ursula Hirschman）的女儿。她的继父阿尔特罗·斯皮内利（Artero Spenelly）是一位政治家和欧洲联邦运动的发起人。她在成为经济学讲师之前，在意大利的帕维亚和印度的德里学习过法律、哲学和经济学。阿马蒂亚说她的教育背景"完美地融合了理论与实践"。

与伊娃在一起，阿马蒂亚如同找到了一个智慧的伙伴，他可以跟她讨论自己作品的细枝末节。在他看来，"她对我希望自己的作品达到的水准和范围（通常不够成功）产生了重要的影响"。伊娃特别鼓励阿马蒂亚扩展社会选择理论的范畴，用它来评估贫困、研究调整国民收入分配的方法、理清失业的后果、分析侵犯个人自由和基本权利的现象、识别性别歧视和妇女的相对弱势地位。不过生命中仍然有坎坷在等着他，1985 年，伊娃因为胃癌去世，这对阿马蒂亚无疑是个严重的打击。

1991 年，阿马蒂亚与英国剑桥大学国王学院教师艾玛·罗斯柴尔德（Emma Rothschild）结婚。她在剑桥教授哲学，跟阿马蒂亚一样投身学术。阿马蒂亚在艾玛身上同样得到了工作和个人生活两方面的支持。

毋庸置疑，"志同道合的伴侣"是让阿马蒂亚不断开启学术研究的一大动力。阿马蒂亚人生大部分时间都在校园中度过，他从未从事过学术以外的职业，他现在的妻子和两任前妻都是学者，他的孩子们在世界各地的大学校园中长大，由此他也始终相信教学是通往知识的最可靠的道路。

但阿马蒂亚的成就并不是轻易获得的。他的经验主义研究曾经被批评为不是原创的，或者缺乏细节和深度。《饥荒之罪》的作者亚历克斯·德·瓦尔（Alex de Val）阐述了民主制度是如何预防饥荒的，他反对阿马蒂亚的观点，认为一个民主政府的存在不足以预防饥荒。他主张饥荒的主要原因更多是传染病，而不是饥饿，对阿马蒂亚关于这个问题的研究提出了批评。还有人说，与其他在印度国内相对艰苦的条件下工作、最终获得诺贝尔奖的印度人相比，他获奖相对容易，因为他一生中大部分时间都在印度之外的地方生活。

阿马蒂亚从来没有因为这些批评而退缩，他坚定不移地前进，成为福利经济学和饥荒预防领域全世界最重要的学术权威之一。印度政府和许多其他国家政府都邀请他做顾问，但他通常会拒绝那些可能使他丧失独立性的邀请。

## 跨文化的"世界大同"观

阿马蒂亚的外祖父希蒂·莫汉·森（Heidi Mohan Sen）是一位研究中世纪印度文学的著名学者，也是一位印度教哲学权威，早前与泰戈尔过从甚密。由此，阿马蒂亚和泰戈尔之间还有一段鲜为人知的渊源。阿马蒂亚的名字正是泰戈尔给取的——意思是"不朽"。

尽管阿马蒂亚是一位学者而非艺术家，但是像泰戈尔一样，他也热爱艺术，喜欢交响乐和戏剧。在哲学层面上，阿马蒂亚和泰戈尔有许多一脉相承之处。他说："（泰戈尔）在圣蒂尼克坦的影响无疑是最大的。后来回顾时我才发现，我比当时认为的更加赞同泰戈尔的观点，因为在那里他的存在感太强了，缺乏足够的对比度，所以我才忽视了这一点。但是当我思考其他人对我思想的影响时，比如圣雄甘地（Mahatma Gandhi）、约翰·斯图亚特·穆勒（John Stuart Mill）、卡尔·马克思（Karl Marx）和亚当·斯密（Adam Smith），我的确认为泰戈尔对我的影响非同寻常，当时我没有充分认识到这一点。"

泰戈尔是兼容并包世界各国文化和传统的坚定信仰者。他相信只要通过欣赏某种事物，就能使其成为你的文化和个性的一部分，无论其起源于何处。阿马蒂亚的信仰与之一脉相承，他漂泊的生活方式就是证明，从一个校园到另一个校园，无论在世界什么地方，他从没有停止追求知识的脚步。跟泰戈尔一样，阿马蒂亚也深深地热爱和赞赏印度文化，但他更加渴望走出国门，接触其他文化，汲取其中的精华。

或许印度国会议员、作家沙希·塔鲁尔（Shashi Tharoor）在《华盛顿邮报》上发表的评论阿马蒂亚的著作《惯于争鸣的印度人》的这段话，是对阿马蒂亚在全世界地位的最好总结："阿马蒂亚·森是一个四海为家的人，也是一个印度人——当然，这两者在他身上毫无矛盾。他在拉宾德拉纳特·泰戈尔（Rabindranath Tagore）创办的实验性的学校——印度国际大学接受教育，然后在剑桥大学，成为三一学院第一位非英国籍院长，是哈佛大学两个教席的教授、电影爱好者、板球迷和贪婪的阅读者，并且渴望用非正统的方式学习一切知识。"

# "灯下之影"的达·芬奇

在渴求创造性人才的今天，研究列奥纳多·达·芬奇（Leonardo da Vinci），有了一层特别的意义。和他的传奇画作《蒙娜丽莎》一样，达·芬奇是个谜，一个文艺复兴式的谜。

"看到人们在交谈、争吵或大笑，甚至大打出手的话，别忘了观察、记录和思考他们的行为与周围的环境。"作为世袭公证员家族的后代，达·芬奇似乎天生就带有一种做记录的本能。写下自己的观察、列出清单、记录各种想法，以及随手画上几笔，一切对他来说都是那么自然。

作为一名工程师，达·芬奇通过绘制他见到或想象出的各种机械装置来磨炼自己的技能；作为一个艺术家，他会用速写记录自己的想法，还会画出草稿；作为一位宫廷演出制作人，他会记录服装设计、移动场景及舞台的装置、可供表演的寓言故事，还有那些妙趣横生的台词。在页边上的空白处，还有他记下的待办事项、账单，以及那些激发他的想象的人物速写。随着达·芬奇的科学研究愈加深入，他的笔记中也充满了相关内容，无论是大纲，还是成段的笔记，都是在为写作专著积累材料，涉及的主题包括飞行、水利、解剖学、艺术、马匹、力学和地质学等。不过，笔记中完全看不到他内心世界或亲密关系的剖白，这些笔记不似圣·奥勒留·奥古斯丁（Saint Aurelius Augustinus）充满内省的《忏悔录》，而更像是一本沉迷录，记录了一位极富好奇心的探险者醉心于不断向外探索的旅程。

基于此，曾以《史蒂夫·乔布斯传》《爱因斯坦传》《富兰克林传》《基辛格：大国博弈的背后》等著作为人们所熟知的美国传记作家沃尔特·艾萨克森（Walter Isaacson）宣称，他撰写《列奥纳多·达·芬奇传：从凡人到天才的创造力密码》的起点不是达·芬奇的艺术杰作，而是他的笔记。因为艾萨克森坚信，7200 多页奇迹般留存下来的笔记手稿最能充分展现达·芬奇的思想。"那些五花八门的图画和从右到左的镜像文字看上去杂乱无章，却暗示了他思维跳跃的轨迹……在每一页上，跨学科的才华都跃然纸上，就像他的头脑在与自然造化翩翩起舞。"

## 好奇心闪烁在日程表之中

达·芬奇祖上几代都是公证员，按理该子承父业，这种情况没有发生，源自他的处境。他是私生子，甚至最终也没有得到父亲的遗产，这使得他一生都在寻找赞助人，也使得他逃离了作为公证员的人生设定。他出生于 1452 年，这年古腾堡的印刷厂刚刚开始，当时的人们尤其中产者的读写能力有了极大飞跃，同时商业的力量急剧扩张，人们对艺术与娱乐的需求也持续提升，这为文艺复兴铺平了道路，达·芬奇生逢其时。

起初，达·芬奇主要记录那些对他的艺术和工程设计有价值的想法。比如，在被称为《巴黎手稿 B》的一本早期笔记中，有看起来像潜水艇的草图、黑色船帆的隐形船只、蒸汽大炮，还有一些教堂和理想城市的建筑设计，这些笔记起始于 1487 年左右。达·芬奇后来的笔记内容纯粹是为了满足自己的好奇心，那些看似不经意的好奇最终发展为深入的科学探索。他不仅对万物的运作方式感兴趣，更想知道背后的原因。

艾萨克森对达·芬奇笔记中的日程表情有独钟，因为达·芬奇的好奇心就闪烁其中。其中一张日程表记录了 15 世纪 90 年代达·芬奇在米兰时，一天中想要学习的东西。"测绘米兰城和郊区"是第一项。这一项其实是为了之后的"绘制米兰城地图"做准备。通过日程表中的其他项目可以看出，达·芬奇一直在孜孜不倦地请教那些能满足他好奇心的人，"请算术老师告诉我如何由三角形求得同等面积的正方形……请炮兵军士吉安尼诺讲解费拉拉塔墙壁的构造……询问本尼德托·波蒂纳里，他们在佛兰德斯冰上行走是怎么回事儿……找一位水力学老师告诉我如何用伦巴第人的方式修理船闸、运河和磨坊……找法国人乔瓦尼，他答应过给我讲解太阳的测量方式"。达·芬奇的好奇心就是这样永不满足。

达·芬奇的好奇心就像爱因斯坦一样，关心的都是大多数人十岁以后就不再感到困惑的现象：天空为什么是蓝色的？云是如何形成的？我们的视线为什么是直的？打哈欠是怎么回事？爱因斯坦说，因为小时候学说话很慢，其他人觉得平淡无奇的问题都会让他感到惊叹。对于达·芬奇来说，对万事万物的好奇也许是因为他从小热爱大自然，而且没有被传统教育束缚。

在达·芬奇的笔记本里，另外一些他感到好奇的问题显得更加雄心勃勃，而且需要具备一定的观察研究能力。"两只眼会同步运动，这究竟是哪根神经支配的？""描述人在子宫中是如何开始发育的？"在啄木鸟那一项的旁边，他还列出了"鳄鱼的颌骨"和"牛犊的胎盘"，这些也是他想观察和描述的对象。这些探索都需要观察者付出大量的精力。

对于那些我们一扫而过的事物，达·芬奇保持着敏锐的观察力，这让他的好奇心如虎添翼。一天晚上，他看到了建筑物后面的闪电，建筑物在那一瞬间显得比平时小，于是他开始了一系列的实验和对比观察，想证明物体被光线包围的时候看起来更小，而在雾气或黑暗中显得更大。当他闭上一只眼睛的时候，发现物体的边缘没有那么圆润了，于是他继续探究为什么会出现这种现象。

在笔记中，达·芬奇描述了自己仔细观察场景或物体的窍门：认真地逐个关注每一个细节。他以看书为例，认为一下子看一整页是没有任何意义的，必须逐字逐句地看才能理解内容。深度观察必须分步进行："如果你想熟谙物体的形态，先从它们的细节开始，等一个细节完全印在你的脑海中，再转向下一个细节。"

对于提高观察力，达·芬奇还支了一招，为了"锻炼你的眼力"，可以和朋友玩这个游戏：一个人在墙上画一条线，其他人站在远处，然后试着截一段与墙上那条线一样长的秸秆。"谁的长度最接近实际长度，谁就是赢家。"

在观察运动的时候，达·芬奇的眼力尤其敏锐。"蜻蜓用两对翅膀飞行，前一对抬起的时候，后一对落下。"这是他的发现。想象一下，要多么努力地认真观察一只蜻蜓，才能注意到这些细节。

擅长观察运动帮助达·芬奇克服了在绘画中捕捉动态的难题。有一个关于运动的悖论，可以追溯到公元前 5 世纪的哲学家芝诺（Zeno of Elea），这个悖论指的是任何一个运动的物体在特定时刻都处在一个特定的位置，这与它正在运动相矛盾；而在达·芬奇试图描绘的特定瞬间中，既包含了过去，又预示了未来。

达·芬奇将自己捕捉到的运动瞬间与几何学中点的概念进行了比

较。几何学中的点没有长度或者宽度，然而，如果这个点移动，就会产生一条直线。"点没有面积，线是点的轨迹。"通过这种类比的推理方法，他总结道："瞬间之中没有时间，时间是瞬间的连动。"

在这个类比的指引下，达·芬奇试图在艺术创作中，让事件定格的同时，又表现出它的动态。"在河流中，你触碰到的水既是去水之尾，又是来水之头。"他在观察后总结道，"每个当下亦如此这般。"他在笔记中反复提到这一主题，并教导说，"观察光线时，眨一下眼，再看看。你所见已非方才所见，方才所见已不复存在"。

## 依赖类比分辨反复出现的规律

在 15 世纪，工匠虽不被视为知识分子，但地位开始提升，达·芬奇凭借绘画天赋获得初步认可，但他并不满足于此。他从小没有上过正规学校，几乎不认识拉丁文，也不擅长数学尤其算数，某种意义上甚至不被认为是受过教育的人，但他通过阅读、视觉化思考、细致观察与实验等方式，不仅自学了诸多知识，还使他的艺术处处体现科学精神，他的想象力将现实和幻想世界合二为一。

艾萨克森深入研究发现，哥白尼、伽利略和牛顿通过抽象的数学工具，从自然中提取理论定律，而达·芬奇和他们不同，他依赖的是一种更基本的方法：他能观察到大自然的规律，然后通过类比的方式形成理论。他凭借跨学科的敏锐观察力，能分辨出其中反复出现的规律。就像法国哲学家米歇尔·福柯（Michel Foucault）所指出的那样，达·芬奇那个时代的"原始科学"就是建立在相似性与类比的基础之上。

在研发乐器的时候，达·芬奇把人类喉部的发声方式与竖笛演奏滑音进行了类比。当他参与米兰大教堂的塔楼设计时，他将建筑师和医生联系在了一起，这将成为他艺术创作与科学研究中最根本的一种类比：我们的物质世界与人体解剖结构之间的类比。他在解剖肢体的时候，除了画出肌肉和肌腱，还不禁画出了绳子和杠杆。

达·芬奇还将树枝与人的动脉进行了类比，对河流及其支流也进行了同样的类比。"一棵树所有高度的树枝合在一起，与它们下面的树干粗细相等。"他在另外一处笔记中写道，"一条河上的所有支流，如果它们流速相等，那么它们的总水量等于干流的水量。"这个结论至今仍被称为"达·芬奇法则"，事实证明，在分枝不太大的时候，这规律确实成立：某一分枝点以上所有树枝的横截面积之和，与分枝点下方的树枝或树干的横截面积相等。

达·芬奇还将光、声音、磁力和锤击引发的振动回响进行了对比，发现它们都是呈放射状传播，而且经常是以波的形式呈现。他在笔记本中画了一组小幅示意图，来说明各种力场是如何扩散传播的。他甚至还画图说明了每种类型的波在碰到墙上的小孔时发生的现象——比荷兰物理学家克里斯蒂安·惠更斯（Christiaan Huygens）的研究早了将近2个世纪，提出了波通过孔隙时会发生衍射。尽管对达·芬奇来说，研究波的力学只是一时兴起的好奇，但是其中也显示出了惊人的才华。

达·芬奇在不同学科间建立的联系也成为他进一步探索的指南。比如，水流旋涡与空气气流的类比成为他研究鸟类飞行的理论框架。他写道，要想获取鸟类在空气中运动的知识，"首先要了解风的运动。我们可以通过水的流动来验证"。不过，他辨识的那些规律并不只是他研究的指南，在他看来，它们不仅揭示了基本事实，还体现出了大自然美妙的统一性。

## 没人看到的地方也务求完美

达·芬奇不仅是一位天才，还深具人性，他古怪、执着、爱开玩笑、容易分心，这些都让他更加容易亲近。他并未被上天赐予那种对我们来说深不可测的才华，相反，他自学成才，并矢志不渝地成就自己。所以，即使我们可能永远无法拥有与之比肩的才华，我们依然能向他学习，试着离他更近一点儿。他的人生或他的创造力秘密依然能为我们提供宝贵的经验。

在一本笔记的开头几页中，达·芬奇画满了 169 种"化圆为方"的尝试。在《莱斯特手稿》中，他在 8 页纸上记录了 730 项关于水流的发现；在另一个笔记本中，他列出了 67 个描述不同水流运动的词语。他测量了人体的每一部分，计算了它们的比例关系，然后又对马匹如法炮制。他不停钻研就是为了体验"极客"的乐趣。

并非所有的知识都需要有用，有时求知本身就是一种快乐。达·芬奇在画《蒙娜丽莎》时，并不需要了解心脏瓣膜的工作机制，也不需要为了完成《岩间圣母》弄清化石为什么会出现在山顶。他放任自己被纯粹的好奇心驱使，因此他比同时代的任何人都探索了更多领域，也发现了更多联系。

作为艺术家，达·芬奇很容易分心，他对交代的工作往往习惯性拖延，不少甚至半途而废——以他的寿命来看，他一生完成的作品，比起同时代的人，似乎有些少。这看起来似乎是懒散，但深究之后发现，达·芬奇并不缺乏勤奋，只是追求完美，他密密麻麻的笔记记录了各种探索与思考，直到生命的最后阶段，他还在研究集合问题。他放弃一些大家看起来还不错的作品，只是因为不够完美，而他的代表作几乎一直在他身边，原因在于这使他随时随地都可能再去补充和完善美。

最典型的是《蒙娜丽莎》。在画这幅画时，达·芬奇有时会盯着墙壁整整一个小时，然后轻轻画上一笔就转身离开。他告诉卢多维科公爵，创造力需要时间，不仅构思需要时间来发酵，直觉也需要时间来凝聚。"有极高天赋的人工作越少，反而成就越高。"他解释说，"因为他们的头脑一直在深思熟虑，不断完善构思，之后他们才会付诸实施。"与此同时，达·芬奇只画自己有感觉的人，否则即使对方有钱有势如何要求，他都置之不理。《蒙娜丽莎》的主人公是一位丝绸商人的妻子，名叫丽莎，但这幅画始终没有交给那个商人，达·芬奇也没有接受过报酬。从动笔到去世的16年里，达·芬奇游历诸多国家，但都带着《蒙娜丽莎》，不断为之注入新的理解，终于使它成为巅峰之作。曾有他的一幅画的真伪引发争议，就是因为画中的一处肌肉构成是两块，这运用了后来才有的解剖学知识，但这幅画按道理此前就已经完成了，所以有人判定这幅画是伪作。直到通过红外线分析才真相大白，这幅画最开始时的肌肉构成是错误的，修正后显示了正确的画法。这揭示了达·芬奇为何毕生都在修补作品的原因。

对于如何拖延，大多数人都不需要别人的建议：我们天生就无师自通。但是，像达·芬奇那样拖延需要付出努力：这包括收集各种事实和想法，在这之后，才是让它们"文火炖煮"。

此外，无论是对于《安吉亚里之战》一书中的透视问题，还是《博士来拜》一书中人物互动的难题，达·芬奇在自己无法解决时都选择了放弃，而不是绘制出仅仅是足够好的作品。不过，达·芬奇到死都将一些杰作带在身边，除了之前提到的《蒙娜丽莎》，还有《圣母子与圣安妮》等，因为他相信总有妙笔可以增辉。相映成趣的是，史蒂夫·乔布斯（Steve Jobs）也是一位完美主义者，他曾延迟了初代 Macintosh 电脑的交货时间，直到他的团队将内部线路板变得美观——尽管没有人会看到这些线路板。他和达·芬奇都知道，真正的艺术家在没有人看到的地方也务求完美。

后来，乔布斯又采纳了一条相反的格言，"能准时交付的艺术家才是真正的艺术家"，这句话的意思是，即便有时产品还有改进的空间，你也应该及时发布。对于日常生活来说，这是一个不错的原则；但是有时也需要像达·芬奇那样，不轻易松手，直到作品完美。

天才常被认为是独来独往的人，他们似乎就应该退隐在阁楼里，等待被灵感的闪电击中。像许多传说一样，孤独天才的神话也体现了部分真相，但是这往往并不是故事的全部。无论是韦罗基奥作坊里生产的圣母像和衣褶写生，还是达·芬奇工作室出品的各种版本的《岩间圣母》《纺车边的圣母》和其他作品，它们都是以协作的方式被创作的，所以很难辨别究竟出自谁手。达·芬奇在与朋友交流了想法和草图后，才完成了《维特鲁威人》；他与马尔坎托尼奥·德拉·托雷（Marcantinho de la Torre）彼此协作的时候，完成了自己最出色的解剖学研究；而他最有趣的作品是在斯福尔扎城堡时，与人合作完成的戏剧演出和晚间娱乐活动。天才始于个人的才华，需要独特的远见，但是执行经常需要与他人协同工作。创新是一项团队运动，创造是一种合作努力。

虽然与达·芬奇同时代的人普遍认为他友善温和，但是他也有黑暗的一面和不安的时候。在他的笔记中，有这样一则奇特的谜语："似

人巨像，汝愈近之，其形愈小。"谜底是："灯下之影"。艾萨克森认
为，这个谜语也适用于达·芬奇。因为，他的小毛病和怪癖反而让我们
觉得亲切，不仅可以把他当作偶像来模仿，更能理解他伟大成就的不
凡之处。

# 创新和灵感的"飞奔"

有一种叫作海鞘的动物喜欢做一些奇怪的事情：在生命的第一个阶段，它们游来游去，找一个可以附着的地方；然后，它们就会为了营养而吸取自己的大脑。为什么会有这样奇怪的举动呢？对海鞘来说，大脑是用来寻找、奋斗和做决策的，一旦海鞘安顿下来，它们的大脑就不再被需要了。

人类可不吃自己的大脑，这是因为我们永远都不会安定下来。对日常生活的无限渴望，使得创造性欲望深入我们的意识之中。我们在商业、艺术和科技等方面上所追求的不仅仅是实现期望，还有意想不到的一系列惊喜。因此，各种各样甚至有些不着边际的想象已成为人类历史不可或缺的一部分。

早在 2007 年 1 月 9 日，史蒂夫·乔布斯穿着牛仔裤和黑色高领毛衣，站在 MacWorld 舞台上。"每隔一段时间，一种革命性的产品就会改变一切。"乔布斯宣称，"今天，苹果公司将彻底改造手机。"即使经过多年的猜测，iPhone 依然像一个启示一样。没有人见到过这样的东西：一个单手可以拿住的设备，既可以通信，也可以播放音乐，还可以当作个人电脑来使用。媒体称赞它具有开创性，很神奇。iPhone 的出现标志着伟大的革新：它出人意料地出现在我们面前，很少有人知道这些改变人类生活的创新究竟从何而来。

任何希望引领创新的企业、组织或个人都会面临两个问题。一是如何产生源源不断的好创意；二是如何让创意被大众接受，成为流行。

在《飞奔的物种》一书中，美国斯坦福大学教授大卫·伊格曼（David Eagleman）和莱斯大学音乐学院教授安东尼·布兰德（Anthony Brandt），以脑科学为基础，结合商业、科技、建筑、医学、艺术领域的众多案例，揭示了人类如何运用核心法则实现创造力的"飞奔"。

## 对现有想法"挪用"推动创造进程

来自微软研究院的首席研究员比尔·巴克斯顿（Bill Buxton）几十年来一直在收集技术设备，从这些收藏品中，他可以看到一条长长的 DNA 系谱指向现代的各种物件和发明。回想一下 1984 年上市的卡西欧 AT–550–7 腕表，它的特点之一就是，有着用户可以直接用手指在表面上滑动并进行调整的触摸屏。而在这款腕表出现 10 年后，同时也是 iPhone 出现的 13 年前，IBM 就在手机上添加了触摸屏。世界上第一款智能手机——西蒙，既有手写笔，还包含了一些基本的应用程序。它可以发送和接收传真、电子邮件和页面，并且有世界时钟、记事本、日历和联想输入法。不幸的是，没有多少人买。为什么？

一部分原因是它的电池只能维持一个小时，另一部分原因是当时的手机话费太贵，还有部分原因是当时没有出现对应的应用程序生态系统。但就像卡西欧的触摸屏一样，西蒙把它的"遗传物质"留在了由于"从天而降"的灵感而设计出来的 iPhone 上。

在西蒙出现的 4 年后，"数据漫游者 840"问世了，它是一款掌上数字助理，有一块触摸屏，可以用手写笔在 3D 屏幕上导航。联系人列表可以存储在内存芯片上，可随处携带。这表明移动计算处理技术在慢慢站稳脚跟。

在浏览自己的收藏品时，巴克斯顿指出了很多为电子工业铺平道路的设备。1999 年掌上电脑 Palm Vx 的问世，确定了时至今日我们仍在追求的设备的"纤薄"。巴克斯顿说："它确立的这个概念引领了今天像笔记本电脑这样超薄设备的产生。眼前这些设备的灵感来源在哪里？它们就在那里。"

这些设备一步步地为乔布斯"革命性"的产品奠定了基础。所以说，iPhone 的诞生并非凭空而来。

苹果公司的另一个创新突破——iPod，同样也不是从石头缝里蹦出来的。

20 世纪 70 年代，盗版是唱片业的一个大问题。零售商可以将未售出的唱片寄回唱片公司，以获得退款。许多人钻了这个空子，转而寄回仿冒品。如何制止这种猖獗的欺诈行为呢？

英国发明家凯恩·克雷默（Kane Kramer）想到了一个点子：他要开发一种方法，通过电话线路数字化地传输音乐，同时店内的机器能够定制每一张专辑。但随后克雷默发现，机器笨重的外形可能是不必要的：与其把音乐转化为模拟信号，为什么不直接保留数字格式的音乐，并设计一台可以播放它的便携机器呢？他绘制出了一个便携式数码音乐播放器 IXI 的示意图。IXI 上有显示屏和用于播放曲目的按钮。

克雷默不仅设计了这款播放器，他还预见了一种全新的可无限存储、可分享数码音乐的方式。披头士乐队的保罗·麦卡特尼（Paul McCartney）是他的首批投资者之一。但是克雷默的音乐播放器有一个致命缺点：它的存储空间太小，只能放一首歌。

苹果公司的工程师们紧紧抓住了克雷默这一富有前瞻性的想法。

2001 年，即克雷默最初的点子诞生的 22 年后，苹果公司首次推出了一个带有环形滚动轮、外壳材料更光滑、内存和软件都更先进的 iPod。

乔布斯后来说："创造就是把事物联系起来。当你问那些富有创造力的人他们是怎么做到的，他们会感到内疚，因为他们并没有真正做什么。他们只在看到一些东西一段时间之后，可以很敏锐地将之与自己的经历联系起来，并合成新的东西。"

当然，克雷默的想法也不是凭空产生的，而是索尼随身听给他的灵感。索尼随身听的发明基于 1963 年出现的盒式磁带，而盒式磁带的产生基于 1924 年的盘式磁带。

回溯历史，所有的东西都是从先于它的发明创新中出现的，这就像是一套逐渐进化着的生态系统。

人类的创造并不是凭空而来的，我们利用经验和周围的原材料来重塑这个世界。了解过去和现在的同时，我们也会为下一步的发展找到出路。通过收集的电子产品，巴克斯顿总结道，一个新点子要想在市场上占主导地位，通常需要 20 年。

由此我们可以看出，对现有的想法的"挪用"推动了创造的进程。

亨利·福特以批量生产的 T 型汽车（Model T）革新了汽车工业。而在 1908 年之前，生产一辆新车是很费劳动力的，每一辆都是精心地将不同零件安装在不同位置上定制而成的。福特的创新在于，将整个生产过程变成了流水线，制造和组装都可以在同一个标准下完成：铁矿石、木材和煤炭在工厂的一端装载，T 型汽车就从工厂的另一端产出。他的流水线改变了汽车制造的方式。

福特曾说道："流水线使得待加工的产品移动，工人在原地进行作业，而不是让工人围着固定不动的产品进行作业。"由于这项革新，汽车以前所未有的速度被生产出来。就此，一个庞大的新产业诞生了。

与苹果公司"挪用"前人众多创新相似，人们也可以追溯福特流水线创新的漫长发展脉络。美国发明家伊莱·惠特尼（Eli Whitney）在 19世纪早期为美军提供了可互换零件的概念：其他武器上的零件也可以用来修复受损的来复枪。对福特来说，这种可互换零件的想法是一个福音，这样一来，零件就可以批量生产，而不是为单辆汽车量身定做。20世纪的烟草工厂通过一系列有序的组装步骤进行流水生产，提高了生产速度。福特发现了其中的奥妙，进行效仿。

福特后来感慨地说："我没有发明任何新东西，仅是把其他人经过几个世纪工作形成的东西，进行改造再运用到了汽车上而已。"

从历史中汲取经验的创新并非仅发生在科学技术上，在人文艺术上同样如此。塞缪尔·泰勒·柯勒律治（Samuel Taylor Coleridge）是一位浪漫主义诗人，他富有激情和狂热的想象力，较为冲动。《忽必烈汗》是柯勒律治创作的一首诗，其创作灵感源于他的一个奇幻梦境。看起来，这首诗的创作产生于诗人和他的缪斯女神的"对话"。

柯勒律治去世后，英国学者约翰·利文斯顿·洛斯（John Livingston Lowes）煞费苦心地通过柯勒律治的藏书和日记来剖析他的创作过程。通过仔细翻阅柯勒律治的笔记，洛斯发现，这些藏书对研究这位诗人很有帮助："（这些书）几乎潜移默化地影响了柯勒律治所有的创作"。

例如，洛斯通过研读柯勒律治的长诗《古舟子咏》中讲述海洋生物的词句"每过一处，留下一簇金色的火焰"，追溯到了探险家库克船长对荧光鱼的描述："在水中生起了人工的火焰"。读罢一节又一节，洛斯充分看到了柯勒律治的藏书对他创作的影响。毕竟，在写这首诗时，柯勒律治还从没在船上待过。洛斯得出结论，是柯勒律治藏书中那些可辨的来源点燃了他炽烈的想象力。

万物都有它的发展谱系，正如美国当代女作家乔伊斯·卡罗尔·欧茨（Joyce Carol Oates）所写的："（人文艺术）就像科学技术一样，应当被看作是一种共同的努力——一种个人向多数人发声的意愿，一种进行综合、探索和分析的尝试。"

无论是发明 iPhone、制造汽车，还是推动现代艺术，创作者们都在重塑自己所继承的东西。他们的神经系统将这个世界装入囊中，并进行操纵，以此来创造可能的未来。很显然，克雷默的设计草图对于 iPhone 的设计师乔纳森·伊夫（Jony Ive），惠特尼的来复枪对于亨利·福特，以及柯勒律治的藏书对于他自己……这些都是他们可以用来消化、吸收并进行转化的资源。

## 扭曲、打破和融合

为什么人类可以迅速地适应周围的一切？《飞奔的物种》一书的两位作者大卫·伊格曼（David Eagleman）和安东尼·布兰德（Anthony Brandt）深入研究发现：这是因为存在着一种叫作重复抑制的现象。具体来说，当大脑习惯了某样东西，之后每次看到它时，大脑对它的反应会越来越弱，分配给它的能量也就越来越少。

比方说自动驾驶汽车。第一次看到它时，你的大脑对它的反应会很强烈，这是因为大脑之前没有见过这种东西，大脑要把它记录在案。当你第二次看到它时，大脑的反应会比上次稍微弱一些，不再像第一次那样在意它，因为对大脑来说它已经没有那么新奇了。第三次见到它时，大脑的反应还要再弱一些，第四次就更弱了。越是熟悉的东西，我们在它身上分配的神经能量就越少。这就是为什么你第一次开车去上班的时候，似乎要花很长时间。第二天，你会感觉开车的时间稍短了一些。再过一段时间，好像没开多久，你就到工作的地方了。当我们对周围世界越来越熟悉，会感觉到有些事情好像"消失"了，以前那些显而易见的，慢慢变得不易察觉。

省下的能量，大脑会用来继续寻找新事物，因为只有随机的、新鲜的东西才能使大脑感到满足。大脑的"喜新厌旧"是创新不断产生的原因。根据大脑的创新机制，在《飞奔的物种》一书中，伊格曼和布兰德两位学者旁征博引，通过阅读、访谈，涉猎诸多领域，如文学、舞蹈、药学、工程和建筑等，获得了大量资料，最后为人们总结出了人类创造力的"3B"法则：扭曲，原版会被调整或扭曲到变形；打破，指的是一个整体被拆开；融合，两个或者更多的素材会结合在一起。

乔布斯、NASA 的工程师、福特、柯勒律治等都是基于先前的东西来重塑世界的。但乍看之下，他们好像是用截然不同的方式完成这些任务的，毕竟，重新制造电子产品、汽车、诗歌和绘画会涉及各种各样的大量的思维活动。看起来，这些有创意的人的确是用一大堆令人眼花缭乱的方法来重塑周围世界的。扭曲、打破和融合——"3B"法则无疑是可以捕捉到在进行创新思维时大脑是如何运作的。

"扭曲"是对现存原型的改造，它通过对大小、形状、材料、速度、顺序等方面进行改变，由此打开了充满各种可能性的源泉。以重塑大小为例，瑞典公共艺术大师克拉斯·奥登伯格（Claes Oldenburg）在纳尔逊－阿特金斯艺术博物馆前的草坪上的作品《羽毛球》，就是将羽毛球放大成圆锥形帐篷的大小。资源既然可以放大，当然也可以收缩。在第二次世界大战期间，瑞士雕塑家阿尔贝托·贾科梅蒂（Alberto Giacometti）作为难民被困在某酒店的一个房间里。由此，他从"小"入手，创作了一系列小型人像。

风挡玻璃的发明也运用了大小可扭曲的思路。汽车时代早期，在黑暗中骑车是危险的，因为汽车靠近时，车头强光灯会导致人们几乎看不见东西。在拿破仑统治时期，一位法国工程师注意到，透过方解石晶体来观察宫殿窗户反射的阳光就没有那么刺眼了。但是有一个困难，几代发明家都致力于把大块水晶应用到实际用途。想象一块由15厘米厚的水晶制成的风挡玻璃——透过它根本无法看清任何事物。像众多前人一样，美国发明家埃德温·H.兰德（Edwin H. Land）也尝试用大块晶体做实验，未果。后来有一天，他迎来了顿悟的时刻：将水晶缩小。通过把人手可握的水晶变成肉眼不可见的东西，兰德很快就成功地制造出成千上万块镶嵌着细小水晶的玻璃。因为晶体非常微小，玻璃不仅是透明的，还可以减少眩光，司机在路上行驶的视野就更好了。

通过扭曲形状，美国建筑师弗兰克·盖里（Frank Gehry），将通常为平面的建筑外部扭曲成了有起伏或有旋转的样子。类似的思路，还使未来的汽车油箱容纳了更多的燃料。一家名为蜗壳的公司开发出一种自身能够层层折叠的氢槽，这种氢槽可以塞进车体中，并通过扭曲的方式尽可能地利用那些未使用的空间。

"打破"，一些完整的事物被拆开；而通过组装这些碎片，一些新的东西出现了。美国抽象表现主义画家巴尼特·纽曼（Barnett Newman）将方尖碑一分为二并进行翻转，创造出了《破残的方尖碑》。同样，法国立体主义艺术家乔治·布拉克（Georges Braque）和毕加索（Picasso）把视平面打破，变成了不同视角角度下碎片的拼图。在杰作《格尔尼

卡》中，毕加索用打破来展现战争的恐怖：平民、动物和士兵都变成
七零八落的碎片，躯干、腿、头……没有完整的形象，都是不连贯的，
这些都是对残酷和痛苦的呈现。"打破"这一认知策略，不仅使艺术创
作得以实现，还让拖拉机得以发明，引发新的技术革新。

19 世纪末期，农民们开始有了用蒸汽机取代马匹的想法，然而，
他们的第一台拖拉机干活的效能却不高。所谓的拖拉机实际上就是街头
的机车，机器太重了，压实了土壤，毁坏了庄稼。从蒸汽转变到油动力
的确起了一些作用，但拖拉机还是很笨重，不易驾驶。在当时看来，机
械耕作好像永远都没有办法实现。然后，北爱尔兰发明家、有才能的
工程师和商人哈利·福格森（Harry Ferguson）提出了一个"打破"的想
法：去掉起落架和外壳，然后把座椅直接安装到发动机上。他的"黑拖
拉机"比较轻，因而能在耕作方面发挥非常好的效果。通过这种保留部
分结构、丢弃其余部分的方式，现代拖拉机的雏形诞生了。

大约 100 年后，将事物分解开来以删除其中部分的做法，也改变了
音乐分享的方式。1982 年，一名德国教授试着申请一个点播音乐系统
的专利，让人们可以通过电话在线订购音乐。可是，音频文件太大了，
德国专利局拒绝了这个看上去不可能实现的专利申请。于是，教授要求
一位名叫卡尔海因茨·勃兰登堡（Karlheinz Brandenburg）的年轻研究生
去研究压缩这类文件的可能性，使音频文件能够变小一点。早期的压缩
方案可用于演讲，但是它们不区分文件类型，把所有文件当成一样的，
属于"一刀切"式的解决方案。

勃兰登堡提出了一个适应性模型，可以灵活地响应声源，使得他制
定的压缩方案能够适应人类听觉的特殊性。勃兰登堡知道，大脑有选择
性地接听信息，例如，较响的声音掩盖较弱的声音，低频声音掩盖了较

高频的声音。有了这些信息，他就可以在不损失质量的情况下，删除或减少听不见的频率。经过多年的精心调整，勃兰登堡和他的同事终于找到了文件最小化和高保真度之间的最佳平衡点：只让耳朵听到必要的声音，使得音频占的存储空间减少了90%。起初，勃兰登堡担心他的公式没有实际价值。但是十几年之后，数字音乐就诞生了，把更多的音乐塞到 iPod 上成了必备任务。通过灵活地排除注意不到的频率，勃兰登堡和他的同事们打破了声学数据，发明了 MP3 压缩方案，建立了网络上大部分音乐的存储基础。面世几年之后，"MP3"成了互联网上搜索量最多的词语。

在"融合"时，大脑会以神奇的方式将两个或更多信息源结合在一起，许多极具创造性的飞跃都是惊人的组合体。"融合"由此带来的创造力也是形式繁多，其与"扭曲""打破"的地位可谓不分伯仲。

其一，生命与生命的融合。古希腊人将人与牛结合在一起，创造出了人身牛头怪兽。埃及人将人与狮子融合成狮身人面像。在非洲，女人与鱼融合成海洋精灵，是一种美人鱼。到底是什么魔力让大脑"生成"这些怪兽呢？其实，人们以前就发现大脑能够将不同的概念糅合在一起。大脑也会将动物与动物融合：希腊的飞马是一种带翅膀的马；东南亚的狮身象面兽一半是大象一半是狮子；等等。与古代神话学一样，现代超级英雄往往也是各种神奇的融合物：蝙蝠侠、蜘蛛侠、蚁人、金刚狼等。神话传说与科学有不少相通的地方。

美国怀俄明大学遗传学教授兰迪·刘易斯（Randy Lewis）认为蜘蛛丝有极大的商业潜能：它要比钢强数倍。如果蜘蛛丝可以大批量生产，就可以生产出超轻防弹服。但蜘蛛很难养殖，一旦数量增多，它们便会以彼此为食。除此之外，要想从蜘蛛那里获取蜘蛛丝非常困难：养殖

100 万只蜘蛛需要用 82 个人，花数年时间，才能提取足够的丝以织出约 4 平方米的布。后来，刘易斯想出了一个有创意的点子：将负责产丝的 DNA 植入山羊的基因中，生成了蜘蛛羊弗利克莱斯，它看起来像一只山羊，但产的奶中有蜘蛛丝。刘易斯和他的团队挤出奶，并在实验室中提取蜘蛛丝。遗传工程开创了现实生活幻想的前沿阵地，人们不仅创造了蜘蛛羊，还创造了能生产人类胰岛素的细菌，以及有海蜇基因的鱼和猪，还有世界上首只转基因狗，它有海葵的基因，在紫外线的照射下会变成荧光红色。

其二，生命与非生命融合。我们的神经网络交织在一起，往往能构建自然世界知识的另一道纹理。以 3D 打印家具闻名的荷兰设计师约里斯·拉尔曼（Joris Laarman）使用软件模拟人类骨骼的发育方法，然后，打造他自己的"骨头家具"。正如骨骼自身会优化骨质分布一样，拉尔曼按照同样的道理，在家具的承重部分使用了更多的材料。

日本工程师中津英治（Eiji Nakatsu）采用融合自然的办法解决了一个复杂的问题。他的工作是设计子弹式高速列车，但这种列车有一个天然的缺陷：列车的扁头在高速行驶时会产生刺耳的噪声。作为一名痴迷的鸟类观察者，他发现，翠鸟的锥形嘴可以让它在捕捉水中的鱼时不使水起波澜。根据这一认知思维，中津英治提出了针对子弹式高速列车问题的解决方案：在列车头部装一个像鸟嘴一样的"鼻子"，能够让列车在以每小时 320 多公里的速度行驶时降低噪声。

与中津英治的创新思路相映成趣，津巴布韦哈拉雷伊斯特盖特中心的建筑师米克·皮尔斯（Mick Pearce）在设计"东门中心"时也采用了类似的策略。非洲白天的气温可高达 40℃，夜晚又会降至 2℃以下。为了让土丘巢穴保持在相对恒定的温度，非洲白蚁进化出了精巧的筑巢本领：通过在顶部和侧面开凿出一连串的通风孔，为自己的土丘打造出了被动冷却系统，风可以将地下巢穴的热空气通过通风孔带出建筑体。白蚁们甚至还会依靠打开或关闭通道来控制气流。"东门中心"是一栋位于津巴布韦首都哈拉雷的办公综合建筑，借鉴非洲白蚁的解决方案，热空气可从建筑物顶端成排的烟囱中排出，而较冷的空气则从地下流入。整栋建筑没有使用空调就能保持凉爽，相比同等规模的传统建筑，它只需要使用十分之一的电能。

其三，数码世界与模拟世界融合。计算机的处理能力比人类强，但是人类的一些非常普通的技能却会难倒计算机。其中一项技能便是图像识别，让一个小孩找一张照片非常容易，但对计算机来说却非常难。对计算机来说，一张数码照片不过是不同颜色和密度的集合。计算机为了学习高阶图样，需要记住数以百万计的案例。这一问题在 21 世纪早期凸显出来，当时网友上传了数十亿张图片。谷歌公司想找到一种将这些图片自动打标签的方法，经过各种努力，始终无法找到一个可行的算法。

美国卡内基梅隆大学一位名叫路易斯·冯·安恩（Luis von Ahn）的计算机科学家解决了这个问题。他将人与机器连接在一起，发明了"ESP 游戏"，其原理如下：世界上任意地方的两个人上网，看到一张图片并提供该图片的描述文字，当两个人说出同一个词时，如"美洲虎"，计算机便将其视为人类的无偏见确认，然后用这个词标注图片。两个人继续玩这个游戏，不同的图片被标上不同的词，如森林、动物、爪子、树、休息等。人类识别，然后计算机做记录。没有人能够单独将数百万张图片分别标注，但只要人们相互合作，就能够创造出在网络上给图片贴标签的基本方法。

其四，现在与过去融合。人类喜欢将不同事物融合的特点，还体现在我们将现在和过去进行结合的方式上。在电影《回到未来》中，马蒂·麦克弗莱（Marty McFly）回到 30 年前，意外阻止了他的父母相见，因此危及了他的出生。在雷·布拉德贝瑞（Ray Bradbury）的《雷霆万钧》中，一名猎人到了侏罗纪时代，当时人类还远未出现，他在那里踩到一只蝴蝶，改变了未来的一切。

很显然，"3B"法则是大脑用来将经验转化为新的输出的工具，它们是一项发明软件部分的基本例程。原材料取之于我们参与世界的每一个方面：措辞、即兴音乐、玩具、照片、令人眼前一亮的概念，以及我们所积累的每一段记忆等。通过把"扭曲""打破"和"融合"交织在一起，人们让思想相互联系，并将他们的经验分解，继而组合成新的形式。一切文明都是从衍生、重新装配和重新组合的曲折道路开始的。

## 创造性思维才是生产的核心

纵观人类创新史，无论商业、科技、艺术、建筑等等，我们都可以看到"3B"法则在创新上的广泛应用。通过运用"3B"法则，无论企业、组织或个人，都能获得源源不断的好创意。在伊格曼和布兰德两位学者看来，好创意是第一步，如何让创新真正流行起来，这就需要创新者拥有 4 个方面的思考维度，从而帮助人们更彻底地实现创新领域的"自我进化"。

第一，打破传统：在原有基础上创造新可能。一直以来，人类都通过打破自身确立的事物来进行自我更新：从老式旋转拨号电话到按键拨号电话，之后又变成砖头样子的手机，然后是翻盖移动手机，再到今天的智能手机。电视机在变得越来越大且越来越薄的同时，也加入了无线、曲面和 3D 技术。创新已经融入我们的文化血液之中，我们对新事物的渴望永远都不会满足，也不会适可而止。

永不停息的大脑使我们不仅着手改进不完美的事物，同时也愿意修改那些看起来已经完美的东西。人类不仅打破不好的东西，对好的东西也一样要打破。创造者们对于过去持有不同的态度，有人欣赏，有人蔑视。但是，他们有着相同的特性，即他们都不希望把一块块积木粘在一起。正如英国小说家威廉·萨默塞特·毛姆（William Somerset Maugham）所说："传统是用来参考的，不是遵守的。"历史可以被崇敬，但是绝不是不能触碰的。由此不难看出，为什么汽车制造商会不断推出不会批量生产的概念车？为什么前卫的高档女子时装即使没人会穿，还是年年推出新设计？因为一切总在变化，打破传统，跨越可能性边界，才能找到新大陆。

第二，增加可选项：在新层面创造突破性可能。1921 年的某一天，一位来自美国亚拉巴马州的黑人来到国会大厦。他一直都想要解决因长期种植棉花而导致的土壤耗损问题，他发现花生是理想的轮作植物。这一天，他要在这个种族分裂的国家，面对美国众议院筹款委员会，说明花生是一种很好的经济作物。他遭遇多次打断和刁难，但他并没有被种族歧视的言论影响。他用 47 分钟，介绍了 100 多种利用花生的好方法，包括花生面粉、花生墨水、花生调味品、花生奶酪、花生饲料、用花生做的辣酱油，还有花生面霜，他甚至还提到了花生咖啡。最终他因发明了利用花生的多种方式，而赢得了国会的认可，同时，他也成了南方农场主的民间英雄。这个人就是美国著名的教育家、农学家、植物学家乔治·华盛顿·卡弗（George Washington Carver）。

为什么卡弗会受到如此的重视与欣赏？因为生成各种选择是创新的基石。贝多芬（Ludwig van Beethoven）用一首瑞士民谣改编出 6 支变奏曲，用《上帝保佑女王》改编出 7 支，又将莫扎特的一首曲子改编出 12 支。1819 年，奥地利作曲家安东·迪亚贝利（Anton Diabelli）将自己所作的一首圆舞曲寄给了同行，希望他们每一位都可以就这首圆舞曲创作出一支变奏曲，放在自己计划要发行的曲集中。贝多芬就迪亚贝利的圆舞曲写了整整 33 支变奏，而不是迪亚贝利所要求的 1 支，他所提供的选择范围使得其他人相形见绌。相似地，毕加索就浪漫主义艺术家欧仁·德拉克洛瓦（Eugene Delacroix）的《阿尔及尔的女人》画了 15 张变体画，就马奈（Edouard Manet）的《草地上的午餐》画了 27 张变体画，以及就迭戈·委拉斯开兹（Velazquez）的《宫女》画了 58 张变体画。大脑将经验库中的内容扭曲、打破、融合，想象"如果……会……"，来思考并创造更多的可能，而不是仅运行设定好的算法。

换言之，给大脑增加可选项，从而使更多的内容和选择进入到其网络之中。所以，你的可选项一定要够多。总部位于美国波士顿的铿典创新公司开始开发激光美容仪时，他们第一步做的便是定义它的理想特质：专业、精密、优雅、易操作和智能。创意团队的每个成员在自己的日志中写下想法，然后将自己最喜欢的想法在更精确的图纸上表现出来，这些想法既有普通的，也有遥不可及的，这进一步缩小了选择范围。随后出现了实验员能够拿在手里的外观模型，再通过购买意向测验来确定顾客的实际购买偏好。

第三，从原点发散：在可控范围内创造有价值的可能。每一年，蜂巢里的蜜蜂都会分成两队。一半留在蜂巢中，而另一半则会去寻找另一个充满鲜花、适合当新家的地方。这是"开发—利用"平衡的一个典型：在一个栖息地的食物枯竭之前，一部分个体会出发去寻找更富饶的土地。蜜蜂并不知道哪一个区域的食物最丰富，因此它们先派遣一队侦察兵。这些侦察兵以蜂巢为中心，以扇形向各个方向展开，飞往不同距离的地方。

我们人类也有相似的能力，以现有的标准为基准，生成不同的选择。比如，作为科学家，爱因斯坦用他的想象力改变了人们对时空的看法。但是，他还有鲜为人知的一面：他常常忙于解决一些实际的问题，做一些新奇的设计，像电冰箱、回转罗盘、麦克风、飞机零件、防水外套以及新型照相机等。同样，爱迪生的创造性思维也是从原点向不同方向、不同程度进行发散。爱迪生的首批专利都相对保守，主要集中于改进已有的技术，像格雷厄姆·贝尔（Graham Bell）发明的电话。但是，在这些发明中，也有一些具有突破性，像留声机。他的速写本上还有关于飞行器引擎的一些思考记录，这比莱特兄弟的首次飞行要早35年。在爱迪生其他超出当时社会现实很多的一些尝试中，水下电报系统是一次失败的尝试。爱迪生素来以注重实践及处理日常生活中的问题而出名，但是当他被委托写回忆录时，却起草了一部未曾发表的未来主义小说。在这部小说中，他想象出一个乌托邦，在那里，人们变成在水下生活，住在"贝壳组成的屋子"中，"靠太阳引擎利用太阳能，并用热辐射来进行水下摄影，还有一个不受水影响的全球通用纸币体系"。从细微的改进到创新，再到异想天开，爱迪生的一生都在不同方向、不同程度上进行探索。

我们知道，在做有用的创造时，总有一个普遍的困难：你无从得知大众是否需要这些发明创造，或他们是否会接受这些发明创造。与其停留在一定的范围内进行探索，不如在距离原点远近适当的范围之间，产生一系列不同的想法和创意。

第四，容忍风险：在不确定中创造确定的可能。戴森公司创始人詹姆斯·戴森（James Dyson）发明第一款无袋吸尘器的过程，就是一次又一次克服失败的过程。他用了 5127 台原型机和 15 年的时间来确定最终上市的模型。他在讲述发明过程时，肯定了错误的重要性："一个发明家的一生中会有无数次想要放弃某个想法的时刻。在我做第 15 台原型机时，我第 3 个孩子出生了；在做第 2627 台原型机时，我和我的妻子真的穷得叮当响了；到做第 3727 台原型机时，我的妻子为了挣到额外的现金，在外面教艺术课。这些都是艰难的时光，但是每次失败都将我带到离答案更近的地方。"

在伊格曼和布兰德两位学者看来，面对错误时的冒险和无畏，推动着想象力的"飞奔"。大脑神经像一片相互交错的森林，由于为了效率而生，因此它往往会首选经年屡用的答案，很难直接把最意想不到的想法付诸行动。达·芬奇在解决任何问题时，都不相信自己想出的第一个答案，而是继续探索更多、更好的答案；他会怀疑，第一个答案可能是常规思路的产物，因此并没有十足的创造力。他总是走那条阻力更大的不寻常之路，以探寻大脑深处未经开采的地方。

从爱因斯坦到毕加索，再到乔布斯和戴森，这些有重大突破的人往往都是多产的。这提醒我们，创造性思维才是生产的核心。同许多人类的努力一样，创造力需要通过实践来加强，而创造性的输出通常需要许多次失败的尝试。因此，在人类历史上，新的想法扎根并生长于容忍失败的环境之中。

第四章

# 塑造我们时代的
# 隐秘经济系统

运转良好的复杂系统为我们带来了各种各样的好处，所以我们愿意（也应该）接受偶尔的失败。相比于市场顺利运转时为我们创造的巨额利润，一小部分市场上出现的短暂"闪电崩溃"（简称"闪崩"）造成的损失，只不过是微不足道的代价。复杂性无处不在，也就意味着恶龙无处不在。然而，我们直面熟悉的恶龙总好过面对未知的危险。因此，我们拨出一部分精力进行科学研究，以更好地理解复杂系统如何运行，即它们如何被创建、如何得到控制。这是我们迈向高度互动的世界应该进行的不可或缺的投入。为了能在复杂性大行其道、险象环生的世界中幸存下来，我们应该更加积极主动而非消极应对。

——约翰·H. 米勒（John H. Miller），

复杂系统科学首创者之一，卡内基梅隆大学学术带头人，

埃利奥特·邓拉普·史密斯奖得主

全球化的时代，几乎所有事情都是协同运作，甚至需要依赖全球的资源来完成，不论是产品生产、销售，还是股票市场、城市发展、金融服务、互联网络、科技竞争，还有黑道犯罪……甚至连病毒都可能全球化传播（透过航空及其他交通运输渠道）。因此，我们生活的环境已经变得牵一发而动全身，你永远不知道你的一举一动借助媒介的传播，会影响到多少人。

在一个具有"政策阻力"的系统中，多个参与者有不同的目标。如果任何一方的态度有所让步或放松，其他各方就会把系统往更靠近自己目标的方向拉，导致系统更加远离让步一方的目标。因此，每一方都不得不付出巨大的努力，以使系统保持在谁也不希望看到的崩溃状态。

# 做复杂世界的"野外生物学家"

莱特兄弟于 1903 年制造的飞机可以说是"简约主义"的杰作，只有很少的几个部件，载人后总重量仅为 340 千克；今天，制造一架波音 747-400 飞机需要用掉 67000 千克铝材，600 万个独立部件和 275 千米管线。这是个普遍现象，在过去的 200 年里，人们制造出来的机器所包含的零件数量一直在大幅增加。衡量软件复杂性的常用指标之一是程序代码的行数。据估计，微软操作系统的源代码行数近 10 年增长了 10 倍。Photoshop 的源代码行数在过去 20 年里爆炸式增长，几乎是 1990 年的 40 倍。在电话通信系统中，类似的情况同样存在，随之而来的还有巨大的复杂性。20 世纪 20 年代，美国的电话通信系统已经拥有了大约 480 万千米的收费线路和大约 1700 万部电话。要知道，就当时而言，电话才刚刚问世几十年；而时至今日，相关的技术生态系统已遍布全美。

在《创造力差距》一书中，加拿大政治学家、生态学家托马斯·霍默 – 狄克逊（Thomas Homer-Dixon）描述了他于 1977 年在法国斯特拉斯堡参观高能粒子加速器时的情景。当时，他问一位在那里工作的科学家，想知道是否有人明白整台加速器到底有多么复杂，结果得到的答案是："没有任何人能够完全搞懂这台机器。"后来，霍默 – 狄克逊回忆说，这个答案令他深感不安。从那时起，粒子加速器以及人类所构建的其他一切事物的复杂程度，几乎都在不断增加。

美国计算机科学家丹尼尔·希利斯（Daniel Hillis）认为，我们的世界已经从"启蒙"转向了"纠缠"，至少技术领域肯定如此："技术已经变得如此复杂，以致我们无法完全理解它，也无法完全控制它。我们已经进入了'纠缠时代'……每个专家都只了解难题的片段，却无法把握难题的整体。"就连作为技术创造者的专家都无法完全了解技术了。

复杂性科学研究专家、哈佛大学医学院研究员塞缪尔·阿贝斯曼（Samuel Arbesman）在他撰写的《为什么需要生物学思维》一书中指出，在"纠缠时代"，我们会因为两种相互关联的原因失去控制权：第一种，无法完全把握庞大而复杂的系统结构和动态，即无法把握系统的不同部分以整体的形式相互作用；第二种，无法获取足够多的必需的、用以理解这些系统运行方式的专业知识。

## 水中的浮标和岸上的浮标

为了更好地理解复杂性，阿贝斯曼化繁为简，通过"水中的浮标和岸上的浮标"进行对比，做了形象而又通俗的解读。

有许多水上浮标被绑在一起，漂浮在水面，当一艘船经过时，其尾流会形成一个个小波浪，从而使浮标一个个动起来，但是，每个浮标都无法单独"行动"。因为每一个浮标都通过绳索连接着不同重量和大小的其他浮标，所以任何一个浮标的行动，都会带动其他浮标产生相应的行动。这些行动还可能会引发意想不到的反馈过程，也就是说，浮标的行动会间接地影响到自身。于是，船的简单尾流，在这个复杂的浮标网络中引发了大量级联式的行动。如果船以其他方式驶过，比如以另一种速度或角度，那么浮标的行动可能会完全不同。

当人们把浮标从水中捞出来，扔在码头上。它们可能被排列得非常巧妙，却很难描述清楚，我们需要颇多文字才能讲明白它们之间的相对位置，或许还需要附上一些图表，以便日后能复制出同样的排列方法。但是，无论被排列成什么样，这里也不会有趣事发生。因为在这个精巧的网络中不存在级联效应，也不存在反馈过程。说到底，只不过是一堆可以漂浮的东西被放在了码头上。

水中的浮标形成了一个复杂的系统。那么码头上的浮标呢？它们的排列也许看上去很巧妙，但其所构成的系统最多只能说是庞杂的。任何一个系统，要想成为一个复杂的系统，仅仅包含很多组成部分是不够的，各部分之间还必须相互关联，并在"嘈杂的舞蹈"中相互作用才行。在这种情况下，我们可以观察到某些行为特征，那是复杂系统的标志：微小的变化通过网络被级联式放大，并引发反馈过程，同时敏感地依赖于系统的初始状态。这些特征，与其他一些特征一起，使系统从"庞杂的"变成了"复杂的"。

对于这种区别，还可以从另一个角度来思考：生物在活着的时候是复杂的，而死后最多只能说是庞杂的。死去的动物虽不失其复杂特性，但其内部本身却没有任何过程在发生：整个生命网络，比如血液循环系统、新陈代谢系统、神经系统等，都很"安静"。生命是运动和相互作用的"狂暴之流"，投其复杂精妙，在有生命的机体中，再小的变化都会被级联式放大，进而引发大量行为。另外，即使一个系统是动态的，比如浮在水中的一堆没有被连接起来的浮标，因为其内部不存在相互联系，没有反馈的可能性以及其他类似的属性，所以我们也只能称其是"庞杂的"，而非"复杂的"。

如果将技术定义为人类为特定目的而设计和构建的各种类型的系统，那么就不难注意到，当今最先进的技术几乎都是复杂的系统：动态、功能复杂、规模庞大，而且拥有近乎有机生命体般的复杂性。这些复杂的系统遍布我们周围，从汽车软件到电脑设备，再到城市基础设施。

## 如何面对系统的吸积和交互？

阿贝斯曼研究发现，各种技术系统皆会随着时间的推移而越来越复杂，究其首要原因，也是最显而易见的原因是系统内部存在着双重力量：吸积和交互。也就是说，随着时间的推移，系统的组成部分越来越多，同时组成部分之间的关联也越来越多。

一直以来，许多大型系统的基础都是较小和较陈旧的系统。只要这些系统能够继续平稳地运行下去，就不会有人在意那些旧东西上面到底堆了多少新东西，系统中到底累积了多少次第加入的片段。据媒体透露，直到 2007 年，美国国家税务局所使用的报税系统，依旧是沿用 20 世纪 60 年代早期开发出的系统，也就是肯尼迪政府时期开发的系统。美国国家税务局所使用的另一个系统则始建于 20 世纪 70 年代，并于 1985 年进行了大修。与此类似，美国的航天飞机在执行最后一次航天任务时，所用的平台是由 5 台 IBM 计算机组成的，其计算能力甚至还比不上今天的一部普通智能手机。然而，这些软件和技术仍然在使用着。

1975 年出版的《人月神话》一书中，美国计算机科学家小弗雷德里克·P. 布鲁克斯（Frederick P. Brooks Jr.）讨论了有关软件设计和项目编程的管理问题。在这本书中，他引用了业内的一句俗语："每次加一点，每次加一点，最后就有了一大堆。"每一个独立设计，无论是为了修复，还是用来提供新功能，看上去都不过是一次独立的选择，而且都很合理：要么解决了问题，要么为用户创造了新的令人兴奋的功能。然而，日积月累下，它们终会变成"一大堆"。从交通运输业到能源业，再到农业，我们都可以从中清楚地看到，但凡是大型的技术系统，就定会发生这种情况。

举例来说，一大堆石头不一定会成为问题，即使它们看上去可能很难处理、过于零乱，但不一定深奥难解。真正的问题是，当我们创造的"一大堆"引发出意料之外的状况时，我们就会遭遇"雪崩"。不幸的是，我们不断地往技术系统中加入一个又一个片段，"雪崩"在所难免。"一大堆"不仅变得更大，而且变得更难琢磨了。

吸积过程的结果之一就是形成了人们常说的遗留代码或遗留系统，即过时的机器和技术，也就是开发出来之后使用至今的机器和技术，譬如美国国家税务局所使用的报税系统。这种老旧的系统并不罕见，甚至可以说相当常见。它们经历了多年的吸积过程，成了拼凑起来的系统，从科学模型到城市基础设施，几乎无处不在。例如，在城市的排水系统中，既有服役超过百年的旧管道，也有刚刚埋设好的新管道。

就计算机领域而言，很多技术系统都依赖于已停产的旧型号计算机系统，而且程序代码也是用早已退役的编程语言所写。例如，许多科学软件现在都成了遗留系统，它们一般都是用 Fortran 语言编写的，那是一种功能强大但早已过时的编程语言。随着技术的高速发展，如今我们再来看 Fortran 语言编写的计算机代码，就好像是在看中古时代的英语。

在这里，不妨引用《全球概览》杂志的创始人斯图尔特·布兰德（Stewart Brand）在《万年钟传奇》一书中的说法："通常，这些已经过时的遗留系统，在过去的许多年里，一直都扮演着十分重要的角色，若是替换掉它们，必定会'伤筋动骨'，恐怕没有人能够承担这样的后果。此外，它们也是无法被完全修复的，一是因为问题过于复杂，二是因为没有人完全了解整个系统。"

以税法为例。事实上，美国的税法早已复杂不堪了，立法者也早就承认了这个事实。税表的使用说明已经从 1940 年的 2 页，增加到了 2013 年的 200 多页。鉴于此，如果你在申报纳税时，因为法律法规太过复杂而出了错，那么最高法院会裁定你无罪，因为你在错误报税这件事上并没有"主观故意"。尽管如此，就法律体系本身而言，在现有税法上修修补补，要比重新制定更容易，也更有效。

行政人员和行政机构的数量也出现了类似的增长趋势。20 世纪 50 年代，《经济学人》杂志中有一篇文章提到了帕金森定律，并定量地描述了行政人员数量的增长规律。虽然这篇文章的观点还不太完善，但帕金森定律毕竟有数据的支持，其结论到今天仍基本成立：政府部门的行政人员数量以每年 5% 至 6% 的速度在增长。毫无疑问，随着行政机构的规模越来越大，机构的管理问题只会越来越复杂。

事实上，软件界已经将吸积和积累奉为普适规则。就发展而言，软件系统的规模势必会与日俱增，除非有人积极地尝试简化它们。

无论何种技术系统，终将变得日益复杂。但是，当仔细观察技术系统中的遗留代码时，我们都会发现，真正的复杂性绝不仅仅只体现在日益扩大的系统规模上。毕竟，只有和另一个因素结合起来，吸积才能使技术系统变得复杂，这个因素就是交互。

随着计算机程序变得越来越庞大、越来越复杂，代码也变得越来越复杂，而且绝大部分代码的聚合方式都是令人费解的。为了确保大型程序仍可控，人们开发出了各种各样的技术方法，例如版本控制、错误跟踪，以及跨团队沟通工具等，但是这些方法通常都只是"战斗失败"后的亡羊补牢之术。不仅软件代码本身在不断吸积，每个组成部分也在越来越频繁地与其他组成部分进行交互。与存在于"真空"中的全新项目有所不同，任何一个计算机程序都是一个大规模的互联系统：不仅会作用于自身，还会与其他程序相互作用。我们在旧代码中一次又一次地加入新代码，并以出其不意的新方式去使用它们，以此将各个层次拼接在一起。

交互过程，包括许多意外交互在内，有时会因编程语言本身的原因而加剧。即使是刚入门的程序员也知道，GOTO 语句会带来麻烦。在BASIC 编程语言中，通过设置 GOTO 语句，可以让程序轻松地从某一行跳转到另一行。换句话说，如果代码中包含了 GOTO 语句，那么程序就可以轻松地从某一行指向另一行，从代码中的一个点跳转到另一个点。如此容易便能实现跳转，难怪有人会说，对于那些想要对自己的计算思维进行测试的文科生而言，GOTO 语句无疑是"天赐良品"。

在一个小程序中，使用 GOTO 语句实现跳转，既容易又无伤大雅。但是，随着程序变得越来越大，GOTO 语句最终会将代码绑定到某些庞杂的节点上，但即使是最熟练的程序员也无法解开这些庞杂的节点。在这种情况下，要想搞清楚程序指令执行的次序几乎是不可能的，这也是为什么这样的计算机程序特别容易出现一些令人意想不到或无法理解的行为。

在人们构建的其他类型的技术系统中，互联性同样在不断升级。例如，在法律体系中，由于每项新的法律法规都与以前的法律法规相互关联，因此我们很难预测单项法律条文的效果。

《无法生活：将美国人民从法律丛林中解放出来》的作者、美国倡导法律改革领袖人物菲利普·K. 霍华德（Philip K. Howard）曾仔细分析过贝永大桥这个案例。贝永大桥是连接纽约州和新泽西州的主要通道之一。由于这座百年大桥的桥梁实在太低，以致那些前往纽瓦克港的现代集装箱船无法顺利通过。纽瓦克港是一个重要的商业中心，那么应该怎么办呢？在人们提出的各种解决方案中，有一个方案是这样的：对这座桥进行改造，适度提高桥梁高度。这应该是成本最低的方案了，也是在2009 年脱颖而出的方案。但是，改造工程拖了很多年都未能启动，因为人们难以应对吸积和交互的综合作用。与大桥改造工程有关的规章制度总共涉及 19 个政府部门的 47 份许可文件，从环境影响评估报告到历史影响评估报告，不一而足。其他地方也出现过诸多类似情况，一些公共项目需要 10 年左右的时间才会获得批准，因为相关的规则和流程冗长繁多。正如霍华德所说，这种情况在很多时候甚至是致命的，比如，老化腐朽的基础设施如果未能得到及时整修，就有可能夺走许多人的生命。

研究员迈克尔·曼德尔（Michael Mandel）和黛安娜·卡鲁（Diana Carew）就职于美国进步中心，他们将规则体系的增长称为"监管积累"，即随着时间的推移，规则会变得越来越多。换句话说，每一条法律法规都是合理的，但当它们被放到一起时，就有可能会因为相互作用而变得异常"软弱"，甚至可能以令人惊讶和意想不到的方式产生冲突。

人们不仅越来越多地将某项技术的各个组成部分关联起来，而且还越来越多地将不同的软件和技术关联起来。后者是一种高阶互联模式，也就是互操作性。

让各项技术互通，也就是让不同系统进行交互，相互传递信息通常是一件好事。例如，因特网之所以拥有如此强大的功能，就是因为其连接的机器数量极其庞大，而且可以在无数机器之间传递信息。当你问Siri"世界总人口是多少"时，你的苹果手机会通过 Wolfram Alpha 服务获取到答案，然后回答你；当你使用谷歌地图时，它会告诉你利用"优步"去往目的地可能要花多少钱。这些都是互操作性的实例。但是不要忘记，让不同系统互通的同时，我们不得不去面对陷入复杂世界的巨大风险。我们现在不仅建成了互联网络，比如由不同计算机和设备组成的互联网，而且还建成了拥有众多子系统的大型互联系统。

除了互操作性之外，不同类型的技术之间还会产生相互依赖性，例如互联网与电网之间的相互依赖性。研究者在研究了多种类型的系统，并了解了它们的优缺点后指出，某些系统在多种条件下均可能会出现故障或崩溃。例如，某个规模相当小的电网出现了故障，继而引发了无法收拾的级联效应。对于这种风险，有一种观点是：将技术系统之间的相互联系切断，然而，这种想法的可操作性几乎为零。互联系统的构建成本其实很低，在当今这个充满互操作性的时代，工程师和设计人员都在有意为各个系统创建接口，因此，不同的系统可以很容易被关联起来。

人们在构建新事物时，通常都会在故障成本和构建成本之间进行权衡。我们需要知道，如果出了故障，失败的成本会有多大。如果 Word 崩溃了，那么尚未保存下来的东西将会丢失，尽管没有人希望看到这样的结果，但这个故障的成本的确是相对较低的。如果电网出了故障，并导致一个国家的很多地区停电，那么故障的成本就极其高昂了。例如，在 2003 年，美国东北部的大停电对 5000 万人的生活和工作造成了影响，并导致 11 人丧生，直接损失估计高达 60 亿美元。

每一项故障成本都应该拿来与系统的构建成本进行比较。纵观历史，我们所构建的系统越重要，构建成本就越高。例如，构建银行系统的基础设施所耗费的资源，比编写一个聊天程序要多得多。因此，我们必须确保那些昂贵的系统不易发生故障，而这又意味着需要增加构建成本。换句话说，在极高的构建成本面前，通过大量检查和测试来降低故障成本的做法，变得至关重要。

很显然，为了更多更好地了解这个世界上的复杂系统，比如人体，我们需要将传统医学分解为众多专业化的医学学科。与此同时，我们正在构建的系统，或者说使世界运行起来的技术，却日趋庞大和复杂。于是，我们又不得不将许多不同的专业领域"缝合"到一起。举例来说，金融系统的构建需要物理学家参与；计算机系统的开发也需要经济学家参与。又例如，无人驾驶汽车的设计有赖于软件、激光、汽车工程、数字测绘等领域的专家的通力合作。

换言之，专业化帮助我们不断取得进步，同时我们也更加依赖于跨领域"汲取营养"的系统，这就要求我们必须对所有相关领域了如指掌。然而在今天，任何人都不可能拥有全部知识，这也就意味着，无论对谁来说，这些系统在整体上都是不可理解的。

解决方案之一是推进多学科和跨学科的团队合作：将不同领域的专家组织到一起，这样就有可能在前沿地带取得突破，进而构建出特别强大的复杂系统。

## 生物学思维和物理学思维

某次，一位年轻人请美国物理学家恩利克·费米（Enrico Fermi）说出粒子物理学所研究的诸多粒子的名字，费米回答说："年轻人！如果我能记住所有这些粒子的名字，我就是一名植物学家，而不是物理学家了。"博物学家是什么样的？比如约翰·詹姆斯·奥杜邦（John James Audubon），他对美国境内的鸟类进行了分类和绘图。与物理学家不同，博物学家认为应该了解每一个物种的细节，就算不知道所有物种之间的相互适应性，至少也要知道它们的名字，这是十分重要的。

在自然界中，也唯有通过研究生物进化中的错误和故障，譬如突变和疾病，人们才有可能了解生命系统的奥秘。例如基因复制过程中出现的错误，从染色体畸变到 DNA 中不正确的代码复制，以及它们所导致的、可见的差异或缺陷，都是我们了解基因功能的突破口。研究果蝇的基因突变，有助于我们深入理解生命体如何从单细胞发育而来，以及基因蓝图如何培育出完整个体。具体来说，生物学家破解控制身体形态的关键基因序列的途径之一，就是观察一种可怕的触角足突变体，即一种在原本应该长触角的地方长出了腿的苍蝇。

对于技术系统，我们也需要采用同样的方法。"数字世界"是技术史学家乔治·戴森（George Dyson）提出的一个术语，这个世界正在超越人类的控制范围。根据戴森收集的数据，在 1953 年 3 月，世界上只有 53 千字节的高速存储空间（RAM）。时至今日，一台个人电脑所拥有的存储空间已是这个数字的 10 万倍有余。"数字世界"还在继续变得更丰富、更庞大、更互联化，它的发展速度是很多人都未曾想象到的。不仅如此，"数字世界"正变得越来越独立于人类。在全球范围内，信息的传播速度比我们能识别得更快，而且一直在以奇妙的、出人意料的方式相互缠绕着、作用着。

虽然无法理解所有技术系统之间的所有交互，但这并不妨碍我们成为"技术博物学家"。我们可以将系统及其各部分的多样性记录下来，并加以分类。即使无法完全理解整个系统，我们也可以通过考察异常情况和分析故障等方式，获得卓越的见识。

17 世纪中叶，一位名叫纳撒内尔·费尔法克斯（Nathanael Fairfax）的英国医生在科学杂志《哲学学报》上连续发表了几篇论文。费尔法克斯观察到一些很有趣的现象，并决定通过这些论文把他的发现告诉同时代的科学家们。

其中一篇论文的标题是《人类自然特性潜移默化的实例：无论是在人身上还是在野蛮人身上》。在这篇论文中，费尔法克斯讲述了一个 40 岁左右、习惯喝热啤酒的男人的故事。有一天，这个男人在喝了一杯冰镇啤酒后病倒了，并在几天内死去。费尔法克斯就此推测：人的胃，很可能只能适应一定范围内的温度。费尔法克斯还写了一个女人的故事：每次听到雷声，她都会觉得恶心。不过，费尔法克斯没有去推测为什么雷声会对这个女人产生这样的影响，只是指出："这位女士从孩提时代起就一直如此。"

我们现在知道，尽管费尔法克斯没能实现他的目标——从记录下来的这些观察结果和事实中总结出某种理论，但是他的观察本身就极具价值，至少这是"理解"的第一步。

在同一时期，年轻的牛顿正在思考物体如何移动，以及光线如何传播。牛顿于剑桥大学三一学院求学期间，一场瘟疫席卷了整个英国。为了预防疫情，剑桥大学临时闭校。于是，牛顿回到了故乡伍尔斯索普庄园生活了几年。也就是在那个时期，他对微积分、光学和行星运动规律等方面的研究取得了根本性的进展。他研究了数学推理和演算，还做了一些实验，比如为了分析颜色的性质而在自己的眼窝上插入一枚长针，以及观察苹果如何从树上掉下来，等等。与费尔法克斯一样，牛顿对观察所得的材料进行了分类和编目；不同的是，牛顿还总结出了一套支配物理世界的定律，并用数学公式将它们描述了出来。

在某种意义上，我们可以说，费尔法克斯和牛顿在同一时期、同一个国度所进行的不同研究，代表了两种理解宇宙复杂性的方法，而这两种方法还存在着竞争关系。

牛顿试图将观察到的所有不同事物都统一起来，也就是通过一组优雅的解释来简化世界的多变性和多样性。通常，他所利用的只是几个公式或定律而已。关于这一点，我们可以在他发现的万有引力定律中看得非常清楚。这个极简公式反映了从物体坠落、潮涨汐落到行星运行等诸多现象的普遍规律。而在今天，物理学家之所以会孜孜不倦地探寻能够一统天下的万用理论，也是出于与牛顿相同的愿景，希望能够发现可以作为人类已知的、宇宙各方面基础的秩序；并让宇宙的每个组成部分都各归其位，将它们放在适当的位置上。英国科学家托马斯·亨利·赫胥黎（Thomas Henry Huxley）有一句名言，"科学的巨大悲剧"是"一个丑陋的事实往往会杀死一个美丽的假说"。他的意思是，优雅的理论是科学的目标，当某个事物与优雅的理论相悖，或令理论复杂化时，科学便会遭遇最大的悲剧。

费尔法克斯则放弃了对理论优雅性的追求，转而拥抱了多样性和复杂性。即使世界在一定程度上是混乱的，他也愿意接受，并为"又了解到新的细节"而欢欣鼓舞，哪怕这些细节很难立即被融入某个单一的理论框架中。有些人把他的方法戏称为"蝴蝶收藏家"式的方法，即收集多种多样的"蝴蝶"并加以描述。在这里，我们还能发现现代医生的影子，他们是费尔法克斯的智识后裔，为人体各个层级上的完美功能而喷啧惊叹，例如血液凝固过程中的复杂步骤、酶级联反应的复杂性质，等等；还有那些天文学家们，会为强大的太空望远镜所揭示的诸多星系类型而深深倾倒。

博物学家不可能赞同赫胥黎的抱怨，因为在他们看来，根本不存在所谓的"丑陋的事实"。所有的事实和知识都为我们提供了与这个奇妙世界有关的新信息，向我们展示着世界的复杂性和多样性。当事实不符合我们的心智模式时，完全不必为此而感到沮丧；相反，还应该为这种"意外"而感到由衷的高兴，然后去寻找能够解释这些"意外"的新方法。

美国物理学家弗里曼·戴森（Freeman Dyson）将牛顿的方法描述为古雅典时期的科学思维方式，并认为这种思维方式"强调思想和理论……试图找到可以将宇宙万物联系在一起的统一理论"。至于关注多样性的方法，戴森则认为，可以将它描述为工业革命时代的科学思维方式，"强调事实和事物，试图探索和拓展人类对自然多样性的认知"。例如，起源于曼彻斯特的英国工业革命。

戴森还进一步指出：这两种方法还有另一个不同之处，即生物学是多样性理论者的"领地"，而物理学则是统一理论者的"主场"。我们在这里可以把这两种方法分别称为生物学思维和物理学思维。在物理学中，人们通过统一和简化去观察各种现象的明显趋势，无论是在爱因斯坦、牛顿，还是麦克斯韦身上，都能看到这一点。众所周知，麦克斯韦给出了能解释电磁原理的公式。简化，甚至极简化，是物理学领域内广受尊崇的方法之一。

生物学家通常更愿意接受多样性，并倾向于陈列大量事实，而不在意这些事实是否能用某个统一理论来解释。事实上，他们只需要有一个合适的小模型就可以了。当然，生物学理论也并非总是如此。例如达尔文的进化论，显然就是生物学中的一股统一力量；许多分子生物学家、以数理生物学为专业方向的应用数学家，以及许多研究其他领域的生物学家都倾心于此。

说到底，生物学思维和物理学思维都是在探求具有普遍性的、有预测能力的理论。但是，这两种思维方式的推进方向是不同的，这种不同主要反映在它们对抽象化的相对容忍度上，而相对容忍度又取决于所研究系统的特性和复杂性。例如，利用数学公式抽象掉宏观层面上的细节，这种做法在物理学中几乎无处不在，但在生物学中却难觅踪影。

从下面这个古老的科学笑话中，我们可以清楚地看出这种区别。一位奶农为了提高产奶量雇用了两个顾问：一位是生物学家，另一位是物理学家。生物学家在考察了一周后，提交了一份详细的长达 300 多页的报告，写明了每头奶牛的产奶量具体取决于什么，例如天气情况、奶牛的大小和品种等。而且这位生物学家还向奶农保证，只要严格按照建议执行，奶牛的平均产奶量可增加 3% 至 5%。而物理学家只考察了 3 个小时就回来了，然后宣称自己已经找到了一个能够适用所有奶牛的高效解决方案，并且可以将产奶量提高 50% 以上。奶农问："那么，你说应该怎么做呢？"那个物理学家回答道："首先，假设你有一头身体为球形的奶牛……"

抽象化方法当然是有用的，但我们不能做出存在"球形奶牛"这种假设。当你把生物学层面上的细节都抽象掉之后，你不仅会丢失大量信息，而且最终还会对某些重要组成部分，比如边界情况，感到束手无策。从这个意义上说，生物学思维和物理学思维是解释世界的两种不同方法，适用于不同的系统，而且通常是互补的。

## 技术领域为什么需要生物学思维？

技术系统变得越来越复杂了，我们对它们的理解也走向了两个极端：要么，只能得到关于系统运行的一般性概念，但对其内部细节印象模糊，甚至一无所知；要么，对系统的若干组成部分有零碎的了解，但并不知道这些组成部分是如何融合在一起的，也不知道该对系统行为作何预期。前者趋于物理学思维，而后者则趋于生物学思维。

面对越来越强的复杂性，许多人选择通过物理学方法，抽象掉细节来获得对系统的一般性认知。例如，在考察一个复杂的社会系统，比如一家大公司或一个城市时，如果用物理学思维来解释，那么我们所采取的方法可能是：将它的其中一个属性绘制成图表，然后看图表能否很好地拟合为一条特定的数学曲线。这种方法能让我们清楚地看到系统内部所发生的事情，至少可以提供相关的线索。但是，这个系统及其行为之所以能很好地与某条曲线相拟合，原因可能有很多。在这种情况下，你得到的只会是更多的问题，而不是答案。理解复杂系统通常不适合采用直接的、大规模的抽象化方法，因为这些系统实在太混乱、太庞杂了。

因此，注重细节、强调多样性的生物学思维，为理解杂乱的进化系统提供了一个至关重要的视角。只有通过大量的刺激和检验，复杂的进化系统才有可能被完全理解。因此，生物学家，特别是野外生物学家，在研究生命体的复杂性和多样性时，都必定会考虑它们的进化轨迹，这种方法特别适合用来理解技术系统。野外生物学家经常要扮演博物学家的角色，非常注意收集和记录在各地发现的各种事物，并加以分类和编目。除此之外，在面对一个极其复杂的生态系统时，野外生物学家也不会即刻就想要彻底理解它。他们很清楚，一次只能研究这个系统的一小部分，而且即使如此，也未必会完美无缺。例如，他们只研究少数物种之间的相互作用，鲜少会去考察某个地区的完整的物种网络。野外生物学家对自己的判断非常坚定，而且明白，在任何时刻都只能观察周遭复杂情况的一个片段。

与此类似，在面对一团乱麻般的技术系统，譬如一个软件、某个国家的法律体系，或是整个互联网时，如果我们硬要将物理学思维中的优雅和简洁附加在其整体性之上，那么我们就不可能走太远。要想从真正意义上理解技术系统，并对其行为做出有效的预测，我们就需要成为技术领域的野外生物学家。

这对我们意味着什么？在思考一个系统的不同交互层级时，我们要记住，那些看上去毫不起眼的底层细节有可能会升至顶层，从而变得对整个系统至关重要。我们需要技术领域的野外生物学家，需要他们来对复杂系统的细节和各个组成部分及其失败和错误进行编目和研究。这种生物学思维不仅可以带来新的思想，而且完全有可能成为我们探索互联性越来越强，而可理解性越来越弱的技术世界的主要路径。

近年来，遗传学领域的一项重大突破是核糖核酸干扰技术。核糖核酸是脱氧核糖核酸的"表亲"，在细胞中生成，并服务于多种目的。这项技术的核心是，利用核糖核酸的小片段终止某些蛋白质的合成。这就是说，在构建出正确的核糖核酸文本之后，你就可以有效地关闭某些基因了。

那么，这个机制是怎么被发现的呢？最初，一家初创的生物技术公司的遗传学家们，试图用基因工程方法培育颜色更深的紫色矮牵牛花。他们在识别出了矮牵牛花中负责显示紫色的基因后，便设想再加入另一个基因拷贝，以使花朵颜色更浓艳。然而，当他们真的这样做了之后，得到的却是一朵白花，这与他们的设想背道而驰。新加入的遗传信息不但未能让紫色矮牵牛花变得更浓艳，反而使它完全失去了紫色。不过，研究者们既没有因这个意想不到的结果而感到气馁，也没有忽视这个结果，他们敏感地意识到，研究需要继续。最终，核糖核酸干扰技术诞生了。

事实上，这种事情不仅常见于生物领域，在其他科学领域也经常发生。美国生化学家艾萨克·阿西莫夫（Isaac Asimov）曾指出："在科学研究中最激动人心的短语，也是预示着新发现的短语，并不是'Eureka！'（有了！找到了！），而是'That's funny...'（有趣的是……）。"英国生物化学家亚历山大·弗莱明（Alexander Fleming）在培养皿中看到了一些预料之外的奇怪东西，他没有放过它们，于是发现了青霉素。原子核也是科学家们在检验一个实验的意外结果时发现的，他们原本是想用一片薄薄的金箔映射放射性粒子。科学家们没有对意外结果视而不见，反而通过仔细观察，得出了对原子结构的全新理解。如果借鉴博物学思维，对那些看似不合理的少数特例进行收集和编目，并养成习惯，我们就能对正在研究的事物拥有全新的认识。

当然，仅仅被动等待意外发生，然后加以观察，是远远不够的。生物学家还会积极地采取行动，主动将意外事件注入系统，然后观察系统的反应。在试图培养某种特定类型的细菌，例如某个可能会生成特定化学物质的细菌变体时，他们会采用一种通常被称为"诱变"的方法。顾名思义，诱变就是通过积极的尝试来诱导产生突变。例如，对生命体进行辐射，或让它们接触有毒的化学物质等。

虽然这种做法听起来会令人稍感不适，但它绝不是无的放矢。当我们预测不出某个复杂系统可能会产生何种反应时，或者无法确定基因组中的哪些变化可能会产生预期的效果时，我们通常需要利用一定的随机性来找出系统的行为倾向。从根本上说，这些系统都是非常复杂的高度非线性系统，所以我们不得不"借用"自然进化进程中的修补措施，来探索它们的运行方式。

在制药公司研发新药的过程中，也可以总结出类似的工作原理。在研制新药时，有一种方法是：对一种化学物质的多种变体进行筛选和试验，以找到符合疗效的化合物。虽然还无法完全理解化学机制的"真相"，但这样的试验确实帮助人们找到了一些不可多得又行之有效的药物，并让人们对人体有了更深刻的理解，尽管这种理解有时候是间接的、模糊的。为了能更多地了解并筛选出可以合成有效药物的分子结构，我们必须不停地"拨弄"系统。制药业的经验已经证明，这种方法不仅有效，而且是科学发现所需要的修补方法之一。

因此，要将生物学思维应用到对技术系统的研究中，我们就必须认识到，"修修补补"是构建系统和理解系统的一种重要方法。

## 保持谦卑并容忍"混乱之物"

《纽约时报》专栏作家戴维·布鲁克斯（David Brooks）曾经明确指出："智慧始于认识论中的谦虚。"我们心怀谦卑，并对复杂系统的细节充满浓厚兴趣时，就能做到那些满怀恐惧或崇拜之心的人无法做到的事情。谦卑和兴趣能够帮助我们不断探寻系统背后的奥秘，即使永远无法完全理解系统也没有关系。在许多情况下，部分理解已是我们能达到的最好的效果了。毕竟，聊胜于无。

　　恐惧和崇敬皆会诱使我们举手投降，放弃对技术系统的努力探索，但我们绝不能这样做，必须继续努力，尽力去了解这些系统。谦卑仅仅意味着我们需要接受以下观点：科学必胜论是错误的，我们永远无法实现完全或完美的理解。只要接受了这一点，我们的灵魂就不会再渴求这样的知识了，正如犹太哲学家摩西·迈蒙尼德（Moses Maimonides）当年所说的那样："……人的智力，毫无疑问，是有限的；人死去后，智力也就消失了。因此，人们都明白，世间必然存在着某些自己无法理解的事物。而且，他们还发现自己的灵魂并不渴望这种知识，因为他们已经意识到了这种知识的不可理解性，意识到了获取这种知识的途径是不存在的。"而后，我们会变得更加"通情达理"，不会再为无法理解的东西感到沮丧。当今时代，即使是软件专家也不得不承认，某些计算机错误属于形而上学领域。因此，是时候用谦卑之心来对待技术了。

　　事实上，在面对复杂的技术系统时，谦卑和包容是非常值得尊重的选择，研究生命基因组的科学家就是这方面的典范。在基因组中充斥着无数无"目的"的片段，它们是在奇异的吸积过程中形成的。在技术系统中也有类似的过程和片段，而科学家却认为这是"光荣的混乱"。不难看出，用"光荣"来形容"混乱"，完全是生物学思维，满含谦卑与钦佩。技术系统是混乱的，是永远无法被完全理解的，但我们必须认识到，这就是"光荣的混乱"。这是一种非常有价值的乐观主义精神：繁杂的细节和不完美的理解都无法压倒我们，反而会令我们兴奋不已。也许它们永远不能为我们带来对整个系统全面且深刻的理解，但那不是也很好吗？

　　约翰·盖尔（John Gall）是一位退休儿科医生，也是畅销书《系统圣经》的作者。这本书原名为《一般系统滑稽论》，于 1975 年首次出版，后来经过修订和扩充成为最新的第 3 版。这本书对"如何处理复杂系统"做出了妙趣横生的探索，不过盖尔所指的"系统"具有更加宽泛的意义，涵盖了所有的社会系统和人类所构建的技术系统。书中金句连连，比如，"旧系统的幽灵会不断骚扰新系统""系统总是会反击"。书里还提到了无意识定理："如果你压根不知道你已经出了问题，又怎么可能会寻求帮助？"盖尔总结的定理以及对系统的分析都非常有见地且非常有趣。而且从这本书的原名出发，我们不难推测出，他的基本结论就是：系统很容易做出一些古怪的行为和出人意料的事情，比如对我们"反咬一口"等，而我们不可能根除这种行为。

透过那些金句，我们可以看到，盖尔提出的许多观点，与阿贝斯曼《为什么需要生物学思维》一书中所阐述的思想类似。例如，系统会吸积、会扩张、会发展，并最终"超越人类的评判能力"，做出意想不到的行为。说到底，盖尔提出的金句和定理可以归结为一点：在面对很难从头开始设计或构建的系统时，务必要保持谦卑。无论这些系统的起源或功能如何，它们最终都会变成笨拙的拼凑而成的系统。同时，在试图理解和控制它们的过程中，我们必须容忍许多"混乱之物"。只有在充分认识到"系统总会变得复杂"的时候，我们才能更好地构建系统，才能在复杂系统出现各种情况时，不至于被它们"反咬一口"，并且能够应对自如，甚至欢欣鼓舞。

# 能把浩劫和缺陷变为福祉的经济学

纵观国内外有关"自由市场"的众多讨论，其往往都会不自觉地沦为叫嚷、指责或讥讽。在这些讨论中，一边是把所有的市场创新看作自由主义的秘密支持者解除管制、奴役所有人的密谋并对此心怀恐惧的那些人；另一边是把自由开放的市场作为这个世界所有罪恶的解决方法（或更甚）的市场原教旨主义者。

由美国波士顿大学行为经济学教授雷·菲斯曼（Ray Fisman）和哈佛商业图书执行编辑蒂姆·沙利文（Tim Sullivan）合著的《柠檬、拍卖和互联网算法：经济学如何塑造了我们的生活？》，在谈到"自由市场"时，他们故意没有提及管制，也没有提及在缺少管制的情况下市场的参与者如何在市场交易中行事。但他们相信：当市场为战俘分配食物时，它是一种奇妙的社会物品；当市场为人类的生命（如分配肾脏给移植受体）定价时，它带来的是浩劫。

"自由市场"到底是会带来效益还是浩劫？这无疑是哈姆雷特式的问题。着眼于经济学思维、方法和逻辑，如何作用于我们工作和生活的方方面面。《柠檬、拍卖和互联网算法》特别指出：在我们社会生活的各个方面，因为有经济学的引入，一方面增加了使用效益，但另一方面也无可避免地引发了市场失灵（浩劫）。正因为市场本身带有的作用和缺陷（两者甚至无法剥离），所以人们常常会设定一些领域不容（或突出限制）市场思维和工具的进入，但这类领域一旦运作低效，又总会出现改革者、试水者重新定义问题，引入市场机制，直到设计出的新市场在运转中出现新问题，再进入非市场的方式进行调整。用诺贝尔经济学奖获得者约瑟夫·斯蒂格利茨（Joseph Stiglitz）的话来说，有时候我们觉察不到市场"看不见的手"在挥舞，这不是因为它是看不见的，而是因为它根本不存在。

## 自由市场和等级制度哪个更能挽救生命？

早在 1939 年，R.A. 雷德福德（R.A.Radford）暂停了在剑桥大学经济学系的学业，投身英国皇家陆军。1942 年，他在利比亚被俘虏，并被转移到位于意大利的一座过渡性战俘营，然后被遣送到 VII–A 号战俘营，一座位于慕尼黑东北 35 英里处的穆斯堡城外的战俘收容所。德国人当初修建这座战俘营是为了关押 1939 年入侵波兰时俘获的数万名俘虏，但是雷德福德抵达此处的时候，里面挤满了被俘的各国士兵，从美国人到南斯拉夫人。

雷德福德好不容易熬过了战争，回到剑桥完成了中断的学业。他将自己在 VII–A 号战俘营的这段经历作为基础，写出了他的第一篇也是最后一篇（据目前公开信息所知）公开发表的学术论文，刊载在 1945 年11 月版的经济学期刊《经济学》上。

在名为《战俘营的经济组织》的论文中，雷德福德将 VII–A 号战俘营描述为一个市场，一个不用劳动来创造价值但交易频繁的市场：红十字会提供护理包，里面装满了罐装牛奶、罐装胡萝卜、果酱、黄油、咖啡、茶叶、饼干、罐装牛肉（即咸牛肉）、巧克力、糖、糖浆和香烟等。自然不是每个俘虏都对饼干和牛肉有同样的偏好，于是他们开始了交易。少量黄油加两根香烟换一罐牛奶，一定量的咖啡换一袋新鲜的茶叶。

起初，这个交换系统完全出于善意。但是在这样的表象之下，隐藏着战俘营的俘虏为了在这种严酷的环境中更舒适地生存下去所展开的冷酷而理性的计算。"舒适"对不同的俘虏来说，含义并不相同，在有些人看来是一杯咖啡，而另一些人看来是一杯茶。

德国人把各个国家的俘虏隔离起来，也就在战俘营中形成了交易壁垒，只有一些享有特权的人才能够和其他国家的俘虏接触。那些总是能和其他国家的战俘接触的人就成了专业的交易员。法国人深爱咖啡，而英国人喜欢茶，后者往往会贱卖掉手里的咖啡。于是，能够接触"进口—出口"生意的少数英国士兵先从英国同胞手中交换到红十字会提供的咖啡，然后以很高的溢价转手卖给法国人，从法国人手中交换到英国人想要的茶。这样，两个国家的士兵都因此改善了境况，即使英国交易员从中获得了他们的一份利益。热爱咖啡的法国人虽然为此付出了代价，却能用英国人的咖啡和战俘营的看守交易，这些看守又在城里的黑市中卖掉这些咖啡，实际上城里比战俘营更缺优质咖啡。

同样，印度部队的廓尔喀人不吃牛肉，他们许多人也不说英语。因此，谁有幸能和他们交流，就可以用罐装胡萝卜和他们交换牛肉。除了和他们交易，这些罐装胡萝卜几无价值，而牛肉却在欧洲人之间很受欢迎。

这些个人偏好和动机在战俘营的方寸之内再现了"全球经济"的缩影。

不久，这些囚犯意识到需要一套交易系统来超越石器时代的以物易物。由于缺少硬通货，他们决定所有东西的价格都以香烟来计算，而不是英镑和美元。一份人造黄油可以用 7 根香烟来交换，等价的还有一块半巧克力条，等等。大部分时候，在充当市集的许多战俘营小屋里，价格众所周知，也都是一致的。当价格出现背离，比如一个小屋中出现了 6 根香烟换一块人造黄油，而在其他小屋中是 8 根香烟换一块人造黄油，精明且积极的套利者就会用低买高卖获利，抹去其中的价差。

与 VII–A 号战俘营的场景相似。在《肖申克的救赎》和《监狱风云》这类经典的监狱电影中，也都有一个相同的细节，香烟是监狱里唯一的"通用货币"，谁掌握了香烟的供应，谁就在监狱中拥有最大的权力。

和许多经济体一样，VII–A 号战俘营并不稳定。红十字会的香烟运达时，会立刻引起通胀，洗熨裤子这样的服务几乎一夜之间就需要双倍的香烟来支付。随着战俘营的俘虏们消耗了香烟，洗熨裤子服务的价格会再次下降。当红十字会的香烟供应受到阻碍时，战俘营的经济就会遭受封锁。当俘虏们拆开原装的香烟，自己动手卷烟时，这些贬值的货币将带来信心的崩塌。

这并不是一个自由开放的市场，高级官员认为不受限制的市场需要一些监督和干预。香烟作为货币之后，英国高级军官设立了一家无利润商店，基于列在战俘营木板上被普遍接受的价格，剔除买卖中大部分的猜疑和不确定性。出于健康考虑，有些人甚至担忧烟瘾大的人即使挨饿、感染，也会把手中的食物和保健品用来交换香烟，所以红十字会提供的盥洗用品被排除在交易之外。

1945 年，雷德福德在战俘营的第三年，穆斯堡的人口随着新战俘营的建立不断膨胀。据估计，穆斯堡关押着 11 万名波兰人、英国人、美国人、希腊人、南斯拉夫人、法国人、比利时人、荷兰人和印度人。随着战俘营越来越拥挤，战俘的境况也越来越糟糕。弗兰克·墨菲（Frank Murphy）是一位美国 B-17 轰炸机领航员，在飞往明斯特途中被击落，经过 400 英里的强行军，在 1945 年 2 月底到达穆斯堡，此时战争已接近尾声。在墨菲的记录中，他完全没有提到任何有关市场的内容。相反，墨菲是这样描述战俘营的："这个冰冷的铁丝网围绕的世界，里面是简陋残破的建筑物、脏兮兮的帐篷、泥土，成群的士兵憔悴消瘦，他们穿着粗滥、破旧不堪的衣服，在拥挤中寻找每一块空地。"他们的食物是木屑一样的黑面包、芜菁和被称为"绿色毒药"的汤，卫生条件不堪入目，幸运之人才能在架子上睡觉，大部分人睡在桌子上，或直接睡在地上。

VII-A 号战俘营变得非常拥挤、难以管理。新来的战俘不熟悉里面的市场和规则，红十字会的供给又反复无常。战俘营的经济在不确定性、混乱和极度稀缺之中土崩瓦解。

在 VII-A 号战俘营中，市场不只是让生活更舒适，还拯救了生命。雷德福德和他的战友在德国战俘营中能够自由地经营市场，太平洋的俘虏则被禁止交易，想象一下这两种经历的差别。在日本战俘营中，被俘的高级军官只能得到少量的食物和其他用品，违反贸易禁令的人会受到惩罚，被单独监禁，这实际上是一种死刑。在南太平洋充满等级制度的战俘营中，死亡率是德国"放任自由"（从经济上来说）的战俘营的 12 倍。

显而易见，德国战俘营和日本战俘营的区别不仅仅是对待交易的态度。婆罗洲岛上的山打根战俘营之所以臭名昭著，大半是因为它的死亡行军，是名副其实的通向死亡。俘虏们被转移到星岛进上校掌管的兰瑙战俘营中，没能逃脱这个战俘营的人死亡率是 100%，就是因为这些不幸的俘虏没有"市场系统"可以利用。想要知道日本集中营的环境有多残酷，可以观看电影《坚不可摧》，这部电影根据同名图书改编拍摄，描述了日本战俘营的恐怖，也表现了一种不屈不挠的精神。

日本战俘营比德国战俘营的死亡率更高，这一点毫不奇怪。要了解自由市场到底在两处不同的战俘营中起何作用，需要更加精密的方法。这种方法来自克利福德·霍尔德内斯（Clifford Holderness），他是一位重度二战迷，同时也在波士顿学院教授金融课程。多年前，国家档案馆第二次世界大战战俘数据文件刚刚开放的时候，他就去浏览了这些文件，经济学家的直觉使他自然而然地思考要怎样利用这些未知的数据。于是，他和同事杰弗里·彭蒂夫（Jeffrey Pontiff）一起着手研究哪些因素让某些战俘营拥有更好的结果。

在日本看守的残酷对待下，光是活着看到解放都算是一种成就。因此霍尔德内斯和彭蒂夫检验了存活率是否能够根据某个战俘营的等级来区分。他们认为，关押在战俘营的作战单位在多大程度上保持了指挥系统的完好，是一个绝佳的指标，可以用来确定命令控制和市场在战俘营经济中哪个更占优。霍尔德内斯和彭蒂夫没有比较德国战俘营和日本战俘营的存活率，差异是多方面的，并且很复杂。他们分析了在德国战俘营和日本战俘营中，等级制度更健全是否会带来更高或更低的生存率。

山打根战俘营的战俘有些会很不幸地被随机分配到星岛进这样的虐待狂控制的战俘营；还有一些俘虏则最终被送到一些等级森严的战俘营，那些战俘营中关押着在附近俘虏的同盟国士兵，并根据士兵军衔形成了等级，甚至有些战俘营有着完整的命令系统，从将军、上校、少校，到最低等级的士兵；其他的战俘营则可能大部分都是普通士兵。如果等级制度能够帮助某个团体存活，那么军官占比更合理的战俘营将更突出。但是，霍尔德内斯和彭蒂夫的研究结果显示并非如此：他们的分析最终牢牢地放在了雷德福德所在的战俘营上。也就是说，他们的分析显示市场能够挽救生命，或至少可以确定，典型的军事等级制度将带来更糟糕的结果。

由军官构成的战俘营与军事层级高度匹配，幸存下来的人更少，这并不是因为军官牺牲了手下来提高他们自己的生存机会。虽然俘虏者给军官提供了优待，但是战俘营中的军官死亡率最高。也不是因为在低等级战俘营中，群体（他们往往同时来到战俘营）间的强大社会关系网，造成了低等级战俘营的生存率更高。独自抵达的新人，或被击落的空军飞行员和机组成员这样的小团体，在等级制的战俘营中的生存率更糟糕。于是，霍尔德内斯和彭蒂夫偏向于将这样的结果解释为：交易能够比军官的管理更好地服务于战俘营的俘虏，虽然有些军官会牺牲自己，确保手下能够幸存下来。

霍尔德内斯和彭蒂夫还发现了一些战俘营的个人记录，进一步支持了他们的观点：在许多战俘营中，鼓励市场是一个生死存亡的问题。莱斯特·坦尼（Lester Tenney）曾被日本人拘禁，解释了有人生病的时候，交易怎样帮助俘虏重新分配食物配给。病人可能吃不掉一天的食物配给，也无法在战俘营脏乱的环境、温度和湿度条件下储存食物。因此，与其任由一天的食物配给腐烂或吃进去又被吐出来，不如交易当下的配给换回一份未来的配给。即使冒着被打死的风险，战俘营的俘虏仍然觉得交易带来的收益提高了他们存活的机会。

英籍奥地利经济学家弗里德里希·奥古斯特·冯·哈耶克（Friedrich August von Hayek）曾指出："价格是沟通和指导的工具，体现了比我们直接可得的更多的信息。"从某个方面来讲，市场价格比我们更了解人类整体。在菲斯曼和沙利文看来，虽然市场具有了很多新的形式和化身——无数的电商网站、预订度假机票的网上平台、取代人们曾经阅读的纸质杂志的电子杂志……今天的市场仍然要遵守雷德福德在 1945 年描写的那些市场原理，只不过规模更大、速度更快而已，同时，这些原理也被应用于更广泛、更新奇、更复杂的环境中。比如决定谷歌 AdWords 算法的拍卖，分配肾脏给移植受体和分配学生给学校。其他见解也有助于我们理解旧式市场如何运行，使我们能够更好地设计、管理市场运行。

毋庸置疑，对市场的理解和市场实践的双重革命常常是相互作用的。经济学领域已经从仅仅描述世界——先文字后数学公式，转到了塑造世界的运行方式上来。理论也许没有这样超凡的影响力，毕竟理论无法靠自己行动，但受过学术训练的经济学家在商业上的渗透却能够发挥很大的影响力。在如今这个大肆宣扬大数据的时代，经济学家的入侵让他们能够比以往更容易追踪行为，调整和改进他们的模型。理论上，模型的每一次迭代都能够改善市场功能。

## 从香槟郡集市审视平台运行的逻辑

1299 年，来自意大利北部城市普拉托的一名商人向香槟郡的法官（集市的管理者）提出正式控告。香槟郡位于今天法国北部与比利时和卢森堡交界的地方。1180 年左右，该地区聚集了一系列的商品集市，吸引了全欧洲的商人和金融家。正如一位历史学家描写的：“它是欧洲贸易的轴心。”

香槟郡的商品集市实际上是全年性的，随季节流动于 6 个郡的城市中，每个城市持续时间固定为 6 周。每一次集市的前 8 天为准备期，给商人们布置安排。接下来就是布料集市、皮革集市和香料集市，以及其他按重量销售的商品的集市。在最后 4 天中，商人们会结算账户。不可避免地，集市周围还会有许多其他的贸易，迎合大量腰缠万贯的人。酒店勾栏生意兴旺，当地一片欣欣向荣。

普拉托当时以纺织业闻名，普拉托的这位商人声称一位佛罗伦萨的顾客在集市结束时没有付账，反而逃到伦敦。这个佛罗伦萨人欠这位普拉托商人 1600 里弗尔（也就是法镑）。以当时的价值来看，这是一笔足以摧毁一门生意和一个人生活的钱。试想：1 镑大约为 360 便士，一名英国手艺人一天能够赚 4 至 5 便士，或者说 1 年赚 4 镑。因此 1600 镑大约就是一名熟练的手艺人 400 年的收入。用商品来表示，1600 镑能够买下 10 万只鸡或兔子，或者几吨的盐或胡椒，抑或是 20 匹战马。用这笔钱租下伦敦大桥上的所有店铺能租 10 年。这笔钱足够用来做一位男爵女儿的嫁妆，还有剩余用来购置婚礼筵席供 1400 名宾客享用和建 6 座带花园的石头房子。而一名伯爵或公爵一年的收入也就 1600 镑左右。

显然这位普拉托商人很不开心，并且将因此破产。集市的管理者是一群由香槟郡授权管理集市并监督司法问题的人，他们寄了一堆信件给佛罗伦萨商人，但没有回信，于是管理者又与伦敦市场取得了联系。伦敦市长实施了调查，查明不存在欠账。如果调查过程是按中世纪的惯例进行的话，那么佛罗伦萨商人很可能贿赂了市长办公室，并觉得此事会就此摆平。

但是他错了。在伦敦市长知会香槟郡集市管理者他们弄错了，佛罗伦萨商人是清白的之后，香槟郡集市管理者的回应是对伦敦商人的贸易禁令——不是对那位佛罗伦萨商人，也不是对其他佛罗伦萨来的商人，是对所有来自伦敦的商人。同时，集市管理者还向伦敦商人下了最后通牒。来年的集市（对于中世纪的正义来说只是一眨眼的时间），在伦敦商人的敦促以及伦敦市长的要求下，佛罗伦萨商人全额偿还了 1600 里弗尔。

香槟郡集市管理者对远在英格兰的法庭具有如此的影响力，说明了香槟郡集市在中世纪商业中的重要地位，以及香槟郡为了市场的良好运行付出了巨大的努力。

市场和大部分社会机构一样，也需要爱和关注才能繁荣。法庭凭直觉了解做市商的职责：吸引规矩的人（以及更重要地，避开不适合的人），制定规则，以及惩罚犯规者。

通过对比研究，菲斯曼和沙利文发现，如果某个市场中做市商的作用异常关键，决定了市场的开放与持续运行，人们就会把这个市场称为平台。信用卡、社交网络、iPhone，都以其独特的方式精心管理各自的市场，撮合了各类群体在市场中交易：维萨（Visa）卡的持有者和零售商，社交网络的广告商和会员，iOS 应用开发者和 iPhone 用户。香槟郡法庭虽然用的是中世纪的方式，但它是市场设计的先驱。普拉托商人稀奇的故事和他欠账未还的顾客，以及法庭的回应，都表明了市场平台要正常运行应该遵守的法则。平台如今对我们的生活具有如此巨大的影响，我们有必要理解参与其中之时，需要做出的权衡取舍。

事实上，我们可以将香槟郡集市看作一个平台，而不是一种单边市场。当然，香槟郡伯爵没有参与设计这样一个平台，但是他本能上保证了这个集市成为一个平台。而且他做得很好：香槟郡集市蓬勃发展了近一个世纪，主要得益于他在中世纪的明智选择，让该集市成为一个平台。

香槟郡伯爵这么做不是出于好心，集市能带来巨大的财富，使他们能够赞助十字军东征，鼓励圣殿骑士团的建立。他们于是有大量的时间写写诗歌，或追求其他宫廷艺术，甚至招待当时最负盛名的艺术家。

香槟郡伯爵本能地知道怎么做才能使这个集市平台运行。他避免向特殊利益集团出售特权，相反他为每个人提供制度保证。他制定了公正的法律，并在多个层面上执行，甚至如我们所见，通过其他统治者（如伦敦市场）来执行。到1170年，香槟郡伯爵建立了公正的监督员来监督市场并见证合同签署。他在集市上设立了四级法院来解决纠纷，确保合同执行。法院具有罚款、没收、禁止和监禁的权力。

香槟郡伯爵还为公平的参与者提供广泛的保护和安全。他为集市上的行商建立了医院，并围绕集市建立了防御工事，因为集市对于盗匪和不法分子来说是一个诱人的目标。保护范围甚至包括参展的商人，1148年，一位法国贵族抢劫了来自维泽莱的放贷者，香槟郡伯爵写信给法国王室，坚称放贷者的损失必须赔偿。到1220年，这样的保护延伸到了意大利。

香槟郡伯爵甚至为贷款做保证，并降低市场费用，来吸引其他群体（如教会）参与，这就像信用卡付费吸引客户使用信用卡，企业和商场所有者给商店折扣，并因此吸引更多的人流量。他还鼓励使用公证票而不是现金来结清所有的债务和信贷，以便商人在旅途中可以不用携带大笔资金。

香槟郡伯爵有很强的动机不去偏袒某一方，确保规则公平实行，这也是集市具有吸引力的原因。这一做法使香槟郡的中世纪商业形成了良性循环：知道集市将会在很长时间内存在，参与者会努力树立公平交易的名声；同一批集市参与者会反复会面，因此骗子和无赖众所周知。他明智地制定的规则，将有助于保证集市的必要参与者在第一次参加后还会持续来参与集市。

这些规则解释了为什么伦敦的商人如此迅速地屈服于集市管理者的要求。退出这个集市相当于亚马逊的卖家被亚马逊列入黑名单，而这个中世纪的集市和亚马逊网站一样，是你获得顾客的唯一途径，可见企业运行的环境没有差很多。被集市拒之门外或被亚马逊列入黑名单是毁灭性的，企业将会因此崩溃。

然而，尽管香槟郡伯爵制定了正确的规则，但集市最终还是终止了。它受到太多外部因素的影响，特别是战争使得这些规则大打折扣，还要加上一个短视的法国王室，这些都导致了香槟郡集市这一平台的解体。

当短视的法国国王开始巩固他的权力，伯爵就丧失了对香槟郡的控制权。国王更关心从商人那里快速地攫取钱财，而不愿意投资于一个健康的长期集市。比如国王开始出售特别经营权，使得富有的商人能够不受市场公平规则的约束（相当于亚马逊向卖家收钱，给予付费的卖家欺骗客户的权力）；国王还偏袒王公贵族，允许他们逃避费用和司法监督；所有这些做法打乱了促成香槟郡市场繁荣的微妙平衡。

1297 年，法国与弗兰德斯的战争使得商人的旅途凶险万分，这场战争还允许他人毫无顾忌地侵占弗兰德斯布商的利益。随后的一系列战争（包括始于 1337 年的百年战争）不过是让形势更加恶化，随着贸易路线的转移，集市早已复原无望。

以香槟郡集市管理者为例，菲斯曼和沙利文想告诫世人：对于现代平台来说，可以学到的教训是，贪婪种下了自我毁灭的种子。法国国王短视地剥削集市中的商人，这样的情形到了现代仍然随处可见。一旦在买卖双方之间拥有了关键性的地位，做市商将无可避免地面临诱惑，去利用这一关键地位牟利。优步一直被指控引诱司机投资购买新车、使用汽车共乘平台，还从司机的收费中收取一笔费用。亚马逊也是臭名昭著地压价很低，动了很多第三方卖家的午餐，这些第三方卖家往往都有一款爆品。有时候，平台企业的创业者会让你相信，他们是在利用商机：为缺失的市场提供技术解决方案，让你我的生活更美好。但是，至少有部分亚马逊的商家和优步的司机会反对，平台利用的可不止这些。

在一定程度上，双方都是对的。对于周六夜晚在湾区郊外想打车的人来说，优步肯定是非常棒的发明。但是如果公司对用户掌控了一定的权力，它们往往会倾向于滥用权力。无论是要避免平台狂热者的愿景走向极端，还是避免屈从于技术恐惧的批评者，最好的开端也许是理解平台运行的逻辑和法则。如果现有行业领域的卖方和买方已经找到对方，又或者市场失灵或未形成市场并不是因为买卖双方的不匹配，平台就没有必要存在，所以因为平台经济崛起而轻率介入各个陌生领域之举，实属鲁莽。

## 网上下单前，你查阅了多少买家的评论？

"柠檬市场"理论的创始人乔治·A. 阿克洛夫（George A. Akerlof）就从未想过他的理论会帮助电子商务走向繁荣。20 世纪 60 年代，他还只是一名助理教授时，在一本学术期刊上发表了一篇《"柠檬"市场：

质量不确定性与市场机制》的非正统论文，检验市场中一方知道的比另一方多的市场环境。他的研究聚焦于汽车交易中的问题：二手车市场存在着一些次品（lemons："柠檬"，在美国的俚语中表示次品），阿克洛夫认为这样的市场更容易用来研究卖方拥有更多信息而消费者却不知情的市场中产生的一般性问题。

　　阿克洛夫的研究发现：假设有两种类型的汽车，运行良好的和有故障的。有些人不好好保养车辆，还有些人多年驾车，深知这辆车不可靠，是"柠檬"，然而，买方毫不知情。这两类车的车主都怀着同一个目的：卖掉自己的汽车。车辆不佳的车主很乐意以 2000 美元就脱手，而优质并保养良好的车辆的车主可能也只能卖 10000 美元。而买方会很乐意付 3000 美元买一辆待修旧车，或 12000 美元买一辆状况良好的旧车。

　　在这个市场上，两种类型的车在交易中都能产生好处。坏车的车主本应和愿出 2000 美元到 3000 美元的买方交易，双方都会对这项交易感到满意。好车的车主本该和愿出 12000 美元的买方交易，并能得到高于 10000 美元报价的收入。总之，买方满意，卖方也满意，市场展现了优美的均衡，但是，事情不会如此顺利。次品（"柠檬"）会以 2000 到 3000 美元成交，但对高质量二手车的买方和卖方来说却不是这样。思考一下，如果价格低于五位数，优质品的所有者是不会把车脱手的。假设他标价 11000 美元出售旧车，而你是潜在的买家，如果这真的是一辆优质车，你会很乐意买下来，但没有办法证明标价高的车就不是外表光鲜的坏车——"抹上口红的猪仍然是一头猪"，所以，聪明的买方不会为任何一辆二手车支付超过 3000 美元的价格。阿克洛夫的论文就在证明，在这样的推论下，市场将完全崩溃。

想象一下，市场上还有一些质量更差的车，只值几百美元，却很难与 2000 美元的车区分开来。这样一来，对质量的担忧将摧毁整个市场，对"质量更高"的次品（"柠檬"）市场来说，情况也一样。如果不解决信息不对称问题，市场将会无法达成交易。这也正是 eBay（易贝）总裁对 eBay 产生忧虑的原因。

《柠檬、拍卖和互联网算法》的作者菲斯曼和沙利文认为，eBay 的成功就源于在一定程度上解决了"柠檬市场"问题。eBay 通过网上销售大获成功，这仅是因为它具备大量资源，并致力于使顾客避免受人玩弄。正如一位 eBay 经济学家用学术语言所描述的那样："我们的工作是减少 eBay 上的不对称信息。"

我们可以思考一下简单的购物行为，比如在网上购买 AAA 电池。你会先选择一个值得信赖的牌子，在亚马逊搜索框里输入"AAA 金霸王电池"，结果是一系列利用亚马逊这个网上销售平台的第三方卖家。第一条购买选项是"家用百货"，整体评价是四星——不算太坏。

但当你再花点时间去查阅顾客反馈时，购买电池的过程就变成了一个旋转轮盘。除了满意的顾客，还有一群不容忽视的不满意顾客。比如，有用户说，这家店卖的电池是裹在塑料袋里寄过来的，就像"过期的冒牌货"。他的不满还得到其他评价的回应，其中有一位甚至说他买的电池爆炸了。这时，你可能会（经历过的人都会）觉得不如去最近的实体店跑一趟了，这样你在购买之前就可以看到、摸到合法的美国产的金霸王电池了。

不仅电池，首饰也是假货的重灾区。最有名的是蒂芙尼，在审核了在 eBay 上宣称是蒂芙尼的产品后发现，居然有 70% 都是假冒货（当然 eBay 的研究人员质疑这一比例，坚称这一调查是由蒂芙尼资助的）。那么潜在的蒂芙尼顾客会怎么做呢？如果想在网上购买蒂芙尼手链或钥匙项链，最好还是了解一下用户的心得，有个帖子标题为"如何识别假冒的蒂芙尼珠宝"，被淹没在 eBay"专家社区"的大量帖子里，而这个社区里的帖子都是告诉你如何避免在互联网商务中上当受骗的。

当然，这就是我们都已非常熟悉的买家评论，还有用户在建议中扩充了 2000 多字，包含了需要更多时间来识别卖家和商品条目的窍门，如："不要只看评价数量，还要看最近从卖家处购买了蒂芙尼珠宝的买家。一定要查看卖家以前的商品条目！今天我刚找到一位卖家正在卖一套看上去是正品的蒂芙尼锁扣项链手链套装，还附上了一个非常可信的故事说明他是如何得到这件商品的。于是我查看了卖家以前销售过的商品。猜猜我发现了什么？这个卖家上个月就卖掉了至少三套同样的项链手链套装。如果有人拥有三套全新的没有戴过的蒂芙尼珠宝，这不是很奇怪的事吗？事实正是如此……"

可见，eBay 上的卖家评价能发挥一定作用，将高质量的卖家与低质量的卖家区别开来，并且卖家也可通过贝宝（Paypal）在寄出货物之前就收款，避免了顾客耍赖。看到了吧，那些意识到受了欺骗的消费者其实也起了非常重要的作用，他们的反馈助推了卖家评价在早期校正"柠檬"商贩的问题。这也是为什么电商平台重视用户评价的原因所在。

正因如此，eBay 的建立者将 eBay 的成功视为人性善良的证明：买家和卖家不会为了各自的经济利益欺骗对方。然而，网站产生流量并顺利起步的关键，也许是消费者未能抓住"逆向选择"的含义。如果他们曾考虑过"柠檬"问题，也许就会在别的地方看到同样的蒂芙尼了。还有，网站还需达到生存下去的必要规模：只有这个网站上的商品足够多，买家才会在这个网站上购买商品。因为 eBay 拥有大量买家，所以卖家才会在 eBay 上销售商品，即使这些商品中有些是次品。

eBay 买家日常遇到的决策都仅是低风险的。事实上，在思考市场交易时，人们的决策并非总能拿捏得恰到好处，即使在为某种具有"柠檬"问题的产品设计市场的时候也是如此，比如医疗保险市场。保险公司给一名患有尿毒症的 45 岁肥胖男性提供的保险选择，可能跟同年龄的健康男性一致。这就意味着医疗计划往往因为肥胖的糖尿病患者而超负荷运转，比起体弱多病的人，身体健康的人中则有很多人根本不参加保险。这就迫使保险公司提高保费，以此弥补糖尿病患者或其他患病人士的治疗费用，于是保险计划就会陷入无可避免的"死亡螺旋"，最终只能导致更高的保费和病情更严重的参保人群。

菲斯曼和沙利文由此认定：理解"柠檬市场"问题如何影响医疗市场，能帮助我们解释为什么许多经济学家，无论他们的政治倾向如何，更喜欢某些医疗政策的变体，即强迫每个个体都参加保险，虽然这样做剥夺了个人的选择和自主，而这种个人选择和自主正是市场受人赞扬的属性。

这似乎有些违反直觉。为了给"逆向选择"带来的危险正本清源，菲斯曼和沙利文曾花 90 分钟做了一次阿克洛夫"柠檬"市场的讲座，菲斯曼还增加了一个现场实验。他拿出一个装满钱的钱包，说要出售给出价最高的竞价者。"谁愿意为这个钱包出 10 美元？"立马就有一半的人举手。这些学生都来自美国顶尖商学院，而他们却踊跃地想花 10 至 1000 美元买下钱包里的假钞。

回到"柠檬市场"问题。虽然亚马逊、eBay 为抑制假货极尽所能，却没有办法扫除世界上所有的骗子。因为若有人在早上发明了一种能终结信息不对称的技术，就会有人在下午找到办法制造更多的信息不对称！

## 歌德如何"活用"维克里拍卖机制？

当我们说到拍卖的时候，我们一定会想到这样的场景：人们为了得到一个商品彼此竞价，当报价最高的人出现，且没有人加价时，象征成交的木槌敲下，这个商品便属于这位出价最高的人。

但是现实情况往往是，等这位买家冷静下来，他会为拍卖时的激进表现后悔万分，因为他拍出了远远高于他愿意支付的价格。

为了修正拍卖机制，让商品确实物有所值，美国哥伦比亚大学经济学教授威廉·维克里（William Vickrey）提出了"第二价密封拍卖"机制，也叫做维克里拍卖机制。

这个机制只对原来的拍卖机制做了一个小小的调整：出价最高的人支付的价格是第二名的报价，而不是自己的报价。也就是说你最终支付的金额取决于竞争者的报价，而不是自己的报价。

维克里拍卖机制有一个非常明显的好处，在这样的机制上，所有的竞价者都会根据自己的估价来报价。他们只要全神贯注于评估自己愿意为标的物付出多少金钱，把这个数字写在纸上递出去，这样就够了。他们不用管其他人对这个商品是怎么想的。但是原来的报价机制会让人们在报价上更加激进，从而导致超额支付的问题。维克里拍卖机制就不会有这样的问题，所以它是很具有社会效益的。

维克里拍卖机制，不仅仅在拍卖领域里有所作用，在其他领域里也有广泛的应用。它还能逼迫别人亮出底牌，也许你不信，在维克里提出他的拍卖机制之前，早就有人把这个方法"活用"得淋漓尽致。这个人就是德国著名的思想家、作家歌德。

和许多喜怒无常又理想主义的艺术家一样，年轻时的歌德，生活并不宽裕。他一方面轻视获利行为，曾给出版商写信道："当我说出'利润'这个词时，我会觉得自己很古怪。"另一方面又怕自己珠玉蒙尘。没人喜欢被占便宜，每个人都想确保能够从自己的劳动中获得应得的份额。

歌德使用了许多策略来确保唯利是图的出版商不会剥削他，其中就有一个策略被认为是世界上第一个维克里拍卖。

歌德打算把自己的叙事诗《赫曼和多罗西亚》的手稿授权给报价最高的竞价者。他甚至对自己能获得多少钱毫无兴趣，如果他执着于自己能得到的报酬，可以选择其他的谈判策略。

1797 年 1 月 16 日，歌德在写给出版商菲韦格（Vieweg）的信里提出："考虑到版税，我会以如下方式推进。我会给我的代理人保蒂格先生留下一封密封信件，里面装着我的预留条件，我会等您为我的作品报价。如果您的报价低于我的预留条件，我会收回给保蒂格先生的密封信件，而和您的这笔交易当然也不会成功。如果您的报价高于我的要求，保蒂格先生就会拆开密封信件，我也不会收取高于我要求的那部分报酬。"

德国经济学家本尼·莫尔多瓦努（Benny Moldovanu）和曼弗雷德·蒂茨德（Manfred Tietzed）认为，歌德选择出版商的机制毫无神秘之处。这位伟大的作家想知道自己对出版商菲韦格来说价值几何（也许是为了长期从出版商那获得更多版税），于是他设计了一套维克里式拍卖来让菲韦格告诉他。要理解为什么歌德要这样做，我们需要了解一下18世纪图书市场的背景。如今的作家收到的版税要基于图书销量，某本书销量为 10 万册时的版税，是这本书销量为 100 万册时的版税的十分之一。作者信任出版商会诚实地汇报销量数据，如果出版商存在欺骗，作者还可以信任美国的法律体系，通过集体诉讼处理。核对销量的方法很多，出版商的数据要接受独立审计，作者也可以通过亚马逊网站的排名或独立的销售数据进行核查。

但是，1797 年的歌德还没有这些方法可用，导致他在很多年里都在沉思：“出版商总能知道自己可以获得多少利润，而作者却只能身处黑暗。”歌德称这种不对称现象为出版的“主要的恶”。

加上当时几乎没有版权保护，这一问题就显得更加突出。畅销书的盗版非常猖獗，出版商竭尽全力不让肥水外流。知识产权保护的缺席加剧了作者和出版商在利益和观念上的纷争：作者有时会将同一本书卖给好几个不同的出版商，而且这些版本并没有很大不同；出版商也会在没有得到作者允许的情况下多次翻印，这甚至成为出版商的标准做法，连有名望的出版商也不能幸免。

即使出版商提供了销售数据，作者也保持怀疑，于是合同上规定了固定的金额，而不是根据版税支付稿酬。而且，如果正如歌德所描述的，作者身处黑暗，无法评定自己的价值，出版商绝对会让作者一直处于黑暗中。莫尔多瓦努和蒂茨德认为歌德采用的是一种非常高明的手法，能够迫使菲韦格亮出底牌，表露出他到底认为歌德的书价值几何。

歌德的做法到底在哪方面类似于维克里拍卖呢？菲斯曼和沙利文研究发现，假设菲韦格认为《赫曼和多罗西亚》能赚 2000 泰勒（德国早期的一种银币），这也就是他的“走人价”。菲韦格或许会出价 2000 泰勒来争取歌德的诗。如果歌德的密封预留条件超过 2000 泰勒，菲韦格就会放弃。同样，只有当菲韦格的报价低于密封预留条件时，出价低于 2000 泰勒才会影响结果。这时候菲韦格就错失了用低于 2000 泰勒的价格获得价值 2000 泰勒的书稿的机会。

歌德当然对自己的特殊天赋有所自觉，他留给代理人的密封预留条件是 1000 泰勒，是同时代畅销书作家作同样的诗能拿到的报酬的三到四倍。而 1800 年一个普通劳动力一天的收入大概是六分之一个泰勒。

歌德为什么没有干脆出价 1000 泰勒，并同时规定不接受议价呢？这样做显然更直接。而且对歌德来说，如果菲韦格评估的价值高于 1000 泰勒，这样的最后通牒结果也能得到 1000 泰勒，就跟他在密封预留条件里设定的 1000 泰勒一样（当然，如果菲韦格的估价小于 1000 泰勒，谈判就破裂了）。

但是，不接受讨价还价也就意味着答案只能是肯定或否定。它只能告诉歌德他的诗是高于 1000 泰勒，还是低于 1000 泰勒，却不能显示高出多少。另外，歌德给出了"走人价"1000 泰勒，也就不必把可以用来在下次谈判中对付菲韦格的信息透露给他。

歌德肯定知道自己的作品会越来越好，超过以前的作品（包括 1808 年出版了第一部分的《浮士德》），因此已经在考虑未来的谈判。如果他能预测 20 世纪中期兴起的新经济学，或许就会明白在市场上信息就是权力。

维克里拍卖机制不仅优雅简洁，而且具有神奇的魔力，能够让竞拍者不用费心思考拍卖策略，也能避免支付过高价格。对它着迷的经济学家无论如何也无法理解为何维克里拍卖无人问津。现实情况是维克里拍卖机制过于简化，不适合现实生活中的大多数拍卖环境，它处理不了复杂情形。维克里拍卖机制作为一种最佳的拍卖设计，基于的是维克里在 1961 年发表的论文中提到的条件，而它在更一般的条件下存在很多缺陷，拍卖理论家拉里·奥苏贝尔（Larry Ausubel）和保罗·R. 米尔格罗姆（Paul R. Milgrom）在 2006 年的一篇论文中已经指出这一点。用他们的话说，虽然维克里拍卖机制"具有理论上的优势，但是也有着重大缺陷"。比如，维克里的模型没有考虑串通共谋和合谋者哄抬价格的情况，而这些都是政府、承包商自古以来常用的策略。

复杂的现实，一次次地阻碍了维克里拍卖机制的纯粹之美。歌德后来的经历和维克里拍卖机制的效果都不是很好。他的代理人保蒂格在销售前给出版商菲韦格寄了一封短信，信中写道："现在，告诉我你能够付多少？愿意付多少？亲爱的菲韦格，我设身处地为你着想，像一个旁观的老友那样关心你。鉴于我大约知道歌德从戈申（Goschen）、贝尔图赫（Bertuch）、戈塔（Gotta）处得到的报酬，我要郑重提醒你，出价不应低于 1000 泰勒。"1000 泰勒正是歌德写在密封信里的金额。菲韦格的销售记录如今已经公开，《赫曼和多罗西亚》长盛不衰，为其赚了数万泰勒，而这些钱歌德却一分也没拿到。你也许有设计最精良的机制，但是如果这个过程存在腐败或串通共谋，你将得不到一点好处。

无论如何，维克里拍卖机制的确切机制虽然尚未成熟，但是它具有更普遍的意义：拍卖设计如今是经济学中的一个独立领域，并且在现实中有着非常广泛的应用。我们没有去钻研它的许多应用，是因为拍卖设计者从中领悟到一个心得，即每一种拍卖情境本身都很复杂，为了满足这些情境而设计的拍卖也很复杂。

# "超级枢纽"的隐秘江湖

网络由"节点"构成，而"节点"由路径或者"链接"交互。无论是天然生成的网络，还是人为造就的网络，都在用同样的方式运行。根据"偏好依附"原则，所有节点都倾向于攀附链接最多的节点，因为链接越多，意味着个体存活的机会就越大，而最好的节点往往位于网络中心，被称为"超级枢纽"。

世界经济论坛年会主讲人，曾与美国经济学家、被冠以"末日博士"称号的鲁里埃尔·鲁比尼（Nouriel Roubini）共事多年的桑德拉·纳薇蒂（Sandra Navidi），在她撰写的《金融超级人脉：金融圈人脉、财富与权力的运作哲学》中用"超级枢纽"指代处于人际网络中心、联系最热络的群体，包括银行 CEO、基金经理、金融家、决策者等。在网络科学视角下的金融体系中，精英们往往通过把地位、访问权限、社会资本、交易潜力等工具化，进而一步步演化成"超级枢纽"。

在过去，"超级枢纽"这一术语有时指代某个特定群体，但更普遍的情况是泛指精英阶层。无论如何，这些"超级枢纽"都具有一个最本质的共同点：他们都是人，而金融系统最基本的属性就是人类的系统。集专家、投行、宏观经济咨询等身份于一身，凭借才华赢得了其笔下那些全球行业领导者的尊重和信任，纳薇蒂本人也因此近水楼台，能经常出席各种有准入门槛的会议和活动，得以亲历国际精英圈的风云变幻。她以当事人视角提炼出个人对金融圈人脉的观点和见解，比如决策领袖如何攀登行业之巅，如何拓展高级人脉圈，顶层金融圈男权主义下的不公与闭塞等等，这无疑让圈外人对金融精英们如何左右当今世界金融局势有了更为丰富的把握和认知。

## 参会三天胜于出差三个月

位于瑞士阿尔卑斯山的滑雪胜地达沃斯原本只是个流于传说的小镇，却因成为世界经济论坛（又称"达沃斯论坛"）年会举办地而名声大噪。自从 1987 年起，每年年会都会吸引全球各界领军人物前来参加，包括国家元首、投资大亨、基金经理、跨国公司高管、学术界精英等。与会者须凭邀请函参加论坛，而因名额有限，为获得邀请函而展开的角逐可谓"血雨腥风"，尽管高昂的会费已经令不少人望而却步。

在纳薇蒂看来，精英们之所以会不遗余力、一掷千金来参加世界经济论坛，原因就在于论坛是遇见与他们棋逢对手的人物，获得与之构建人脉的机会。只有在论坛期间，这种机会才能高频次出现。世界经济论坛聚拢金融业的领袖人物，是当之无愧的顶级高峰论坛。此外，每年年会往往还有近千名注册记者参与，随时向世界传递精英对话的重要性，这也扩大了论坛的影响力。论坛期间认识的人、建立的人脉会泛起涟漪，像同心圆一样影响着与会者的职业生涯和个人生活。由此，达沃斯盛行着一句俗语："参会三天，胜于出差三个月。"对那些时间比金钱更宝贵的精英而言，这才是关键。

近年来，因为社交网络的重要性日益显现，关于网络科学的相关知识逐渐普及。人们发现，网络科学理论不仅可以解释对冲基金大鳄乔治·索罗斯（George Soros）和约翰·阿尔弗雷德·保尔森（John Alfred

Paulson）等人如何赚得盆满钵满，还能解释为何在导致经济大萧条的事件或决定中不存在负责人。根据网络科学理论，"模式，即关系的架构最重要，该架构的各组成部分倒是其次"。系统的主要参与者们明白，是链接网络或人脉赋予了个人影响力，最终的竞争优势将取决于个人关系和联盟的广度和深度。美国纽约大学教授道格拉斯·洛西克夫（Douglas Rushkoff）曾一针见血地指出："如果你不懂你使用的系统是如何运行的，那么，你很有可能在被系统使用。"

达沃斯论坛正是体现了如何将网络科学的原则应用于人类，它淋漓尽致地向世人展现，相似的人如何相互吸引，人脉广的人又为何会获得更多人的青睐。在达沃斯，平常日理万机的政商领袖都很放松、容易接近，他们时刻准备着社交。此种氛围下，在走廊上达成足以登上新闻头条的重大交易并不罕见。一半以上的与会者会在论坛演讲或参与讨论时，通过分享经验，拉近他们与观众的距离。同时，与会者们还时刻开启着"探测雷达"，会借机在茶歇时进行非正式洽谈，或者找个空闲的会议室进行私人会谈。在那里，天上掉馅饼并非神话，一不留神，就会被价值连城的商机砸中。每个人都有可能在那里遇到职业生涯的贵人，或者收到一份闭门会议的邀请函。

纳薇蒂经过多年的观察研究发现，这些"超级枢纽"除了拥有遍及世界的强大人脉网外，还有另一个共同点：基于互信、通过分享经验和拥有相似背景，成功构建起人脉，并且利用它让自己成为行业的领航者。个人关系令他们拥有强大的权力，当他们强强联手时，相互结合的权力可以迸发出极强的聚合效应。这些关系是无价之宝，能叩开重要资源、珍贵信息的大门。

因此，那些"超级枢纽"会不惜投入大量时间、精力和金钱，不断游历世界各地，构建这样的人脉。这些人深知，他们可以把各种专业技能外包给别人，但是搭建深厚可靠的人脉所必需的人际关系技巧绝对不能外包，他们必须亲力亲为。

## 人脉的"马太效应"

强者愈强、弱者愈弱，这就是人们常说的"马太效应"。1968 年，美国科学史研究者罗伯特·K. 莫顿（Robert K. Merton）提出这个术语用以概括一种社会心理现象："相对于那些不知名的研究者，声名显赫的科学家通常得到更多的声望，即使他们的成就是相似的；同样地，在一个项目上，声誉通常给予那些已经出名的研究者。"莫顿进一步这样归纳"马太效应"：任何个体、群体或地区，在某一个方面（如金钱、名誉、地位等）获得成功和进步，就会产生一种积累优势，就会有更多的机会取得更大的成功和进步。此术语后为经济学界所借用，反映"赢家通吃"的经济学中收入分配不公的现象。

从网络科学的视角审视"马太效应"，纳薇蒂惊奇地发现，所有的网络都会成长，而新的节点倾向于附着在已经拥有众多链接的节点上。这种"富者越富"现象会导致已经更高级的节点拥有更多优势，随着时间的推移，这些高级节点甚至能垄断网络。这一网络动态规律也适用于人类，且在金融领域表现得尤其明显。那些拥有最优质人脉的高管，往往会吸引更多高端人群。当他们聚合在一起时，这些人拥有的金融专业知识会让他们处于最优位置，使本来就很庞大的财富急速增长，这又会让他们成为极具吸引力的枢纽。而财富又会造就具有排他性的特权真空地带，这会让世界上最富有、最有影响力的金融家们更加同质化。

纳薇蒂由此认定：判断同质性的标准之一是背景相似，包括社会、教育、专业、经济实力等。亚里士多德、柏拉图等哲学家都曾研究过相似性的"力场"。14 世纪，意大利的金融公司都是在家庭、公会和社会阶层基础上形成的。同样，法国金融机构是在朋友、社区邻居和相同的政治背景下成立的。

罗斯柴尔德家族的成员遍布欧洲，形成了独特的家族银行网络。他们可以从中获取大量信息、洞悉机会、找到客户。个人关系对于金融决策、交易以及与盟友保持良好关系都至关重要。史蒂夫·施瓦茨曼（Steve Schwarzman）和彼得·G. 彼得森（Peter G. Peterson）在合伙创立黑石集团时就决定，不与"敌人"做生意，而是与自己的人脉所带来的合作伙伴做生意。今天，尽管金融领域的领袖不一定需要天生的特权才能成功，但出身名门的高管，如摩根大通 CEO 杰米·戴蒙（Jamie Dimon）等，肯定会拥有获得先机的优势。

同质性也发生在选择配偶的时候，人类倾向于选择社会经济背景相似的人做伴侣，即所谓的"选择性交配"。强强联手的夫妇能过上更美满的生活，他们会让自己的子女从一出生就拥有优越的成长环境，这进一步加剧了社会贫富差距。

纳薇蒂对比研究还发现，金融高管经常与 IMF（国际货币基金组织）、各国央行、国际清算银行的最高决策者以及各大公司的 CEO 们过从甚密，因为这些人都是他们的潜在客户。他们拥有相似的生活方式，居住在富人社区，送孩子上私立学校。即使他们之间存在竞争，也能通过合作增加共同利益。古老的谚语"高处不胜寒"不无道理。金字塔顶端的人与普通人的交集越来越少，他们将所有消耗体力的活动外包，雇用司机，购买私人飞机，甚至还有私人电梯把他们与普通人区隔开来。他们的工作和个人生活紧密地交织在一起。随着时间的推移，在共同的圈子里发展。通常，金融高管不是为了生活而工作，因为他们的生活就是工作。通过社交，他们相互之间会产生强烈影响，使得圈子的同质化程度越来越高。

一个真正公平的系统，应该是由贤能统治，但真正的贤能统治只是幻影。1995 年，《新闻周刊》的封面故事《跨阶级的兴起》一文曾提到，在众多华尔街明星中，既有女性，也有不同种族的人，这篇文章因而被视为精英阶层多元化的证据。但在高端金融领域，多元化只是美好的虚幻。在华尔街的初级阶层中，人才的确更多元化，但高级职位仍主要由白人男性占据。2014 年，美国经济学家本·伯南克（Ben Bernanke）在普林斯顿大学毕业典礼的演讲中表示，没有任何系统完全由精英统治，家庭和健康等因素往往会导致机会不均等。为了挤进上流社会，最安全的办法是适应，争取同上层精英有更多共性。

绝大多数公司都以"文化适应"为基本要求，这意味着求职者需要拥有正统的口音、游历甚广、经历类似，并遵循相同的社交礼仪。简而言之，这是一些成长在富裕家庭里的人才能具备的特点。很多特质都需要投入大量时间和金钱。面试官常常忽略其中包含的微妙歧视，这导致精英阶层相似性越来越高。比如在咨询公司面试时，应聘者经常会碰到这样的问题——"机场测试"。面试官和你在一架飞往美国旧金山的飞机上，他做出以下两种决定：和你聊天度过这样枯燥的旅程，或者假装睡觉避免和你谈话。这时你会怎样表现？研究者发现，人们更重视亲近性而非优点。

## 攫取者、给予者和匹配者

许多人对人脉关系有种天生的抗拒。他们对带有功利性的人际交往感到不适，将其等同于利用，甚至是操控他人。在这些人看来，因为潜在利益、潜在利用价值而与他人建立关系不仅缺乏诚意，且非常虚伪，甚至有违道德。此外，带着附加条件帮助或取悦他人往往被视为无礼。

多伦多大学的一项研究显示，职业人脉会引发道德和生理上的污秽感。调查对象在该研究中坦言，当他们出于利益目的而不是发自内心地与人交往时，会感到矛盾和不安。不过，已经拥有权力的人似乎更适应人脉关系，会以此巩固并推动他们的地位，从而强化现有的权力结构。

另有一些调查对象对搭建人脉的行为感到不太自在，觉得在房间里想方设法接近他人令人尴尬。一些高管，尤其是技术过硬，不需要过多依赖人际关系技巧的高管，认为攀附关系有失身份，甚至是一种折磨，为此牺牲陪家人和朋友的时间太不值当。内向的人往往很难进行社交，他们需要更多的努力才能主动接近他人。这类人也不太擅长自我推销，反而认为这种行为肤浅、浪费时间。

与上述相关调查研究结果相反，纳薇蒂认为，搭建人脉的目的是进行合作，交换信息、资源，实现利益共享，这就说明它应该是互惠互利的。美国组织心理学家、沃顿商学院教授亚当·M.格兰特（Adam M. Grant）在《沃顿商学院最受欢迎的成功课》一书中，对成功人士如何运用动机、能力和机会互惠互利进行了一番研究，最后分出了三类人：攫取者，他们的收获超过给予；给予者，他们的付出多于收获；匹配者，他们的付出和给予基本持平。

根据格兰特的研究，给予者往往散布在社交高手和社交菜鸟这两极，而攫取者和匹配者大多分布在中间段。给予者不知疲倦地建立深厚的人脉关系，慷慨地付出且不图任何回报。给予者中的社交菜鸟往往过于善良，反倒容易被利用；而给予者中的社交高手会通过不断努力，以创造双赢的局面，并且知道适可而止。由于他们建立的良好口碑和声誉，因此往往能一呼百应，及时获得支持和资源。有趣的是，给予者在给予时，他们付出的善意会传播并扩大。而只知攫取的人，声誉会受损，尤其是当他们无休止地利用他人时。善意和慷慨终会得到回报，尽管不一定是在给予的当下就能得到报偿，但这份网络资本（人情资本）一定会在"社会资本银行"增值。

归根结底，每个人都渴望建立深厚、真诚的人脉关系。在当今世界，我们都彼此依赖，搭建人脉并不是利用他人，而是为大家创造机会。如果执行得当，会互惠互利。利己主义者和掠夺剥削的人很难走远，只有平衡的人际关系才能经得住时间考验。

## 天花板和玻璃悬崖

在高度同质性的金融领域高层，女性基本缺席。异质性或多样性，只存在于金融领域入门级别。针对"超级枢纽"群体中鲜见女性的身影，纳薇蒂调查研究发现：女性领导者不仅头顶有"天花板"，前方还有"玻璃悬崖"。在男性荷尔蒙主导的金融领域里，女性免不了会受到侮辱，必须用禁欲主义和迂回曲折的外交辞令加以应对，才能避免自尊心受到伤害，也避免因为害怕被人轻视而反应过激。

纳薇蒂研究还发现，只有在一个领域中的特定情况下，女性才会受青睐：当金融机构或公司必须裁员时，通常会"女士优先"。尽管女性往往是经济低迷时期第一批遭遇冲击的人，但往往会披着"升职"的外衣，这犹如一个诅咒和失败的圈套。来自英国埃克塞特大学的心理学家米歇尔·瑞安（Michelle Ryan）创造了"玻璃悬崖"一词，用来描述女性在危机时期获得晋升的现象。在危险时期，获得危险的领导职位，几乎是必定失败的结局。克里斯蒂娜·拉加德（Christine Lagarde）对此有切身体会：她临危受命，成为世界上最大的律师事务所贝克·麦肯思国际律师事务所的第一位女总裁。当时，律所正处于混乱时期，而她还在多米尼克·斯特劳斯－卡恩（Dominique Strauss-Kahn）因丑闻辞职后，被推选为 IMF 掌门。她认为，女性往往容易在形势打乱之时被推出去收拾残局。

一些激进的男性投资家甚至有攻击女性领导的公司的习惯。在这些男性的潜意识里，会认为女性是软弱的目标，反击的可能性较小。研究表明，女性 CEO 通常被视为能力不及她们的男性同行，由女性领导的上市公司的股票也被认为缺乏投资吸引力。

许多真正有勇气公开表达的高层女性，比如美国普林斯顿大学伍德罗·威尔逊公共与国际事务学院院长安妮－玛丽·斯劳特（Anne-Marie Slaughter）和百事可乐 CEO 英德拉·努伊（Indra Nooyi），她们相信女性能"假装拥有一切"，但同时指出，在没有外人帮助的情况下，女性要平衡工作和家庭几乎是不可能的。在金融领域，工作与生活更难平衡：常年无休，经常出差。哈佛大学的研究人员称，女性因提早下班而受到的非议比男性多。同事们很可能认为她们是去接孩子，而男性早退则会被人认为是去见客户。不管女性在照看孩子、照料家务方面是否付出更多，社会仍然普遍认为她们就应该成为家庭主妇，这就是出差的工作通常都交给男人做的原因。这种机会的不平等分配，可能有助于解释女性为何比男性获得更少的晋升机会。

一项研究表明，要想在华尔街获得成功，单凭努力工作和出色的业绩是不够的，那些成功的女性往往比男性同行更聪明，受教育程度也更高，然而，在大型企业的高管职位中，女性占比仍然少得可怜。即使女性进入高层，他们通常也会在中年时遭遇瓶颈，如果她们真的披荆斩棘，进入董事会，也通常会被另眼看待或遭到孤立，而男性则不会遇到这类问题。

纳薇蒂进一步研究发现，女性很少能进入顶尖的金融圈的主要原因是：她们基本上被排除在男性精英俱乐部之外。等级越高，圈子的同质化程度就越高，因为男性高管群体基本对女性项目没有兴趣。被排除在这样的圈子之外是很大的劣势，毕竟圈子里有很多宝贵的人脉资源；而反过来，由于男性容易进入圈子，因此被赋予了更多社会资源。从自身性格上，相关研究也表明，女性比男性更不情愿使用关系，因为利用人脉关系会令女性感到不适。同时，她们缺乏榜样，只能在男性长期占主导地位的领域里学习、摸索和实践。女性常常被雇佣做一些需要柔性技能来吸引客户的工作，比如维护客户关系、销售金融服务等。

这种惯性思维，是由于女性受到社会价值观和规范的束缚。虽然这种价值观早已过时，但组织机构会条件反射地延续传统做法，试图保护其结构。换言之，在当前社会环境下，野心并没有被视为女性资本或优点，因为它意味着侵略，男士专用。争强好胜的女性往往会得到负面评价，被认为缺乏人情味。社会对女性的刻板要求仍然是，女性应该善良、体贴、善解人意、关心他人，否则就会被视为咄咄逼人。

## 影响公共和私营思维方式的"旋转门"

曾任美国第 36 任总统林登·约翰逊（Lyndon Johnson）的新闻秘书的比尔·莫耶斯（Bill Moyers）曾指出："政府部门的公务员和私营部门的大亨之间有一扇旋转门，这成为一股不可抗拒的力量，把政客和金融高管绑在一起。"这种行业交流会造成冲突和问题，但这同时也是成为"超级枢纽"的捷径。

所谓"旋转门"，是指个人在公共部门和私人部门之间双向转换角色、穿梭交叉为利益集团牟利的机制，穿行其中的人们由此编织了一张紧密的人脉关系网。跨越私营部门和公共部门的关系可促进信息传播，影响两个部门的思维方式。公共官员在某些问题上会参考私营部门的意见；此外，他们可能会把这种人情积攒起来，等到卸任后在金融行业获得一份有利可图的工作。虽然公共部门的薪水也很可观，但与金融领域的盈利潜力不能相提并论。例如，2013 年，本·伯南克担任美联储主席时，年薪约 20 万美元。离开美联储后不久，他在巡回演讲中每小时的最低收费为 12.5 万美元。

纳薇蒂调查发现，在公共和私营两个部门之间跨越的金融行业高管和高级官员有很多，比如：美国财政部前部长蒂莫西·盖特纳（Timothy Geithner）加盟私人股本公司华平投资集团；美国财政部前部长拉里·萨默斯（Larry Summers）曾是华尔街赫赫有名的高薪顾问，后来成为奥巴马政府的国家经济委员会主席，之后又返回华尔街重操旧业；亨利·保尔森（Herry Paulson）在担任布什政府的财政部部长前，曾是高盛 CEO；在克林顿政府时期担任经济顾问，之后又任奥巴马政府时期国会预算办公室主任的彼得·奥斯泽格（Peter Orszag）结束公职后，先后担任花旗集团和拉扎德公司的高管；曾在克林顿政府担任财政部部长的戴维·利普顿（David Lipton），后来进入花旗银行全球风险管理部门担任高管，之后又成为奥巴马总统的特别助理以及 IMF 副总裁；曾任克林顿政府商务部部长的威廉·戴利（William Daley）成为摩根大通全球政府关系主管后，又重返白宫任奥巴马总统的幕僚长。

按照纳薇蒂的分析，金融和政治领域之间的共生关系构成了高风险的"关系俘虏"。该词反映了这样一种现象：人类本能地试图通过合作和调解建立积极的工作环境。从本质上讲，"关系俘虏"是斯德哥尔摩综合征的修正版：在进行了一定程度的互动后，人们变得高度依赖，最终变得不可分离。虽然公共和私营部门的领导者应该保持适当的距离，但他们彼此间都有利用价值——政治和监管方面的影响力通常可以作为筹码，用于交换薪资优厚的工作和竞选捐款。相关研究表明，经过短期互动，就会出现"关系俘虏"的现象。单纯的"关系俘虏"会发展成"认知俘虏"——当监管者与被监管者联系密切时，他们会开始从对方的角度看待问题。若"认知俘虏"继续发展，会转变成"监管俘虏"，监管者会被他们本该进行监管的金融机构控制。

譬如，在雷曼兄弟公司破产时，高管们的决定使银行出现流动性囤积现象，导致危机传播，使全球金融体系"瘫痪"。虽然高管们可以控制自己的行动，但他们无法控制传染。

对此，纳薇蒂毫不讳言：美联储、证券交易所这样的制衡监管机构会失衡的原因正是存在"关系俘虏"，这往往会导致"认知俘虏"和"监管俘虏"。通常，人们不仅看重业务，还有创建协作、培养良好关系的内在渴望。在进行了一定程度的互动之后，"认知俘虏"就出现了，他们开始从对方的角度来看问题，这无疑会导致"监管俘虏"。

# 摆脱"永远不够用"的焦虑

如果有一位画家朋友送给你一幅精致的画作，你想要把它挂在客厅的墙上，碰巧此时家里没有锤子，该如何解决钉钉子的问题呢？

针对这个简单的问题，法国人类学家克洛德·列维－斯特劳斯（Claude Lévi-Strauss）曾研究过人可以采取的两种不同的做事方法：一种叫作"工程设计法"，一种叫作"临时巧用法"。

据斯特劳斯描述，"工程设计法"需要行为者找到某种特定的工具。追逐者一般颇为青睐此种方法，因为他们对资源的看法比较狭隘。也就是说，当需要把钉子钉进墙里时，他们就会去买把锤子。如果没有一把尺寸适当、形状适当、重量适当的锤子，"工程设计法"似乎就无法进行。为了应对挑战，追逐者往往会努力获取尽可能多的工具，哪怕这些工具不会被马上用到。渐渐地，他们的工具箱变得越来越大，最后，他们自己也想不起来里面都装了些什么。

与追逐者的做法相反，延展者则比较推崇"临时巧用法"，他们会充分利用现有的工具或资源，突破常规，借助实验发掘手里有限资源的潜在价值。如果手边只有一块石头的话，延展者就会把石头捡起来，用它把钉子砸进墙里。甚至，一块砖头、一罐豆子罐头、鞋跟或者沉重的手电筒，统统都可以拿来一试。

"延展"是美国莱斯大学管理学教授斯科特·索南沙因（Scott Sonenshein）提出的一个概念，其与"追逐"相对应，指代一种充分利用现有资源的思维方式。

不管是"工程设计法",还是"临时巧用法",都可以达成把钉子钉进墙里的目的,但二者的效果却大不相同。"工程设计法"看起来优雅而又令人舒心,因为这是把钉子钉进墙里的标准做法。如果一位木匠拿着擀面杖来你家干活儿,你肯定会觉得十分奇怪。但如果把这套理论引申到我们通常做的一些决策上面,又会怎样呢?要想为每一项工作都找到合适的工具,这显然需要花费很多的精力。我们会把大部分的时间和精力都耗在寻找合适的工具上,而不是把钉子钉进墙里这件事情上。如果没有合适的工具,我们就不知所措了。如果别人的工具比我们的好,我们不仅会心情糟糕,还会因为自己的工具不如人,就自认为做不好这件事情。

从这个意义上说,要运用"临时巧用法",我们首先要挣脱思维定式的束缚,这是一个挑战。此种思维定式会迫使我们总是想要使用锤子,哪怕我们手里并没有锤子。当我们以不同于以往的方法使用某个东西时,我们会在心里产生某种程度的不适感,所以我们的第一直觉就是去买一把锤子。而只有到了万不得已的时候,比如五金店关门,才会采用其他的替代物。对此,索南沙因教授在其著作《延展:释放有限资源的无限潜能》中坦言:强迫自己最大限度地利用身边的东西,"我们会过上一种全然不同的生活,而且是一种更加有乐趣的生活。因为采用这种生活方式能让我们变得更加沉着冷静,而不会患得患失,也能让我们以更好的方式利用已有的东西。这也是为什么在面对制约因素时,尝试延展比获取资源更重要"。

## "上行社会比较"的怪圈

当开始投身于一项重要的事业时，比如经营一家企业、为工作奋斗，或者养家糊口、寻找生活中的幸福等，我们直觉上往往会遵循这样一条简单的规则行事——"拥有更多资源＝取得更好的结果"。

按照这个逻辑，如果想更快地完成某个项目，那就要增加人手；如果想在工作上有更大的影响力，那就要有个更高的头衔，有间更大的办公室；要挽救一个销量下滑的产品，就要增加营销投入；学校要增加教学成果，就要雇更多的老师；政府要更好地开展工作，就要有更多的预算；要改善恋爱关系，那就买个昂贵的礼物……这些规则给人一种安心感。似乎拥有得越多，就能做越多的事，就能有越好的感觉。虽然这种想法很诱人，但事实是，它往往无法带给我们最好的结果，因为它诱使我们去追逐我们根本不需要的资源，而忽视了自己手中已有资源的潜力。

"追逐心理"为何在当今社会各个领域里横行？针对这个问题，索南沙因教授通过深入研究发现："追逐心理"之所以在各个领域里蔓延，主要是受到"上行社会比较""功能固着""盲目积累"和"资源浪费"这四个因素根深蒂固的影响。

早在 1954 年，"认知失调理论"阐释者、世界著名心理学家利昂·费斯汀格（Leon Festinger）曾提出，所有人都想知道自己所处的位置，这是人类的一种基本倾向。费斯汀格指出，我们无法在与人隔绝的情况下对自己进行评价。相反，我们必须参照他人，才能更好地对我们所在乎的生活的方方面面进行感知，比如财富、智力、地位等。能彰显我们身份的可视化标志是我们可以直接衡量的东西，如汽车的价格、办公室的建筑面积、项目预算的大小、草坪是否绿意盎然、公司股份占比的高低，甚至奥林匹克奖牌的颜色，等等。

如果大多数办公室是 120 平方英尺（1 平方英尺约等于 0.09 平方米），那么 150 平方英尺的就是十分宽敞的；如果大多数办公室是 180 平方英尺，那么 150 平方英尺的就会显得太小。和铜牌获得者相比，银牌获得者更多地关注自己没有取得的成就（比如获得金牌）。他们也更倾向于与金牌获得者比较，并表现出嫉妒，以及对自己能力的相对不足耿耿于怀。相反，铜牌获得者虽然比银牌获得者排名靠后，但他们更关注自己确实取得的成就（赢得了一枚奖牌）。一个东西越是好测量，它就越容易被拿来比较。人的这种相互比较的行为被心理学家叫作"上行社会比较"。

美国范德堡大学研究员曾对田纳西州纳什维尔地区的一些具有代表性的居民进行了采访和调查，企图弄清楚当地居民费心打理草坪的原因。原来，促使房主平日里挥霍如此多资源保持草坪绿意的，竟是和邻居攀比的心理。在排除了年龄、受教育水平、房产价值等因素之后，这一结论依然成立。房子是成功的终极代表，是可以高调炫耀其主人成就的存在，而草坪绿不绿也可以反映出这家人的富裕程度。

索南沙因教授以人们想方设法打理草坪为例指出，在追逐之时，我们很容易陷入"上行社会比较"的怪圈，受到其他人拥有或者渴望拥有的某些东西的影响，索性自己也去追求这些东西。但是，资源会变得越来越稀缺，相应地，追逐也会变得越来越困难——成本越来越高、负担的压力越来越大，而追逐的对象越来越不切实际。最终，井枯水尽，源源不断的资源之川竭尽而止。

一项针对社交媒体的调查显示：使用脸书的时间越长，人们的感觉就越糟糕，而这种幸福感的降低正是源自"上行社会比较"。为何社交媒体会引发这种使我们感觉更不幸福的社会比较呢？原来，有 78% 的被试会使用脸书分享好消息，但用脸书分享坏消息的只有 36%。人们会发布自己获得金牌的消息，却在自己获得最后一名的时候闭口不言。另一项针对微信朋友圈的调查，也反映了相似的结果。

追逐不仅使我们痛苦，它还削弱了我们进行延展的能力。它蒙蔽了我们的双眼，使我们无法看到资源更深层次的价值。而与之相反，延展能使我们发掘出尚未得到利用的资源的潜力。

## 打破惯常模式

20 世纪 80 年代，电视剧《百战天龙》风靡全球，剧中的主人公安格斯·马盖（他的朋友叫他马克）先是一名秘密特工，他可以只用一把小刀、一卷胶布或者随手找到的常见家什解决一切问题（还能拯救生命）。在缺少专门工具的情况下，马克总能利用身边可以找到的任何东西，以绝妙聪明的办法解决看似无法破解的难题。马克曾用回形针阻止过炸弹爆炸，曾借助机油将毛玻璃变成透视窗。他用的不是动作片中的英雄常用的那套策略，而是利用科学，把日常生活用品变成各种可以灵活使用的工具，从而打败坏人，抓住罪犯。

当面临许多人认为的困境，比如工具有限时，马克总是会把关注点放在充分发掘自己所拥有的资源的价值上，而信奉追逐的人则会采取一种完全不同的方法。由于迷信"拥有更多的资源就会带来更好的结果"，他们认为资源的用途都是有限的，所以不得不尽可能地追逐更多的资源。当遇到障碍，无法获取新资源时——毕竟，他们很可能无法再获得更高的头衔，再搬到一间更大的办公室，或者无法为推进项目再多雇一个人……他们的项目和目标就要被暂时搁置了。追逐者之所以无法做到像马克那样发掘资源的价值，根本原因在于他们遵循着传统观念，认为每一种资源的具体用途是固定不变的：回形针就是用来固定纸的，竞争对手就是会对自己的业务产生威胁的人，地图就是提供精确方向的东西。而对于马克这样信奉"物尽其用"的人，一种资源可以呈现出许多非常规的用途：回形针可以用来缝合伤口，竞争对手的视角可以用于优化企业的产品供应，即便是一张错误的地图也可以用来引导我们到达正确的目的地。

为了方便描述追逐者狭隘的资源观，勾勒出他们在资源利用上的心理障碍，索南沙因教授以一道有趣的物理题来展示追逐者和延展者之间的不同思维方式。

如何用气压计测量一座高楼的高度？物理学老师对这个问题已经进行了反复思考，认为只有一个正确答案，即比较楼顶的气压读数和楼底的气压读数。

学生们给出的答案却五花八门：有的学生在气压计上拴根绳子，从楼顶把绳子放到街面水平高度，然后测量绳子的长度；有的学生拿着气压计攀爬大楼，把气压计当作尺子直接测量楼的高度；有的学生把气压计送给大楼管理员，作为交换，让管理员透露这栋楼的高度。

气压计的非常规用途显示了一个人非同寻常的思维方式。而那名教师沉浸在物理学的条条框框里，错失了许多使用气压计解决难题的方法。同样，追逐者往往也只能看到气压计或其他资源的表面价值。由此，心理学家把物理学教师所表现出来的这种刻板性称作"功能固着"，即无法看到一种资源除传统用途以外的其他用途。

事实上，随着年龄增长，我们积攒了越来越多的使用资源的常见方法，但这也让我们越来越难以摆脱功能固着的心理倾向。无论是在工作上、学校里，还是在街坊邻里中，都有强大的社会规范制约着我们，迫使我们以惯常的方式使用资源，也让我们迅速地丢弃自己手里的东西，转而向外界寻求更多的资源，而培养延展的心态或思维可以帮助我们打破这个模式。


## "积累更多"和实现目标的距离

在追逐的时候，人们往往希望尽可能多地获得资源，这不是因为人们心中有一个明确的目标，而只是"纯粹地想要积累更多"。为了分析追逐者"盲目积累"的心理，索南沙因教授援引芝加哥大学教授奚恺元（Christopher K. Hsee）及其同事曾做过的一次巧妙研究来深化自己的研究成果。奚恺元及其同事当时做这项研究的目的是想弄清楚人是否会宁愿牺牲幸福，也要获取超出自己所需的资源。让被试听音乐——这是人们普遍喜欢的一项休闲活动。在听音乐的过程中，他们可以获得一小块巧克力的奖励，前提是他们得按一下按钮。按按钮的时候，他们听不到舒缓的音乐，而会听到锯子伐木的噪声。

研究者随机选择部分被试，将其设定为"高收入者"，与"低收入者"相比，他们每按一次按钮可以获得更多的巧克力。高收入者按 20 次按钮就可以获得一条巧克力，而要获得同样的奖励，低收入者需要按 120 次。需要指出的是，研究者在实验刚开始就告知被试，不能当场吃掉的巧克力是不能带走的。不出所料,两组被试获得的巧克力有显著差别:高收入者平均每人获得 10.7 条巧克力,低收入者每人仅获得 2.5 条巧克力。

赢得巧克力之后,他们就可以吃掉。高收入者平均每人吃了 4.3 条,低收入者平均每人吃了 1.7 条。两组被试获得的巧克力都超过了他们最终享用的量,但高收入者多获取的巧克力明显更多。这一结果表明,高收入者关注的是尽可能积累更多的巧克力,而不去考虑自己是否愿意吃下所有的巧克力,或者是否能吃完这些巧克力。

接下来,奚恺元及其同事想看看能否最大限度地降低被试的这种"盲目积累"的倾向。在后续研究中,他们又随机选择部分被试,告诉这部分被试他们最多只能积攒 12 条巧克力。在同样的获取条件下,知道这一上限的被试平均每人赢得了 8.8 条巧克力,而不知道这一上限的被试则平均每人赢得了 14.6 条巧克力。通过设置最高上限,研究者们成功地让一些被试更好地平衡了自己的实际需求与欲望。事实上,这两组被试平均每人都吃掉了 6.7 条巧克力,这样看来,知道上限的小组所积累的巧克力的数目,更接近他们实际吃掉的巧克力的数目。

对于追逐者来说,所获得的资源的数量才是主要的衡量标准,即"拥有更多的巧克力 = 取得更好的结果"。然而,尽管"盲目积累"让不知道上限的小组获得了更多的巧克力,他们的满意度却相对较低——既包括赢取巧克力时的满意度,也包括吃巧克力时的满意度。反倒是知道上限的小组的满意度相对较高。这说明,追逐有时或许能给我们带来更多的东西,但这些东西往往不是我们实现目标所必需的,而且会让我们感到筋疲力尽。

## 拥有"心理所有权"

如果说追逐的根基在于追求尽可能多的资源，那么延展的基础就是专注于我们所拥有的东西。延展的思维方式可以使我们摆脱"永远不够用"的焦虑，它能让我们明白，我们用当前拥有的东西就可以实现不凡的成就。

在索南沙因教授看来，要想更好地拓展"延展思维方式"，离不开四个关键因素：一是心理所有权，二是欣然接受局限，三是节俭，四是变废为宝。

心理所有权是指，"我们心理认为对某件物品具有拥有权，或我们有权力有能力对这件物品做决策"。当我们对某项物品具有心理所有权时，我们就能以各种富有创意的方式来利用资源。芝加哥一家名为BoutiqueCo 的服装店，专营女性服装、首饰及配饰，其与周围的店铺场景大不相同，这家店铺的售货员神情放松，顾客络绎不绝，业绩远远高于周围的店铺。这家店铺的成功之道就在于，员工对店铺拥有心理所有权。这家店铺的店长伊桑·彼得斯介绍说，他之前在其他店铺工作时，公司信奉的是传统零售模式，公司总部会发给他一本操作手册，这本手册对产品陈列、培训新员工、问候顾客等做了详尽的规定，而他只需要根据这本操作手册照本宣科地执行就可以了。而他现在所在的这家店铺，公司没有搞集权控制或施展权威，这让他有了更多的发挥空间和机会。

有一年夏天，公司采购了一批设计拙劣的女裙。这款女裙总是从衣架上滑落下来，顾客也没有购买的兴致。其他分店的店长和伊桑一样，也陷入了怎样把它卖出去的困扰。伊桑突发奇想，裙子不一定非得是裙子。于是，他拿来一把剪刀，剪掉了裙子上面的带子。然后，他再把衣服卷起来，用一条丝带绑住，贴上"海滩罩衫"的标签。没想到，伊桑创造出来的这款新产品，成为泳装类中的一件热销产品。

公司总部主管把伊桑叫过去询问，是怎样把不受欢迎的产品改造成了热销产品，伊桑立即汇报了自己的想法。在其他公司，这种刻意损坏产品的行为可能会让伊桑丢掉工作。但在这家公司，主管反而在其他员工面前表彰了伊桑善于挖掘资源潜力的能力。毋庸置疑，伊桑的行为就是延展。伊桑能有延展思维就在于，他对店铺拥有"心理所有权"。

伊桑的"心理所有权"的形成，可以追溯到公司创立之初的那段艰难岁月：当时公司创始人在时间、金钱和技巧上都有所欠缺，在很多方面都无法为店铺运营提供指导。在没有什么支持的情况下，伊桑开始尝试在货品陈列、客户服务和员工培训等方面进行探索。久而久之，这家店铺就打上了伊桑的烙印，呈现着他的想法，让他越来越把这家店看成是自家的，虽然他并没有这家店的实际所有权，但他的自我知觉被激活了。


## 欣然接受稀缺或"局限"

虽然伊桑具有强烈的"心理所有权"意识，但他仍然面临一些看似难以克服的制约因素，比如劣质的产品、经验不足的上司和员工人手不够等情况。实际上，"制约因素"还可以帮助到我们解放思维，促使我们用各种不同的方法利用资源。

喜欢绘画、梦想成为画家的菲尔·汉森（Phil Hansen）在上高中后，右手出现了持续的震颤症状，被医生诊断为"永久性神经损伤"。汉森没有就此颓废，而是欣然接受了手抖的现实，并开始关注自己能做什么，而不是不能做什么。后来，他找到了用抖颤的手进行绘画的新方法。随后，他又继续寻找克服自身生理局限的新方法，比如用双脚沾满颜料作画，用双手浸染颜料像空手道家一样向墙面砍去。欣然接受自己的局限，并逼着自己学习作画的新方法，借以提高自己作品的水平。最终，汉森被选定为第 51 届格莱美奖的官方艺术家。

汉森并不是第一位发现局限的力量的艺术家。美国哥伦比亚大学心理学教授帕特里夏·斯托克斯（Patricia Stokes）曾是一名艺术家，她花费了数年的时间研究克劳德·莫奈（Claude Monet）杰作不断的原因。斯托克斯发现，从学徒到大师，莫奈的创作中总有一个不变的因素：局限。

早期，莫奈抛弃明暗对比画法，这促使他脱离具象派的绘画风格，转而发展印象派画风。后期，他会给自己设置其他限制条件，迫使自己一直处于不断学习的状态之中。虽然莫奈知道怎样能画出好画，但和其他艺术家不一样的是，他还知道怎样以迥然不同的绘画方法画出好画。

常识告诉我们，人的创造力是天生的，但斯托克斯则发现，与其说创造力是一种天生的能力，倒不如说它是一种心态。她发现，是否欣然接受局限条件，是区分优秀艺术家与真正杰出的艺术家的一个重要因素，这在美国建筑大师弗兰克·劳埃德·赖特（Frank Lloyd Wright）和法国作曲家克劳德·德彪西（Claude Debussy）的作品中也可以看出来。

在业绩表现依赖于创造性的职业场合，斯托克斯也发现了同样的现象，比如可可·香奈儿（Coco Chanel）的时装设计、李奥·贝纳（Leo Burnett）的广告宣传作品都体现了这一点。李奥·贝纳就是那个把万宝路香烟变成一个家喻户晓的国际品牌的人。不过，在业绩表现不依赖于创造性的场合中，斯托克斯也得出了同样的结论：局限能促使我们以更加有创造性的方式利用资源，提高我们的表现。这一结论对于小学生甚至实验中的小鼠也是适用的。

在斯托克斯的一项实验中，她迫使实验组的小鼠只能用右爪按一个横杆以获得食物奖励，而实验结果显示，和没有限制只能使用右爪的控制组小鼠相比，这些实验组的小鼠学会了更多按横杆的方法。

几十年来，心理学家始终秉承着一个主流观点，即制约因素构成了人们创造性使用资源的阻碍。比如，在官僚机构工作一段时间后，会导致"功能固着"；在事无巨细的管理者手下工作几天，会丧失工作的自主感和控制感，从而失去"心理所有权"。

虽然"制约有害"的逻辑符合人们的直觉认识，但伊利诺伊大学的拉维·梅塔（Ravi Mehta）和约翰·霍普金斯大学的朱梦经研究后，却对"制约有害"提出了质疑。他们研究发现，制约因素有时会具有重大的意义。

梅塔和朱梦两位专家设计了5项实验，其中一项实验是让60名大学生随机分成两组，这两组成员都需要完成一篇短文，其中一组成员的短文是讲述成长过程中资源短缺的故事（"资源稀缺组"），另一组成员的短文是讲述成长过程中资源富足的故事（"资源富足组"）。

随后，这两组成员又接到一个任务：学校有250张气泡包装纸需要处理，请为这些气泡包装纸找到合适的用途。接着，两位专家请来了20个评委，让他们对所有气泡包装纸使用方案的新颖性进行评估。这20个评委不了解被评估对象是"资源稀缺组"成员还是"资源富足组"成员。结果显示，与"资源富足组"相比，"资源稀缺组"想出的气泡包装纸的用法更具多样性和创造性。

为什么资源稀缺，反而会促使人们以更加开阔的视野看待资源？两位专家进一步研究发现，在资源富足的情况下，即没有制约条件时，人们会倾向于从记忆中提取传统的资源使用方法。但在资源稀缺的情况下，反而能够触发人们的思考能力，让人们在使用资源时不再局限于传统的方式。

## 节俭与吝啬

鲍勃·科尔林（Bob Kierlin）是美国快扣公司的创始人和前 CEO，《公司》杂志曾把他列为美国最节俭的 CEO。或许，他也算得上是美国最节俭的人了。不管怎样，他肯定是美国最为成功的人之一。他一手创建并发展了这家市值数十亿美元的公司，每年盈利上亿美元，过去几十年来，公司股票的表现几乎超过了其他任何一家公司。

每当出差时，科尔林总会尽量什么都选便宜的。他会自驾去参加商务会议，在城市郊区过夜，喜欢住便宜旅馆超过豪华的五星级酒店。他还会避开奢侈的餐厅，情愿选择麦当劳的超值套餐犒劳自己。在办公室里，他通常穿的是二手西装。在科尔林的领导下，快扣公司不会为员工提供出差餐补，因为他认为人本来就是要吃饭的——这项政策并不会节省多少钱，却在很大程度上向员工灌输了避免浪费的理念。

公司还规定，凡是 8 小时车程以内的商务会议均需自驾前往。科尔林曾和公司 CFO（首席财务官）一起驱车从公司总部前往加州参加会议，往返行程共计 5000 英里，二人在路上加深了同道情谊，这是在办公室的短暂相处中无法达到的。公司简朴的二层混凝土大楼总部用的都是二手办公家具和设备，科尔林还在这里成功实践了自动售货机的一种妙用：用冷饮售货机获得的收益，每年举办一次节日聚会。

虽然这些政策对习惯拿福利的员工来说是一次艰难的改变，但公司运营得很好，而且员工待遇也不错。当完成盈利目标和成本控制目标时，员工的薪水也会跟着水涨船高。通过节约自己认为没必要的开支，科尔林不仅创造了这种避免过度浪费的企业文化，教会了员工用很少的资源做出更多的成果，而且也留出了充足的资金用于投资企业项目和犒赏员工。

大多数人对节俭的人或组织机构都没有什么好印象，认为他们要么是太吝啬，要么是太穷。科尔林厉行节俭的做派带来了巨大的好处，但我们的疑问是：我们是否必须像科尔林那样节俭，才能做到延展呢？答案是否定的。我们只需要改变自己的思维方式就可以了。

曾有一群美国的大学教授组成了一个研究小组，他们对节俭的消费者进行采访，收集大学生的练习作业，还录下了有关节俭夫妻的节目，目的就是了解节俭者的心态。他们在最为节俭的人群中发现了三条规律。

第一，节俭的人更注重长期目标而非短期享乐，他们会表现出像科尔林逐步带领企业发展壮大的那种耐心。

第二，节俭的人会重复利用自己拥有的东西，而不是买更多的东西。

第三，节俭的人不大受传统惯例的制约，这让他们不太容易陷入"上行社会比较"的陷阱，也就避免了走向追逐之路。

节俭过了头就是吝啬。但在索南沙因教授看来，节俭与吝啬的区别表现在心态上，吝啬鬼在花钱时会感到心理上的疼痛感，而节俭者则不会有这种情感上的痛苦；节俭行为本身会给延展者带来一种满足感，从节约中获得快乐的是节俭者，而不是吝啬鬼。

节俭并不意味着延展者需要竭力避免花钱或动用资源，而是意味着他们需要发掘出已有资源的潜在价值。

## 利用已有东西，关注已有资源

随着研究的不断深入，索南沙因教授还发现，延展还意味着要去发掘他人轻易丢弃的资源的潜力，比如，面对垃圾时，我们也要有发掘潜力的慧眼。这就是"变废为宝"的延展理念。

珍妮·道森（Jenny Dawson）在英国最大的水果、蔬菜和花卉批发市场——伦敦新考文特花园市场里，就发现了他人轻易丢弃的资源的潜力。她把这些别人丢弃的资源变成了宝贝。这个占地 57 英亩（1 英亩 =0.004047 平方千米）的市场里，每天有非常多的来自全球各地并且完全可以食用的食物被丢弃。被丢弃的原因基本上雷同，且很简单，那就是这些食物有瑕疵。

不仅仅是这个市场丢弃现象严重，在整个英国，人们每年扔掉的食物就有 720 吨，废弃食物的处理则要每年花费数十亿美元，由此产生的温室气体大约占英国总排放量的 10%。

就在人们如此铺张浪费的情况下，全球约 8 亿人由于缺少食物而无法过上健康、积极的生活。道森坐不住了。她辞掉了前途光明的工作，创办了一家名叫"砂砾中的红宝石"的公司，其寓意"从砂砾中寻找宝石"。这家公司专门从农民手中收购那些外形奇怪很难卖出去的农产品，然后制作成果酱和酸辣酱。目前，道森的生意不断扩大，已经在英国设立了 150 多个经销点。她的公司的价值宣言是这样写的——"利用你已有的东西，关注你已有的资源"。这简直就是延展者的宣言。

与道森的行动和做法相映成趣，早在 1974 年，美国政府为清理给自由女神像翻新扔下的废料，向社会广泛招标，但好几个月过去了，没人应标。因为在纽约州，如果垃圾运输公司没有足够的人力、财力、物力资源，一旦对垃圾处理得不好，很容易受到环保组织的起诉。

但是一个犹太商人看到这些堆积如山的铜块、螺丝和木料后，未提任何条件，当即就签了字。就在大家等着看这个犹太人的笑话时，他开始组织工人对废料进行分类。他让人把废铜熔化，铸成小自由女神像；把水泥块和木头加工成底座；把废铅、废铝做成纽约广场的钥匙……最后，他以自由女神原始材料为卖点，售卖"小自由女神"的限量纪念品，用不到 3 个月的时间，让这堆废料变成了 350 万美元现金，比原来的价值整整翻了 1 万倍。

此外，汤姆·萨奇（Tom Szaky）从把虫子排泄物装在废弃的可口可乐瓶子里贩卖起家，建立了一家可持续肥料公司。这开启了后来被称为"特拉循环"的数百万美元的回收事业，其旨在为各种各样的废弃物品找到新的用途，如把空的果汁袋做成手提袋等。在萨奇眼中，"一个扔掉的果汁盒不是垃圾，而是一个铅笔盒，漂亮的包装纸，美丽的风筝"。又如，约翰·布拉德伯恩（John Bradburn）负责运作通用汽车公司的"无垃圾行动"，也致力于把废料变成宝藏。他说："在通用，我们把废物看作放错了地方的资源。当这些废物被源源不断地从工厂里运送出来的时候，我们不会想着如何处理掉它们，而是思考该如何更好地利用它们。"他自己家就充斥着这种回收再利用的产品，如用集装箱废料搭成的两个棚子、用 19 个汽车电池做成的野生小动物的巢穴等。在通用，他还领头把涂料污泥做成了装运板条箱，把浸透了油污的吊杆做成了汽车上的部件，还用废弃轮胎做成了导风导水板。

要想真正拓展"变废为宝"的延展理念，索南沙因教授还认为，可以通过鼓励他人尝试新鲜事物或换位思考，从而创造出宝藏，或意想不到的价值。比如，2014 年，"奥迪尔"飓风袭击了墨西哥的洛斯卡沃斯，摧毁了当地的许多宾馆。该城市一家豪华度假村的总经理毛利西奥·马丁内斯因为要修理关键基础设施，需要把宾馆关掉几个月的时间。没有了游客，他也就不再需要负责接待、提供娱乐服务的员工。但他没有遣散这些员工（像网球陪练、调酒师等），而是让他们作为建筑工人继续留下来干活。他的宾馆得以迅速完成重建，速度比其他酒店都快，因为他的"施工队"规模更大。与此同时，他还留住了宝贵的员工，避免了在宾馆重新开业之时，再找人手（或招聘）的麻烦和成本。

在传统思维上，人们通常会把资源视为固定的物体。资源的价值，由规范、传统或规则来定义。比如，一份新工作、一家新公司、一个青少年的未来，只要看看相关的资源储备就可以预测其结果。根据这个观点，垃圾永远是垃圾，这是由垃圾的本质决定的。但是，延展的思维却不这样认为。在延展者看来，几乎所有的事物，无论是有形的还是无形的，都具有潜力：资源并非我们拿到手的东西，而是由我们创造并塑形的东西。

# "数字化之手"的边界

　　为了真实而完整地表现一个人从出生到死亡的全过程，一位电视制作公司的导演在楚门（Truman）还是受精卵时，就买下了他的抚养权；然后，专门为他搭建了一个大得无法想象的舞台，虚拟了一个名为"桃源岛"的城市；城里的草木砖瓦，皆为道具；连天空、太阳、月亮、大海、雷电、风雨都是布景；城里的居民也都是群众演员，目的就是为了给主人公楚门营造真实可感的生活场所，让他对自己的演员身份一无所知。1998 年上映的《楚门的世界》，或许正是对互联网算法经济世界的最好隐喻：真实世界与线上的虚拟环境正在融合。

　　一次偶然的机会，英国牛津大学竞争法教授阿里尔·扎拉奇（Ariel Ezrachi）和美国田纳西大学法学教授莫里斯·E. 斯图克（Maurice E. Stucke）在泰晤士河边散步时闲谈到"互联网算法"，这促使两人对这一领域的探索和研究一发而不可收。而据他们的追踪研究，互联网算法"有毒"，表现在三个方面。

　　第一，危机潜伏于算法之间的"共谋行为"中。法律明令禁止企业操纵价格，但由数据驱动的算法却能实时监测市场中竞争对手的价格变动，并据此调整商品定价。原本有利于提高市场透明度的科技进步，最终却讽刺性地伤害了消费者。

　　第二，危机发源于商家的"价格歧视"。企业通过追踪消费者个人数据、设立会员制度达到合理推测消费者保留价格的目的。

　　第三，互联网超级平台与独立应用程序开发者之间那层"亦敌亦友"的关系也引发了危机：在牢牢掌控核心平台之后，互联网巨头俨然拥有了支配用户个人数据的权力，他们将决定谁能称霸市场。

由这两位教授合著的《算法的陷阱：超级平台、算法垄断与场景欺骗》就此提出了一个耐人寻味的疑问：线上市场，这会不会是另一个"楚门的世界"？

## 算法达成共谋更隐蔽

对企业高管之间的互相勾结、人为切割市场、达成减产协议等行径，各类反垄断政府机构与社会团体恐怕已见怪不怪。由拉尔沙·康达基（Larysa Kondracki，加拿大导演）导演的电影《告密者》生动描绘了那些企业高管如何达成共谋、哄抬市价：他们在世界各地往返，谈笑风生间协调一致对外报价，时不时地还要控制商品产出数量。一般来讲，在反垄断的世界中，人们往往将卡特尔[①]组织的行为视作"没脑子的事"。事实上，即便卡特尔组织的内部协议未能奏效，这种做法本身也是违法的，而他们正是反垄断执法行动的目标，那些互相勾结的高管与他们所在的公司往往会为此付出沉重的代价。

新古典主义经济学派学者曾提出，由于卡特尔组织成员之间的不信任、互相欺骗，因识破谎言而引发内斗等缘故，成员之间的关系往往无法长久维系。然而，实证研究却证明，这种关系其实比较稳固。

---

① 卡特尔指由一系列生产类似产品的独立企业所构成的组织，集体行动的生产者，目的是提高该类产品价格和控制其产量。根据美国反托拉斯法，卡特尔属于非法。

那么企业为什么会走上共谋之路呢？简单来说，共谋总比相互竞争要容易得多。通过共同抬价或稳定价格，企业通常可以赚取更多利润；而依靠人为切割市场，卡特尔组织成员得以在各自的势力范围内实现垄断。一直以来，人类都是价格操纵行为背后的行动者。为了打破竞争，他们背地里串通投标、切割市场，并就价格上涨与产量缩减的幅度进行磋商。有时出于沟通之便，卡特尔组织成员会举行年度（或月度）会晤。从各式各样的小商品到稀有的藏币、昂贵的珠宝，都有可能成为他们商谈的焦点。为了制止卡特尔组织的垄断行为，美国司法机关选择坚定地执行严苛的反垄断法律法规，并对参与其中的个人处以沉重的刑罚。可即便如此，卡特尔组织的行动也并未有所收敛。

科技的创新不仅深刻地改变了竞争的格局，它还造就了一个崭新的市场环境。"算法"不仅能在几秒内解析几千页的数字文件，还能理解事件链、人际关系，甚至是情感和动机。在这个市场环境中，虽然人们还能够看到竞争市场的种种特性，但其背后的助推力已不同往昔，那双曾经默默守护着我们的"无形的手"已经被一只"数字化的手"取代。当越来越多的企业选择由计算机算法掌控定价后，那是否预示着卡特尔组织的终结？抑或，这又将带来一种新型共谋？

扎拉奇和斯图克两位教授调查研究发现，利用算法操纵价格的危害并不仅仅体现在"显而易见的共谋"（企业利用大数据技术提升沟通调价的效率并强化价格监测力度、识别组织成员背叛的能力）场景之中，真正的威胁来源于那些做法更为隐蔽的共谋形式。问题在于，通过隐蔽手段而达成的共谋往往难以纳入"核心卡特尔"的范畴，因而更容易逃脱法律的制裁。

原来，算法版"楚门的世界"早已渗透我们的生活。据扎拉奇和斯图克两位教授的总结，互联网算法促成共谋主要有四种场景。

一是"信使场景"，即计算机技术通过执行人类设定的计划而进行共谋。这种利用信息技术手段强化现有共谋效果的方式只是一种简单的人类意志延伸。在这种场景下，是人类自己在操纵共谋：他们将计算机视作辅助共谋的得力工具，用来确定价格、监督竞争对手，并捍卫卡特尔组织成员间的合作。除此以外，计算机还能发挥有效发出信号与传递信息的作用。

二是"中心辐射式场景"，在这种形式的共谋下，市场中无数的参与者将使用同一个定价算法，而这个定价算法所给出的价格将成为卖家公认的市场价格。由多个市场竞争对手共同参与的共谋将通过缔结多个纵向协议的方式达成，这正是典型的中心辐射式场景。其中，定价算法的开发者作为一个枢纽中心，其任务是精心策划一个全行业范围内的共谋，从而实现更高定价。

三是"预测型代理人场景"，在此种情形下，企业高管隐去了自己合纵连横的身影，定价算法充当起了代理人。它们持续监控市场价格的变化，并不断根据竞争对手价格的变化与市场数据的更新调整自己的定价。企业之间无须秘密签署共谋协议，每家企业单方面地使用自己的定价算法。但所带来的结果是：算法增强了企业之间有意识的平行行为，而这种默许共谋威力巨大。

与前三种场景相比，第四种场景"电子眼"则是一种最高阶的共谋形式。在机器学习的过程中，计算机自发找到了优化利润的途径。在透明的市场环境中，在人工智能将人们带上一条反竞争路径的同时，人们甚至无法察觉任何不正当竞争与垄断行为的痕迹。

在这个场景中，人们看不清市场供给的真相，误以为市场处在充分竞争的状态。事实上，人们无法从虚拟的竞争中得到任何好处。按照扎拉奇和斯图克两位教授的说法，"电子眼"是一种"接近上帝的视角"，这来源于 2014 年引起轰动的一则新闻：一位优步的前雇员透露，优步员工可以通过一个被称为"上帝视角"的内部程序，轻易追踪到曾经用过网约车服务的用户所在的位置。在此种环境下，企业可以运用计算机算法在更短的时间内获得范围更大、信息更完整、更难以察觉和监管的营销策略的共谋，这也包括了对参与共谋的企业"不守信"行为的监测和还击。

## 个性化产品和服务把人"分而治之"

如果本地的零售商知道每一位消费者分别愿意为一罐可乐付出多少钱，那么零售商很可能会向一个重度可乐依赖者收取 3 美元，而向一个不太情愿喝可乐的家伙要价 40 美分。

近年来，线上消费环境正在向个性化发展。你在网页上看到的广告可能会与你的伴侣、孩子、父母、同学、同事或者邻居看到的有所不同。企业正在追踪并收集有关"你"的个人信息数据，它们打造出了一个资料库，里面装满了有关消费者的个人档案（如常住地、消费习惯、登录该购物网站的频率、过往的购买记录等）。根据这些信息，它们往往在网页中为你呈现契合你个人喜好的广告，以此来诱导你消费。所谓的个性化服务并不止步于为人们提供促销信息，它还会影响到企业的定价决策，这也就是人们常说的"定价优化"或"动态化差别定价"。于是，易于冲动消费的人会为自己更加频繁的消费支付更高的价格。

扎拉奇和斯图克两位教授深入调查研究发现，由数据驱动的算法正在学习将消费者归入不同分组，并对人们"分而治之"。随着人们对线上平台的依赖与日俱增，市场竞争动态也正在发生深刻的转变。在共谋场景中，定价算法提高了企业经营者在销量数据上的透明性，这也促使各家企业开展协作化的定价行为。然而，针对个性化的产品和服务，企业正在有意限制价格的透明度。为此，人们不能再看到一个统一的市场溢价。相反，为了实现利润最大化，每家企业会针对不同的客户设定不同的报价。人们所看到的价目表，一般只是反映出了企业对人们愿意为这件商品支付多少金钱做出的估算。

假设一家画廊在售卖美国摄影师沃克·埃文斯（Walker Evans）的黑白摄影作品时并没有标明作品的具体售价。倘若你恰好喜欢他的作品，在你的脑海中，恐怕会对这幅作品有个大致的心理价位。为了实现价格歧视，画廊经理的任务就是弄明白你愿意为这幅作品支付的最高价格，经济学家则将其称为消费者的"保留价格"。如果画廊经理拥有读心术，他就可以轻松地掌握每一位客户对沃克·埃文斯作品的保留价格：有人可能只愿意掏出 10 美元，而另外一些人可能会为此支付超过100 美元。在掌握了这些有关消费者保留价格的具体信息后，画廊经营者就可以实现完全价格歧视（又称一级价格歧视），从而向每一位消费者索取对任意数量的产品所愿意支付的最大货币量。

在完全价格歧视的情况下，画廊经理通过获取全部消费者剩余而实现利润最大化。一般来讲，消费者剩余指的是消费者购买一定数量的某种商品愿意支付的最高价格与这些商品市场售价之间的差额。如果画廊经理失去了他的读心术，他就无法实现完全价格歧视，转而只能按照固定价格收费。假设，你原本打算为沃克·埃文斯的作品支付 500 美元，但是当你走进画廊时却发现他的作品售价仅为 100 美元。那么这样说来，你的消费者剩余就是 400 美元（即用你所愿意支付的价格减去你实际上支付的价格）。于是，你就可以自行支配这剩下来的 400 美元。

接近于完全价格歧视的现实案例是美国私立大学征收的学费。学校首先会向报考者的父母了解他们的财务状况以及学费支付能力。通过奖学金制度，一部分家庭收入水平较低的学生将可以支付更少的学费。之所以称其为"接近于完全价格歧视"，原因在于也许还有一部分学生的家长会为了让孩子能进入理想的学校而情愿支付超过公告学费的金额。根据学生的个人素质与大学的入学标准，这可能需要家长做出一笔数额不菲的捐赠（如为学校建一栋新的宿舍楼）。

在过去，卖方往往缺乏足够的信息对每一位消费者的保留价格做出估算。他们中有些人转而采取不完全价格歧视，这种行为也被称为三级价格歧视。在这种情况下，卖方将消费者划分到了更为广泛的顾客群当中，并针对归属于不同群体的消费者设定不同的产品售价。在生活中，电影院多年来都在奉行不完全价格歧视政策：他们对成年人、孩童、学生和老人收取不同的观影票价（此举是基于学生与老人的可支配收入较少、保留价格较低的缘故，所以进行差别定价）。

有研究者曾做过这样的一个实验：实验参与者被要求回答，假设他们正身处海滩，此时他们愿意为一瓶冰镇啤酒付多少钱。这个实验假设，人们在海滩畅饮一瓶冰镇啤酒的体验感是相同的，但区别在于这瓶冰镇啤酒的销售来源——或是附近的高档酒店，或是一家破败的杂货铺。实验表明，对于大多数消费者来说，他们会为来自高档酒店大堂的冰镇啤酒付出更高的价格，两者的意向价格分别是 2.65 美元和 1.5 美元。这样看来，即便消费体验相同，但是保留价格却相差甚远。事实上，消费者往往无法说清自己的保留价格，甚至还会在无意识中低估一些影响因素所起到的作用。

对于线上企业而言，它们可以为自己的行为歧视披上一层朦胧的面纱，用产品的复杂性遮掩其真实目的。英国竞争委员会曾归纳了五类常见的报价方式。

1. "水滴定价"：用一个较低的初始价格吸引消费者入局，之后再不断收取附加费用。

2. 打折促销：在一个远被高估的原价上制造折扣价格的魅力（好比原价 2 美元，现价 1 美元）。

3. 复杂定价：如"买 2 送 1"这种需要额外计算产品单价的定价方式。

4. 诱饵：卖家许下优惠承诺但仅限于先买先得。

5. 限时折扣：为折扣价格框定一个限期。

这其中，消费者最常在"水滴定价"和限时折扣中"迷失自我"。

在扎拉奇和斯图克两位教授看来，在追求完全价格歧视的路上，企业要能够识别每一位消费者的有关关键参数并且不断修正假设条件的准确性，可这些消费者，他们既没有那么理性，也没有很强的意志力。即便只是针对一罐可乐或一瓶冰镇啤酒，在不同情况下，消费者的保留价格也会大相径庭。购买场所（便利店还是机场）、天气因素（酷暑还是晚秋）、当前状态（刚结束锻炼还是家中静坐），什么都有可能影响到消费者的出价打算。

一个在 IT 圈内广为流传的玩笑大大宣扬了大数据分析（"算法"）的惊人能力：在一场重要的董事会办公会上，有位高管神色慌张地急于离场，旁人赶忙问其缘由。这位高管指着自己的手机说道："我刚收到一连串报警装置和安保系统的广告，我猜我家可能被盗了！"

如同玩笑中表现的那样，商家正在依靠分析消费者的种种个人信息，进而推断人们的真实需求。虽然技术壁垒、财务难题等重重阻碍摆在面前，令商家暂时无法实现完美行为歧视，但必须承认一点，线上市场相较传统的实体商铺更易达成这个目标。所以不管定价歧视与相应的反制手段如何短兵相接，我们正在挥别那个旧有的竞争环境。当然，在未来，消费者仍会清楚地知道每家零售店里的牛奶价格，而店家也会为了招揽客户而开展低价营销。但是对于另一类产品与服务而言，大数据的崛起将令企业获取不同客户分组中消费者的偏好、弱点与需求弹性。信息越详尽，企业越易于准确划分消费者群体，进而达成完美行为歧视。

## 借助"有形之手"应对"算法陷阱"

当提及"超级平台"时，实际上指的是有限的几家拥有强大市场力量的科技企业，它们从网络效应中得益进而控制了整个生态系统。数据追踪、个人信息采集、投放行为定向广告，整个链条上的每一个环节都免不了互联网"友敌"的精诚合作。毫无疑问，这是一笔利益均沾的买卖，但是收获也要和能力对等。只有狮群中的领头者才能分得那块最肥美的羚羊肉，而这也进一步强化了它的力量。

在反垄断执法机构的政策声明里，人们往往不会发现"竞合关系"这样的字眼。一般而言，执法机构会将市场竞争关系归为四类：横向竞争关系、纵向竞争关系、连锁式竞争关系和联合企业。

　　在横向竞争中，企业处在同一生产或物流环节，它们之间会为了市场份额而竞争（如可口可乐与百事可乐的激烈交锋）。纵向竞争关系则发生在上下游企业之间，双方并不会就市场份额展开直接对垒，彼此之间的交易活动往往存在互补性（如可口可乐公司与合作经销商以及沃尔玛这样的零售商）。形成连锁式竞争关系的企业往往也是中心辐射式共谋的成员，或是可能其中有高层人士同时在两家竞争对手企业担任要职（如谷歌公司前任 CEO 埃里克·施密特就曾同时担任谷歌公司与苹果公司的董事会成员）。在联合企业的安排下，企业之间虽不存在横向或纵向竞争，但却都活跃在密切相关的市场中（如生产互补产品的两家企业的合并）。

　　众所周知，如今，两大超级平台主导了手机与平板计算机的世界：谷歌安卓操作系统与苹果 iOS 操作系统。在扎拉奇和斯图克两位教授看来，对于每一个超级平台而言，它们自身就像是珊瑚礁，吸引着应用程序开发者与配件商。在珊瑚礁般的生态系统中，竞争往往活跃在几个维度当中：首先，应用程序开发商之间会在同一超级平台内开展竞争，好比美国出行订票软件 Kayak 和 Orbitz 的竞争。其次，不同平台上的应用程序也可能存在竞争，更有不少应用程序会同时在不同平台上线。再次，独立的应用程序开发者可能会与超级平台背后的科技企业反目。最后，为了吸引更多应用程序开发者和用户，平台之间也免不了你争我夺。

　　当独立应用程序开发者和超级平台运营者的相对市场地位和议价能力的天平出现摇摆时，市场竞争的态势也会随之转变。用扎拉奇和斯图克两位教授的话来说："当各方的利益开始出现分歧时，用户总不免受到伤害——这可能会造成行业创新动机的削弱和个人隐私的外泄。应用程序的世界已然枝繁叶茂，但鲜有开发者会顾忌用户对隐私保护的关注。行为定向广告自然在所难免，或许有人会将其视为广告营销的进步，但这个进步却是以用户的个人隐私泄露为代价换来的。那些免费下载的应用程序看似是为了争取用户而做着赔本买卖，实则却是用户以个人信息数据付费。在由广告收入支撑起的互联网平台上，当消费者数据在生态系统内部实现体内循环时，我们还可能成为互联网犯罪的靶子。"

苹果的 Siri、亚马逊的 Alexa、脸书的 Messenger 应用上的 M 以及谷歌语音助手 Assistant，按照设计初衷，这类人工智能工具将能够以人类之间沟通的方式与用户进行交流，为人们推荐热门餐厅、度假酒店，推送热点新闻和城中热事。随着人工智能与交互界面技术的发展，虚拟助手将为人们提供不同于以往的个性化用户体验。扎拉奇和斯图克两位教授深入研究发现，由超级平台扶持起来的虚拟助手将有可能加剧人们迄今为止所探索到的反竞争力量：在人们不知情的情况下，"私人管家"可能会在暗中推动默许共谋，并"号召"零售商团结起来向完美行为歧视靠拢。

毋庸置疑，技术的飞跃令人振奋。虚拟助手不仅可以为人们提供各类资讯，还会尽可能地满足人们的所需与要求：借由人工智能技术，虚拟助手将对用户的个人电子档案、日常行为等数据进行分析整合。虚拟助手工具被人类使用的过程，也是它们不断展开自学习的过程。它们以用户熟悉的语言向用户提供各类信息，并以高效的执行力来完成人类交给它的任务。人们的时间宝贵，不应被浪费在生活琐事之上。当虚拟助手当真可以成为日常生活的得力帮手时，人们很自然地就会开始喜欢并信任它。

针对虚拟助手和算法经济可能促成某种共谋，扎拉奇和斯图克两位教授毫不讳言地指出，当虚拟助手的工作越发得心应手，它也将被赋予更多职责，进而强化超级平台对人们所见所闻与消费决策的干预。人们对虚拟助手的依赖越重，所能获取到的外部选择就越少，超级平台因此排除异己，操控我们的虚拟世界。"在低信息开放度、高个性化的交互界面中，具备高度自主性的算法将给反垄断执法带来更多挑战。最理想的情况是，执法机构和法院能够充分理解这种风险，并且选择通过教育民众的方式来积极应对与防御。而在最坏的情况下，不论是在法制层面还是在人类的认知层面，执法机构与民众都被超级平台俘虏，没人意识到这些风险，而我们将在对科技进步的欢呼雀跃中缓慢步入真实的'楚门的世界'。"

识破"虚拟世界"的楚门没有放弃对命运的抗争、对理想的追求。《楚门的世界》的结尾，楚门最终克服了对海水的恐惧，乘上了象征奔向自由的"圣玛利亚号"。"数字化的手"取代了"无形的手"，这昭示了市场环境正在发生的动态变化。面对所能预见的竞争末路，我们如何保护自己？如何确保"数字化的手"可以造就一个竞争市场环境，从而提升民众的福祉？扎拉奇和斯图克两位教授寄希望于"有形之手"：监管和执法的目的在于促进市场竞争，呵护创新精神与投资热情，同时有效化解我们此前识别出的种种风险。鉴于不同场景所产生的不同问题，他们建议在亮出"有形之手"前进行反复推演和思考，对行政干预的手段与行动时间表给出完备方案。

扎拉奇和斯图克两位教授由此特别强调：在借助"有形之手"应对"算法陷阱"之时，要警惕政府采取"先入为主的干预"或者对平台"一关了之"的思路，而是将培育鼓励市场竞争的框架作为保护消费者权益与隐私的先决条件。所以，他们提供的"监管工具箱"，除了从设计入手保护隐私、赋权消费者、针对算法稽核外，也有许多促进市场竞争机制的方式，比如补贴编写反制措施的算法开发商（"以野心制约野心"）、降低新行业进入者的门槛、鼓励共谋的"价格叛徒"等机制设计思路，在笔者看来是颇为有建设性或可借鉴的方向。

# "试错力" 的三把钥匙

早在 20 世纪 70 年代，澳大利亚吉朗迪肯大学教授约翰·恩德勒（John Endler）着手研究委内瑞拉和特立尼达岛河流中的孔雀鱼时，注意到一个有趣的现象：瀑布下方水塘里的孔雀鱼往往色彩单调，但上游更远处水塘里的孔雀鱼却色彩艳丽。是什么原因导致这种差别？恩德勒教授猜测：孔雀鱼能逆流而上穿越瀑布，而噬食孔雀鱼的梭子鲷却做不到，所以上游的水塘里没有梭子鲷。色彩斑斓的孔雀鱼可谓生活在伊甸园之中，一道瀑布让它们远离梭子鲷的侵扰，为了吸引发情期的孔雀鱼，它们进化出了异常绚丽的色彩；色彩单调的孔雀鱼要在危险的环境中生存，所以身上进化出天然的保护色。

恩德勒教授后来决定在严格的受控环境中检验他的这个假设：在巨大的温室中设置了 10 个水池，养上了孔雀鱼。一些水池底铺着鹅卵石，其他水池底铺着更细的沙砾。恩德勒教授从两类池子中各挑出一个池子放入危险的梭子鲷，其他池子中有的放入较温和的食肉鱼类，有的不放。在 14 个月里，孔雀鱼经过 10 代繁殖，鱼群适应了周围的环境。在危险的水池中，色彩最单调的孔雀鱼生存了下来并成功繁殖，而且孔雀鱼身上的保护色也与水池底部的色彩产生了对应关系：铺鹅卵石的水池中孔雀鱼身上的图案较大，铺沙砾的水池中孔雀鱼身上的图案较小。在较安全的水池中，斑点艳丽的孔雀鱼繁殖得更多，似乎雌孔雀鱼更青睐长着鲜艳波点的雄孔雀鱼。

在《试错力：创新如何从无到有》一书中，深受全球读者追捧的卧底经济学家、被誉为"幽默的生活经济学大师"的蒂姆·哈福德（Tim Harford）宣称：恩德勒教授的孔雀鱼实验是现代生物进化的经典案例，该实验形象地说明了种群如何适应新问题，比如出现了梭子鲷。这种适应不仅迅速，而且还受环境影响，孔雀鱼要想逃脱梭子鲷的捕食，就要依赖水池底部铺设的材料。这无疑是一个去中心化的过程，因为没有哪条孔雀鱼策划并主导了这个过程。驱动这一过程的正是失败：一些孔雀鱼被吃掉了，而存活下来的其他孔雀鱼则繁殖出更多成功适应环境的孔雀鱼。从孔雀鱼的角度看问题，哈福德其实想要探讨的正是"适应原则如何适用于公司政策和个人生活这两个领域"。

众所周知，生物学上讲究"物竞天择，适者生存"，哈福德在《试错力》一书中把该原则推广到现代社会的方方面面。他同时特别强调"试错"在社会成功中的内在重要性，因为他认识到了"天择"的无奈现实，即人类社会纷繁复杂、难以透析，面对这样的世界，连专家意见往往都相互矛盾、权威尽失，故而失败无时不有、无处不在。从某种程度上讲，成功是一些神赐般的奇迹，但认识奇迹背后的原因定会帮助人们创造出更多的奇迹。在他看来，接受失败、适应改变的企业才能拥有更长远的发展契机，直面失败、适应发展的政府才能为民众谋求更多的福祉，不惧失败、适应环境的个人才能在残酷的竞争中搏出自己的成功之路。

## 漫长又纷杂的失败史

"今天哪家企业还卓越"——20 世纪 90 年代末，英国经济史学家莱斯利·汉纳（Leslie Hannah）回溯历史，着手研究 1912 年全球巨型企业的命运。这些企业巨头经历了早先兼并重组风潮的洗礼，员工数一般在万人以上。独占鳌头的是美国钢铁公司，共有 22.1 万名员工，即使根据今天的标准，这家企业的规模也堪称庞大。当时美国钢铁公司可谓占尽先机：是当时世界上最强大、最具活力的经济体的领头羊，所处的行业也是前所未有的重要。但是截至 1995 年，美国钢铁公司已经跌出了世界百强企业的名单；而现在，世界 500 强企业中也找不到它的踪影了。

紧随其后的标准石油公司仍在蓬勃发展，现为埃克森美孚公司。美国通用电气公司和荷兰皇家壳牌集团无论在 1912 年还是 1995 年都稳居全球十大公司之列。但截至 1995 年，1912 年全球十大公司中的其他几家都已风光不再，更不可思议的是，它们竟然无一进入世界百强企业名单。普尔曼、胜家已是明日黄花，J & P Coats、阿纳康达公司和万国收割机公司更是几乎无人知晓。

这些公司在当时的规模非常庞大、实力非常雄厚，近似于现在的微软、沃尔玛；它们曾经也取得了非常大的成就，在当时看来似乎都会流芳百世。也许人们会说普尔曼和胜家虽然是市场领头羊，但它们从事的行业江河日下，所以公司难以避免衰落的命运。胜家公司的主打产品是缝纫机，但丰田公司最初的产品是织布机，前景更不容乐观。美国西屋电气公司、卡达伊肉食加工公司、美国布兰兹公司当初与通用电气、宝洁一样赫赫有名，从事的行业充满了蓬勃的生机，但现在只有通用和宝洁铸就了传奇，其他公司却一败涂地。

汉纳研究的世界百强企业中，有 10 家在 10 年间消失得无影无踪，随后的 83 年里又有一半多企业销声匿迹。由此似乎可以得出一个结论：失败是创造复杂而又富足的经济体的基础。

与汉纳的研究相映成趣，哈福德纵横对比研究也发现，就算在经济领域中最具活力的行业里，失败也总是无处不在。以早先的印刷业为例，德国人约翰内斯·古腾堡（Johannes Gutenberg）发明了印刷机，1455 年印刷了大名鼎鼎的《古腾堡圣经》，彻底改变了世界；但耗资巨大的《古腾堡圣经》项目让他落了个倾家荡产，印刷业的中心迅速转到了威尼斯。1469 年，威尼斯建立了 12 家印刷厂，可 3 年内破产了 9 家，而此时印刷业正摸索着向利润型经营模式发展。最终，印刷业找到了方法：印刷可赦免"罪罚"的赎罪券。

在汽车行业的发展初期，美国有 2000 家公司从事汽车生产，但最终存活下来的企业只有 1%。网络公司如泡沫般蓬勃而生时，败下阵来的公司更是不计其数。市场体系最惊人的地方不是失败的例子屈指可数，而是即便在最具活力的行业内，失败的例子也比比皆是。

除了印刷业、汽车行业和网络公司外，现代计算机行业也是一个鲜明的例子。在这个行业的起步阶段，失败总是如影随形：晶体管代替真空管成为计算机的基本元件，很多真空管生产商没能及时转变，所以被贝克休斯公司、二极管公司、飞歌电器公司这样的企业取而代之；后来集成电路又代替了晶体管，那些公司又成了新兴公司的垫脚石，而英特尔和日立则接过了接力棒。

与此同时，施乐公司在影印专利到期后奋力求生，创建了施乐帕洛阿尔托研究中心，研发出了传真机、界定所有现代计算机的图形用户界面、激光打印机、以太网以及第一台个人计算机 Alto 型计算机，但施乐公司并没能成为个人计算机领域的翘楚。很多 Alto 型计算机的后继机型在计算机的历史上都没能善始善终，包括 ZX Spectrum、BBC Micro 以及日本的 MSX standard。后来，IBM 公司勇担重任，生产出了现代个人计算机的原型，不过，当时 IBM 极不明智地将整个系统中最有价值的操作系统的控制权拱手让给了微软。2005 年，IBM 退出了个人计算机行业，把这块业务卖给了联想。20 世纪 80 年代，苹果公司虽然使计算机的操作变得更加方便，却让微软公司拔得头筹，后来苹果又携 iPod 和 iPhone 卷土重来。微软也因对互联网重视不足，在搜索引擎的战争中不知不觉输给了谷歌，在软件行业的主导地位也岌岌可危。只有最妄自尊大的预言家才敢信誓旦旦地保证自己能预言计算机市场的下一次风水轮转。

哈福德由此断定：过去 40 年里最成功的行业是建立在失败、失败、再失败的基础之上的。"市场的确解决了创造物质财富的问题，但是秘密既不是利润驱动，也不是高高在上的董事会的高瞻远瞩。虽然几乎没有公司老板愿意承认，但市场正是在跌跌撞撞中走向成功的。成功的观念逐渐流行，差强人意的观念最终将无人问津。施乐、通用和宝洁都是此间的幸存者，看到它们时我们不应该只看到成功，还应该看到漫长又纷杂的失败史，看到所有失败的公司和失败的观念。"

## 良好的反馈循环

如果一家餐厅能提供更好的综合服务——菜品更多、价格更优、装饰更好、咖啡口味更佳，就会有更多的顾客慕名而来，他们不会选择另一家餐厅，而被抛弃的餐厅最终也不可避免地要学习对手的做法，否则它就要关门大吉，眼睁睁看着对手夺去自己的地盘。

但是在公共服务领域，事情或许就不那么简单了。英国前首相布莱尔的顾问、扶贫发展专家欧文·巴德（Owen Barder）曾指出：市场能提供短期、有力的反馈循环，但是公共服务领域的反馈循环周期更长、内在关系更松散。如果父母们不喜欢当地的学校，他们会向当地官员反映，或者直接贿赂校长。他们也可以让孩子转学到其他学校，但这种行为对学校的影响不像顾客对餐厅的影响那么大。

在哈福德看来，复杂世界中永远存在"选择"问题，即找到"什么是有效的"这个问题的答案。在发展援助问题上，反馈循环的周期则更长，也更加脆弱。在学校问题上，为学校提供资金的纳税人和依赖学校的父母很可能是同一批人；但在发展援助问题上，纳税人和提供资金的慈善捐赠者很可能永远也见不到受益人。如果援助项目因为某种原因意外破产，原本的受益人也很难通过漫长的中间人链条向上反映。只要能够获得一些利益，受益人一般就很少有理由加以反对，因为他们担心项目会完全中止，因为即使多数资金被浪费或者偷走也比没有强。

斯德哥尔摩大学的发展经济学家雅各布·斯文森（Jakob Svensson）多年以来都在乌干达研究这种反馈循环。他和世界银行的里特瓦·雷尼卡（Ritva Reinikka）进行了一项极富影响的研究，他们调查了一个针对学校的现金拨款项目：乌干达政府向很多学校提供了一笔按学生人头发放的拨款，但是斯文森和雷尼卡发现，中央政府拨出的这笔钱有80%在拨给学生之前就不翼而飞了，显然这笔钱被地方官员偷扣了。

在偷扣拨款的规模明确之后，乌干达政府用一个不同凡响的试验进行了回应：它开始在两家报纸上刊登每个月政府向每所学校拨出了多少资金。很快，情况有了改变。家长们掌握了应该下拨的资金数目，他们开始激烈地抱怨。6年内，顺利下拨到学校的拨款比例从20%上升到了80%，报纸攻势似乎在很大程度上发挥了作用。尽管斯文森和雷尼卡不能进行随机试验，他们还是能够证明：如果一些学生的父母有得到报纸的最佳渠道，那么这些学生所在学校的偷扣拨款幅度就会大幅下降。

4 位随机试验学派研究员玛丽安娜·伯特兰（Marianne Bertrand）、西蒙·德加科沃（Simeon Djankov）、雷马·汉纳（Rema Hanna）、森德希尔·穆莱纳桑（Sendhil Mullainathan）在一些考驾照的印度人中做了试验：通过第一场驾驶考试的人中，一些人会得到研究员提供的现金报酬，另一些人则会得到额外上驾驶课的补贴。被试参加了第一场驾驶考试并且通过了，研究人员又让他们在监考人的监督下进行第二场驾驶考试，通过第二场驾驶考试后才能拿到驾照。研究发现，通过第一场考试后得到驾驶课补贴的考生拿到驾照的机会虽然低，但是他们实际驾驶汽车的能力却更强。而那些通过第一场考试后得到现金报酬的考生竟然耍手段让监考人给他们颁发驾照，可他们根本就不会驾驶汽车。

随机试验学派的尝试看起来似乎没有止境。美国麻省理工学院经济系教授埃斯特·迪弗洛（Esther Duflo）和雷马·汉纳（Rema Hanna）进行了另一场试验，试图解决印度农村老师缺勤的问题，试验显示的解决方法是为学校赠送照相机，照相机上的时间标记不能被修改。每天，学生在课堂开始和结束时为老师照相。赠送相机的那一半学校，老师的缺勤率大幅下跌，学生的考试成绩有了显著提高。

从乌干达的现金拨款项目、印度的考驾照、为学校赠送照相机等试验中不难发现：反馈无疑是发挥了重要作用，如果我们能够改进扶贫促发展领域的反馈循环，也许就能为发展援助提供更有力的刺激，让其不断提高、演变和适应。

## 借"适应度景观"解决问题

想象一片开阔平坦的景观,把它像棋盘一样分割成几十亿个方格;每一个方格都是一个数据,详尽地描述着一种独特策略,进化学家称这种景观为"适应度景观"。在生物学"适应度景观"中,每个策略都是不同的基因谱,有的描述鱼类,有的描述鸟类,还有一些描述人类,而多数策略描述的是不代表任何真实生物的混合基因。同样,"适应度景观"也可以描述不同的烹饪方法:有咖喱、沙拉,还有令人恶心甚至有毒的菜品。"适应度景观"还可以用来描述公司策略:既能描述航空公司不同的运营方式,也能描述连锁快餐店不同的经营方式。

在哈福德看来,可以把任何问题都想象成这种"适应度景观":在开阔的景观中散布着众多潜在的解决方法,每种方法都有详细的描述。每种方法都与相邻方法非常相似:两个相邻的烹饪法,可能除了一个要多加点儿盐、另一个要多烹制一会儿外,其他部分基本一模一样;两个相近的企业策略,可能一个设定的价格略高,另一个营销的力度更大,除此之外并无二致。

在此基础上,哈福德还换了另一个角度来审视"适应度景观":假设方法越好,该方法所在的方块海拔就越高,这样一来"适应度景观"就变得参差不齐,悬崖与沟壑相映生辉,平原与山峰相得益彰。沟壑代表着糟糕的决定,山峰则代表着英明的决定。山峰在生态系统中,就是更可能生存并繁衍的生物;在市场上,就是效益可观的公司思路;在餐饮中,就是美味的菜肴。在餐饮"适应度景观"中,深邃、幽暗的深谷可能是加了炸鱼条和一大罐咖喱酱的意大利面。从深谷开始一步步往上走,朝着一个方向跋涉,人们或许会登上经典意大利肉酱面的巍峨高峰；朝着相反的方向前进，则会爬到孟加拉咖喱鱼面的峰顶。

哈福德由此认定：利用参差错落的"适应度景观"解决问题，意味着要尽力寻找高峰。在餐饮领域这并不难，但是在生态系统或经济领域，山峰本身也在不断发生着变化，这种变化有时很缓慢，有时又异常迅速。普尔曼公司和胜家公司曾经站立的山峰突然消失了，两大公司也随之淡出了人们的视线。麦当劳已占据快餐业峰顶多年，可随着新技术的出现、新口味的诞生，形势也在慢慢发生变化。谷歌站立的山峰非常年轻，可就像松鼠要生存必须依赖所居住的大树一样，它之所以出现是因为有电脑和万维网这些技术发展做铺垫。谷歌崛起非常迅速，可它更像翻涌的巨浪而不是岿然不动的山峰。此刻，谷歌是唯一的弄潮儿，为了始终站在浪尖上，它必须不断调整自己的战略。这和冲浪一样，看上去简单，但做起来很难。

从不断变幻、神秘莫测的景观中寻找高峰，有些策略依然会保持类似的高度，而有些策略则消失得无影无踪，新高峰从此崛起。为此，进化过程往往会维持"出新"和"恋旧"间的平衡。诚如哈福德所言："进化过程并非只是解决复杂问题的一种方式。正因为这些景观变幻莫测，将稳妥的小碎步和偶尔的大跨步融合在一起的进化才是最可能找到答案的方式。进化之所以有效，是因为它针对复杂、多变的问题，会催生出持续的、适合当下的解决方案，而不会倾向于耗时耗力地埋头寻找一座随时可能消失的山峰。在生物进化中，光合作用、眼睛和母乳都是解决方案；在经济进化中，复式记账法、供应链管理和买一赠一则成了解决方案。有些有效的方案似乎会永葆青春，而其余方案则必须根植于特定的时空中。"

## "试错力"的三把钥匙

在复杂的世界里，对于推动创新来说，"试错"就是最聪明的笨办法。哈福德在《试错力》一书中，为人们提供了有效提高和使用"试错力"的三把钥匙，它们分别是"稳妥的小碎步""冒险的大跨步"和"安全的松耦合"。

面对一个问题，人们可以想到很多解决方案，但是不能确定其中哪一个才是最佳，在此种情况下，最聪明而又快速找出最佳方案的方法，恰恰就是看起来最笨的那一个：一边试验自己的想法，不断删除失败的选项；一边从失败带来的反馈中汲取教训，进一步发展和完善自己的想法。换言之，通过试验、失败、改进，再试验、再失败、再改进这样一次次循环，不断减掉"此路不通"的分叉，迈着"稳妥的小碎步"，一点点靠近成功。

联合利华的经典清洁剂喷嘴就是在不断"试错"之后制作出来的，实验人员起初先设计出 10 个喷嘴，然后从中挑出最好用的一个。接着在这 10 个喷嘴的基础上再设计出第二代 10 个喷嘴，最后在进化到 45 代的时候，实验人员终于找到了最好用的喷嘴。在这个案例中，并不存在什么"天才的设计师"或"万能的专家"，这款经典设计依靠的无疑是"反复迭代"和"稳步进化"——迈着"稳妥的小碎步"，让最佳方案自己慢慢地浮现了出来。

除了联合利华经典清洁剂喷嘴不断"试错"的案例外，一个多世纪以来，已经有很多公司默默地进行了大量的"稳妥的小碎步"试验。1887 年，被誉为"门洛帕克的奇才"的托马斯·爱迪生（Thomas Edison）在距离新泽西州西奥兰治市几千米远的地方建了一些大型实验室，把试验法推进到了系统化和工业化的程度。他为自己的"发明工厂"雇用了几千名员工，确保储物间原料充足，合理规划实验室，保证在尽可能短的时间里进行最多的试验。

由于引进了廉价的超级电脑和其他系统试验技术，现在可做的"稳妥的小碎步"试验数目可以是几十、几百，甚至几万个。制药公司采用组合化学方式从异常多的可能药品中搜索新药品：几千种不同的化合物或者在一个单独的硅片上进行合成，或者粘在粒状聚合物表面进行混合和进一步合成，或者在无人干预的机器人实验室里进行批量合成。然后对产生的混合物进行平行检验，回答两个简单却重要的问题：这些化合物有毒吗？人体能吸收它们吗？硅片制造商在虚拟环境中设计定制硅片，再通过试验进行测试和改良。电脑运算速度越快，设计和检验新电脑硅片的速度就越快。汽车空气动力学研究、汽车撞击时安全状况的研究中也运用了同样的过程。这些大规模、"稳妥的小碎步"平行试验的根本出发点都是一样的：当问题的复杂性达到一定水平时，速度惊人的系统试错过程远比正儿八经的理论更为有效。

推动生物进化的主要方式之一是变异。换言之，自然界中的成功是从失败中涌现出来的：大自然不停地在精致有机体内产生随机变异，抛弃让有机体更差的多数变异，保留让有机体更优秀的少数变异。这一过程不断反复，最终出现了奇迹。例如偶尔一次变异可能让某种生物多长出两条腿或被赋予全新的肤色；或者是通过两性生殖，新的一代融合了父母的基因，发展出跟父母不一样的新性状。这个过程就是"冒险的大跨步"，即横空出世的创新能让事情获得突破性的进展。超级马林公司的喷火战斗机发明和卡佩奇对老鼠 DNA 进行针对性地修改大获成功都是这样的明显的例子。

20 世纪 30 年代初，有一家叫做超级马林的公司向英国空军提交了一份颇为激进的新式战斗机设计方案。他们设计的不是空军想要的轰炸机，而是一款有着椭圆形机翼、速度高达 724 公里 / 时的新型战斗机。在当时，从来没有人想到过飞机能开这么快，所以，这份新式战斗机设计方案听起来简直就是个天方夜谭。当时的英国空军准将亨利·布朗·凯夫（Henry Brown Keff）非常有魄力，从超级马林公司订购了这种新式战斗机。事实很快就证明了这种新式喷火式战斗机是历史上最卓越的技术创新之一，多亏了新式喷火战斗机的神速出击，灵活应变，当时德军竟然没能攻破英国皇家空军的空中防线。要说是新式喷火战斗机"冒险的大跨步"拯救了自由世界并不为过。

1980 年，马里奥·卡佩奇（Mario Capecchi）在哈佛大学期间向美国国家卫生研究院申请了一笔项目拨款，他上报了三个不同的项目，其中两个项目已经有突出的前期成果，肯定能被批准，而第三个项目有很大的风险：卡佩奇试图证明可以对老鼠的一个 DNA 进行针对性地修改。在当时，这个项目看上去根本是不可能的。卡佩奇拿到拨款后，冒险把全部资金都投进了风险极大的第三个项目上。幸运的是这个项目最终取得了成功，卡佩奇还因此获得了 2007 年的诺贝尔生理学或医学奖。美国国家卫生研究院不仅同意继续为项目注入资金，而且很高兴卡佩奇当时没有接受他们的建议。

变异式的创新，有时候看起来就是一次孤注一掷的豪赌，失败随时有可能发生，但正是有类似超级马林公司、卡佩奇等这样"冒险的大跨步"式坚持做自己的机构或人，才有机会取得了不起的成就，进而给人类社会带来了不可思议的进步。

如果能够给可能的失败留出空间，创造出"试错"的安全区，设计出值得信赖的体系，避免让一次失败导致全盘皆输，就会大大降低"试错"带来的风险。耦合，指的是两个或两个以上模块之间的关联程度。"紧耦合体系"有个标志性的特点：一个动作一旦在这个系统中启动就很难停止下来，或者根本不可能停止下来。"紧耦合体系"各个模块之间关系太紧密，其中一个模块的失败很可能为整个体系带来致命的打击，所以，必须要想办法来降低系统的耦合程度。

在哈福德看来，多米诺骨牌就是一个最典型的"紧耦合体系"，只要碰倒一块骨牌，后面的骨牌就会发生连锁反应接连倒下。在搭建过程中为了避免事故发生，多米诺骨牌竞赛采取了安全隔离措施，把搭建好的骨牌隔离成若干个区域加以保护，直到表演的最后一刻才把每个区域的安全设置一一撤走。事实表明，这个措施非常有效。人为地把"紧耦合系统"变成"松耦合系统"，这样一来，局部的失败对整体的影响就不会是一泻千里、不可挽回的。

把握并使用好"试错力"的这三把钥匙，说起来容易，做起来并非易事。正如哈福德所指出的那样："要创造出新观念，我们就必须克服随大流的趋势，克服从现状中获取既得利益的趋势。允许失败存在有时意味着要扎扎实实从点滴做起，不过也不尽然：很多创新来自极具争议的大胆举动，而且这种举动很少能在历经磨难后依然坚持下来，就像在金融系统内，失败后就很难坚持。更奇怪的是，最艰巨的任务恰恰是区分成功和失败：自负的领导者根本无视两者的区别，人们对失败的本能否认让两者的区别变得模糊不清，世界的复杂性使最客观的裁判也难以对两者做出区分。"

# "意会法"的魔力

　　早在 19 世纪，实证主义哲学派就声称人们可以客观地衡量"现实"。从当时一切伟大的艺术作品中，都能看见实证主义的信条。居斯塔夫·福楼拜（Gustave Flaubert）在其小说中苦心孤诣建构起来的现实主义，正是为捕捉现实生活的点点滴滴而做的尝试，就连包法利大夫那些简陋随便的江湖药方都被不加修饰地写进了书里。美国现实主义画家，如温斯洛·霍默（Winslow Homer）和惠斯勒（Whistler）等人，亦热衷于关注日常生活中的物品和主题，如带桨的小船、画家本人的母亲等，并且在画作中避免浪漫主义时期所流行的装饰与润色。

　　与文学艺术界相映成趣，当时的商业领域，企业的关注点则更多地集中在提高生产率和利润之上，从而发展出了以生产为导向的商业文化。这其中也不乏实证主义的身影，受这股思潮的影响，人们把商业看作是一笔笔交易事项的总合。因此，商业是可以被极度细化，并且逐项优化。"人"则被看成是理性的优化者，参与交易行为，从而使自己的欲望得到满足。至于商品究竟是薯条、长笛还是高级钻戒，则无关紧要。重要的是保证复合年增长率高于市场均值、资本支出合理、成本结构不落于竞争对手之后、资源利用合理、价值定位清晰，等等。于是，商业管理就成了对系统进行理性和线性分析的过程，目的在于回答这样一个问题："我们要如何才能最便捷地倒腾商品呢？"

　　可以说，现代企业文化的最基本假设也在于此：要想真正了解人类，就必须分析人类大脑以及大脑内的思维过程。有了这样一个假设，企业就始终在为一个徒劳的追求而努力，竭尽所能去窥探人们的内心世界。仿佛只要问对了问题，设计对了程序和算法，分析对了数据，人们的思维过程就能被模拟出来，而企业也就能真正弄明白为什么客户会这样或那样行事。

由 ReD 咨询公司两位联合创始人克里斯琴·马兹比尔格（Christian Madsbjerg）和米凯尔·B. 拉斯马森（Mikkel B. Rasmussen）合著的《意会时刻：用人文科学解决棘手的商业难题》却毫不讳言地指出，这种线性思维模式其实源自数学以及物理学这一类自然科学。从过去已知的现象中归纳出一个假设，然后代入数据进行测试，自然科学的研究方法正是如此。由于这种方法的基础是归纳推理，因此当我们分析从过去已知数据中推断出来的信息时，它非常好用。此种"默认思维"模式可以帮助我们提升效率、优化资源、平衡产品组合、提高生产率，在最短的时间内获得最大的投资回报，简化操作流程……总之，它能让我们总体上获得更大的资金回报。如果遇到的挑战是提高某个系统或组织的生产力，那么线性的、按图索骥式的、理性的问题解决工具或方式将是不二之选。

不过，马兹比尔格和拉斯马森也承认，假如我们所面临的挑战涉及"人"的行为呢？一旦涉及文化变迁，随意使用基于过往范例的假设将会使我们盲目自信，就好像是带了一张错误的地图去未知之地探险。这时不得不需要借助另一种工具——"意会法"来解决商业及其他领域的棘手难题。

## 解决"如何弄清楚客户行为"核心问题

自然科学关注的是"属性"（例如重量、距离等客观事实），比如这所房子有8间屋子，那所房子有6间屋子；而人文科学旨在探寻人们是如何体验这些属性的，比如在她家的6间屋子中，她最喜欢黄色的那间。马兹比尔格和拉斯马森将这些考察人类体验的数据称为"特性"，并总结了人文科学与其他科学之间的内在区别：人文科学包括人类学、社会学、存在主义心理学以及艺术、哲学和文学等。与那些使用更偏向定量分析、数据主导的社会科学（譬如经济学）不同的是，这几门学科更偏文科一些，它们所研究的问题是：人们是如何体验世界的？

比如，如果说生物学意义上的性别（男性或女性）是一种属性的话，那么文化意义上的性别（男性气质或女性气质）则可被视为一种特性。科学可以帮助我们界定某人究竟是男性还是女性，可是我们又该如何确定，男性气质或女性气质究竟是怎么一回事呢？身为一名男性或一名女性，究竟意味着什么呢？唯有研究这一现象，才能帮助我们对这个问题有所了解。又如，统计学可以告诉我们，平均每天大约要喝掉多少杯咖啡，现象学则可以进一步帮助我们弄明白：在享受咖啡的时候，究竟能获得什么样的体验。

赢得胜利是整个体育行业的文化基因，也是行业存在的根本原因。一项研究表明，普通人进行锻炼的最重要的三大动机是：保持身体健康、控制体重和改善体型；而竞技运动员列出的三大动机是：竞技、挑战和享受。出人意料的是：近年来一些与体育训练相关的重大革新，竟然都不是来自体育用品行业，而是来自像艺电的体育游戏、微软的Kinect、任天堂的Wii和Garmin这样的"外行"。如果说默认思维向我们展示的是"前景中的事物"，例如"公司竞技类体育装备的市场份额正在下降"，那么人文科学所研究的就是那"看不见的后台景象"，即一些不为我们肉眼所见的层层叠叠的微妙事物，现如今参加体育运动的人，他们之所以跑步、骑山地车、上健身房或者做瑜伽，都是为了过一种更为健康的生活，而不是冲着竞技去的。

基于此，研究人文现象所需要的资料并不是数据模型或者方程式，而常常以图片、情感、手工制品、观察到的行为以及对话等形式呈现。另外，人的行为是会发生变化的，有时甚至可能是剧变。在这样的时刻，想要把"看不见的因素"给找出来，光靠硬数据显然是绝对办不到的。意会法正是综合人类学、社会学、心理学、艺术、哲学等学科，将其中的部分技巧和理论，应用到商业管理当中去，洞察那些传统的商业解决方案没有办法把握的微妙细节，从而解决"如何弄清楚客户行为"这个被常常忽视的核心问题。

马兹比尔格和拉斯马森由此认定：想要在迷雾中安全航行，默认思维模式与意会法是彼此互补缺一不可的工具。前者关注的是：基于假设的问题、需要回答的是"什么"以及"多少"、研究过去与现在、不确定性程度较低的问题、可测量的硬数据、准确性等。与前者相对应，后者关注的是：探索性的问题、需要回答的是"为什么"、研究未来、不确定性程度较高的问题、定性的数据、真实性等。两者都是行之有效的方法，只是针对的情况有所不同而已。

就拿保健品行业来说，营销已上市的医疗药品，和了解为什么有些糖尿病患者不愿意服用糖尿病药物，就必须使用截然不同的研究方法。营销已上市的医疗药品需要的是默认思维模式，按图索骥使用线性工具绰绰有余，需要考虑的无非是药效、手术和零售渠道这些问题。而想要了解复杂的患者行为，则需要借助意会法。

## 深层描述和溯因推理

马兹比尔格和拉斯马森研究发现，借鉴或接纳意会法离不开两把重要的钥匙，它们分别是深层描述和溯因推理。

所谓深层描述，是指人类有些复杂并且微妙的动作或情感，这些深度体验增加了我们人生的厚度。比如，商业网站通过算法可以做到"猜你喜欢什么"：当你买了一个按摩仪，网站就可以通过算法自动给你推荐各种款式的按摩仪，但是你很可能不会再去购买按摩仪。因为网站算法只是在做"浅层描述"，它无法猜到或探知，你当时买按摩仪不是为了自己使用，很可能是你买来送给父母或者是把它当做生日礼物送给朋友用的。网站这些算法无法触及的"盲点"，正是"深层描述"。

意会法包含了很多人文科学的研究方法，其中非常重要的是民族志研究方法，其是观察、记录并且分析人们行为的一种有效方法，可以把它叫做参与式观察法。此种方法注重强调结合环境和文化来理解"人"。"深层描述"是人类研究者或民族志研究者的强项，也是新的商业机会的关键所在。按照马兹比尔格和拉斯马森的建议：走出办公室，丢开那些电子表单。了解人文科学诸理论及方法（如民族志研究、田野调查笔记等），能够对观察到的现象进行"深层描述"，并且能够理解何为"圈子"，何为"双环学习"模式。通过这些，我们不仅可以了解自己的顾客，还能对更广阔的潜在市场有新的认识和判断。

人们平时聊天时，时常会使用到诸如"商业圈子""戏剧圈子"或

"高级金融圈子"等字眼，这些名词所指代的是由一系列专业知识、技能、实践和术语所联结构成的一个系统，亦即马兹比尔格和拉斯马森所说的"圈子"。假如你想在戏剧圈子里混，那么就最好能够找到构成这个圈子所必需的售票、舞台、剧评家和演员等知识。反之，如果你事先对戏剧圈子的构成要素一无所知，就别指望自己能成为一名剧作家了。假如一名政治家对政治圈子的规则一窍不通，那么他很快就会被贴上"政治白痴"的标签。至于在玩飞蝇钓鱼的小圈子里，只有内行才会知道"大满贯"是什么意思，或者在飞蝇钓鱼的过程中什么时候必须保持安静，以及如何根据不同情况给向导支付小费。也只有爵士乐迷才知道欣赏演出时何时该鼓掌，在爵士酒吧里该点什么酒。据此，我们每个人都能找出几个能将自己容纳其中的圈子。而每个圈子又都有着自己的运行逻辑，也都会建立起一套自己的规矩。当一名外来者，譬如民族志研究者突然闯入某个圈子时，他就有机会从陌生的事物中发现似曾相识的情况，也同样有可能会从熟悉的事物中洞见不一样的地方。

　　进一步来说，作为一种社会化的动物，我们很快就能学会自己所处圈子的规矩。而且，任何一个圈子的成员必须尽快适应这套规矩，就像在音乐会开始之前，每个管弦乐队的成员都得把各自的乐器调好音一样。这就是所谓的"调和"，即个人调节自身以与所处的圈子合拍，习得圈子的规矩。这是一项非常重要的社会技能，其实我们每个人都或多或少会一点儿。而唯有熟练地掌握这项技能，才能在不同的圈子之间自由切换，游刃有余。

　　即便是像人类学家这样的专业人文社会科学家，也一样遵循着一套不成文的规矩行事。正因为如此，他们必须时刻保持警惕，尽力克服自己的文化偏见，而这正是民族志研究者最大的挑战。因为主观和客观之间并非泾渭分明，所以自然也就不存在什么绝对的客观事实。因此，民族志研究者必须在分析研究对象的各条假设的同时，时刻留心观察他自身的假设。这就是人们通常所说的"双环学习"。警惕自身的假设这一现象正是所有社会科学家都需要努力克服的困难。

溯因推理是一种基于最佳已知事实、使用非线性的问题解决方法形成并评估假设，从而得出最佳解释的推理方法。换言之，溯因推理是从观察现象开始，通过分析总结，推出所有可能的假设，建立起联系，获得洞见。爱迪生在发明灯泡的时候，要找到能够承受住 2000 摄氏度高温并且持续燃烧 1000 个小时以上的材料作为灯丝，还要价格低廉且不容易碰断。找到钨丝这种材料之时，就像是一种灵光乍现的偶然获得，但实际上，这是通过长时间孵化带来的创意"慢直觉"。

也许有人会说，"溯因推理最终得出的假设其实早就在我脑子里了"。马兹比尔格和拉斯马森认为，此种看法并不准确。那个假设的各个组成部分固然可能早就东一块、西一块地存在于你的脑子之中。但关键在于，不经由溯因推理，你根本就不会想到要把这些零散的东西拼凑到一块。唯有当你想到要把这些部分都联系起来时，你才会灵光乍现，才能说是真正受到了启发。

引入溯因推理往往会有这样的疑问：为什么改变既有的观点或观念那么难？马兹比尔格和拉斯马森援引美国哲学家、逻辑学家查尔斯·桑德斯·皮尔士（Charles Sanders Peirce）的相关研究指出：这并非由于我们无知，而是由于我们害怕或厌恶质疑所带来的不舒服，才导致了我们紧紧抓住某些落伍的，有时甚至是愚蠢透顶的观念不放，就像把脑袋埋进沙子里逃避危险的鸵鸟，一边还安慰自己说不存在任何危险。和鸵鸟相比，人类也高明不到哪儿去，只晓得一味逃避任何可能改变核心信念的事物。即使这意味着必须对越来越多的证据视而不见，或者对理智的声音充耳不闻，也在所不惜。

不管是好是坏，溯因推理总是会让人不舒服。不过，它同时又是真正的创造力源泉。套用英国社会人类学家马林诺夫斯基（Malinowski）的话来说，努力"构建"起一套宏观见解。而最终，溯因推理的方法论将会把我们带到意会的那一刻。

## 抛弃错误假设

借鉴人文科学领域不事先设限的理论和工具，摒弃那些早已深植于我们脑海中的关于人们是如何思考和行事的旧观念，接纳意会法这样的新方法，对于那些经历传统商学院训练、习惯传统企业运营模式、深谙传统商业文化的人来说都可谓是反直觉的。因此，对于任何企业而言，要抵达意会时刻都是困难的。为了更好地厘清这个过程，马兹比尔格和拉斯马森将意会法拆解为五个阶段：用现象来表述商业问题、搜集相关数据、找出通用模式、得出关键洞见和建立企业的商业影响力。

想要持续获得商业成功，企业者显然不能忽略意会法的这五个阶段，它们是建立企业的商业影响力，让自己"有所为有所不为"，成为一家"有信仰、有理想、有立场"好企业的精神所在。特别是当默认思维失效时，不同的企业能运用这些方法抵达各自的意会时刻，进而找到各自的商业出路。丹麦著名玩具制造商乐高公司就是这样的一个经典例子。

通过搭积木来激发和培养孩子全面的创造力是乐高公司独有的基

因。大概在 2000 年左右，乐高公司的所有决策都是基于若干个核心假设而推出不同的产品。早前公司通过内部研究曾得出这样一个结论：在如今这个信息时代，孩子们同样面临着时间紧缩的问题。结果就是，他们不再像从前的孩子那样有那么多时间去玩。在研究了一整套现在孩子的生活作息时刻表、小伙伴相约玩游戏的频次、看电视玩电脑的时间，以及上课做作业的时间之后，乐高公司认为，自家的传统积木玩具玩起来太费时间，因此已经跟不上时代的步调了。

乐高公司当时还切实感受到了插电式玩具的威胁，数码游戏能够在极短的时间内使孩子们产生快感。乐高公司因而认为，自家的老土积木是无法与数码游戏相抗衡的。后来扩张品牌的做法，忽视甚至破坏了家长的乐高情结，导致进一步失掉了市场契机。忽然之间，所有的乐高玩具都大变样，它们再也无法触发家长们的怀旧情结。

从 2004 年开始，乐高公司经历了一次令人震惊的重大转型。而这次转型的成功，要部分归功于公司领导层决意靠意会法来力挽狂澜。在研究过程中，乐高公司借鉴了人文科学理论中的数次意会法，来探索顾客的行为模式。研究结果发现，诸如孩子们面临着时间紧缩问题，现在的玩具必须能够在极短的时间内使孩子们产生快感，统统都是扯淡，与事实完全背道而驰。对于孩子们来说，最有意义的游戏恰恰是那些包含了"难度进阶"，并且需要他们去掌握某项技能的游戏。研究小组将此发现戏称为"'瞬时吸引'大战'诱你入会'"。这些研究发现将乐高公司长久以来所抱持的有关孩子是如何玩玩具的一系列假设各个击破。

现在回过头来看，乐高公司巧借意会法转型的基本思路是这样的：首先，他们把商业问题"我们如何才能重新赢回市场份额"重新表述为关于游戏现象的问题："游戏扮演什么样的角色？"随后，领导层深入参与到数据搜集过程之中，从中寻找符合更大分析框架的通用模式或普适主题。找到之后，从这些模式中发现和得出一些关键的洞见，从而帮助公司真正看清它所处的市场。

乐高公司没有再死抱着时间紧缩的错误假设不放，能够与消费者群体恢复联系，对于乐高公司而言无疑是一次意义深远的意会。从那以后，乐高公司有了一句全新的座右铭："启迪未来的建造者"。除此之外，乐高公司还加倍积极地与各地的粉丝团沟通交流，用户量和市场份额也由此慢慢回升。

乐高公司并不是唯一运用意会法达到意会时刻的企业。医疗护理用品企业康乐保公司与乐高公司不同，它们只需要重点关注企业内部某个单产品的产品设计问题。康乐保公司曾实施一项用户体型研究，邀请1000名造口患者从不同的角度拍摄自己的身体，并将照片传送到康乐保公司。在对这些照片进行详细的研究之后，康乐保公司设计团队将用户的体型分成了几大类，进而把公司的商业问题重新表述为某种现象。即从"我们怎么做才能卖掉更多的产品"转变为"我们产品使用者的造口护理体验是怎样的"。意会法帮助康乐保公司体验到了一次"恍然大悟"，直接导致这款产品的价值定位被彻底颠覆。

另外，康乐保公司首席执行官、市场部总监和研发部总监就曾经共同前往其他企业进行实地考察，意在看看别人在领导力和创新方面是怎么做的。这些共同的探索经历所带来的共享感帮助他们弥合了不少分歧；并且，当后来公司着手在创新方面进行大刀阔斧的改革时，这份共享感也使得改革在执行层面变得更易于推进。

基于深刻洞见的非线性问题解决流程，意会法还助力阿迪达斯和英特尔这样的公司建立起了未来的企业战略。意会法帮助阿迪达斯团队揭示出了一系列通用模式：其中有些迎合了阿迪达斯早已有之的某些根深蒂固的观点，而另一些却与整个公司的文化和价值观形成了对立（如"运动员"和"消费者"并不是互斥的标签）。

英特尔公司在 20 世纪 90 年代末邀请部分文化人类学家、认知心理学家、语言学家加入，成立了"人类与行为研究实验室"，使得英特尔公司后来演变成不再仅仅是一家技术公司，而是在积极应用数据分析的同时，能够主动以用户视角进行思考，感知用户的需要、情绪、愿望，成为一家"拟人化"的灵动创新企业。

## 营造所有人"注视着同一个方向"

马兹比尔格和拉斯马森深入研究还发现：意会法要求领导者具备一种完全不同的领导力。如果说一名决策者所做的工作是分析，那么一名意会者所做的工作则是创造。意会者的任务是寻找新的竞争方式，为未来做长远打算，确定新的竞争空间，赋予公司产品以新的意义，将尚未被大家充分理解的事情用语言描述出来。

和决策者一样，意会者也必须做到对各项目标和当务之急心知肚明。但更为重要的是，他们还必须具备一套新的技能：领导不事先设限的探索过程，感知硬数据和软数据，运用判断力，连接散布的点，从一大堆相互冲突的数据中找出模式。可以说，意会者的角色在很多方面类似于政治领导人。他们需要时不时地从日常的政治现实中抽离出来，以统观全局。诚如两位作者所言："他们必须将自己从政治斗争的各种花招中撤出来，穿透各种意见、声音、数据、权力斗争、分析和建议形成的迷雾，找出解决某个政治问题的方法，有时可能是预见整个国家的未来。在历史的不同阶段，政治领导人显示出了超乎寻常的意会时刻。想一想将各德意志小邦联合成一个大帝国的俾斯麦，想一想领导了美国革命并建立了美利坚合众国的乔治·华盛顿，想一想成功带领美国走出经济大萧条的富兰克林·罗斯福，想一想让印度获得独立的圣雄甘地，所有这些伟大的政治领导人，都能够在动荡、不确定甚至一片混乱之中找到自己的思路和国家的出路。"

要做到这些，绝非倚仗着领导身份、从高层下达一系列新命令就能成事。相反，一名成功的意会者必须用领导力搭建起一个沟通平台，鼓励不同部门的人各抒己见，譬如他们对于新方向的解读以及具体该如何实施等意见。在有些情况下，不必急于得出任何结论，不妨先邀请企业中不同部门的人员共同参加一次发现之旅，这个做法也许能带来意想不到的收获。

法国作家安东尼·德·圣埃克絮佩里（Antoine de Saint-Exupéry）在回忆录中曾写过这样一句睿智的话："爱不是彼此凝视，而是一起注视着同一个方向。"马兹比尔格和拉斯马森认为，在引领企业走出迷雾这件事上，这句话也同样适用。在商业语境中，"彼此凝视"可以被理解为关注企业内部的各个方面，譬如企业愿景、企业核心价值观、企业目标及企业实力等；而"注视着同一个方向"则意味着全公司有着共同的观点以及探索发现的意识。

不过，使公司上下一心"注视着同一个方向"，说起来容易做起来难。马兹比尔格和拉斯马森为此特别强调：使用意会法设计一场企业范围的对话，根本意义在于保障在企业内部为批评和批判性思维留出足够的空间。即使是一名领导者，也无法保证自己总是能够做出正确的判断，或者始终知道哪条道路才是正途。因此，成立一个顾问小组来适时对你的想法提出质疑和调整，是很有必要的。

具体来说，一个智囊团中，重构者、阐释者和保护者这三种角色必须得到很好的平衡，如此才能帮助企业领导者规避一元思维或单线思维模式。而一旦企业深陷迷雾、必须在全公司范围进行尝试和摸索时，多维度的思维模式也能够在最大限度上降低失败的风险。除此之外，在企业高层对话中兼顾三种不同的思维模式，还可以帮助企业领导者联结企业内部不同的部门。因为，意会型企业领导者多维度的思维模式能够营造出一种适宜的企业环境，促使全公司所有人都能"注视着同一个方向"，而不是"彼此凝视"。